Hartmut Kasten

4–6 Jahre

Entwicklungspsychologische Grundlagen

Beltz Verlag · Weinheim und Basel

BELTZ

Ihre Wünsche, Kritiken und Fragen richten Sie bitte an:
Verlagsgruppe Beltz, Fachverlag Frühpädagogik
Werderstraße 10, 69469 Weinheim.

ISBN 3-407-56285-3

Planung/Konzept: Ulrike Bazlen, Weinheim
Lektorat: Birgit Huber, Freiburg; Eva Killmann von Unruh, München
Herstellung: Anja Kuhne, Weinheim
Satz: Markus Schmitz, Büro für typographische Dienstleistungen, Münster
Druck und Bindung: Druckhaus »Thomas Müntzer«, Bad Langensalza
Umschlaggestaltung: glas ag, Seeheim-Jugenheim
Titelfotografie: Gundula Büchle, Pfedelbach
Fotos: Hartmut Kasten, München; Jochen Fiebig, München;
Barbara Fahle, Frankfurt a. M.; Heidi Velten, Leutkirch-Ausnang
Printed in Germany

**Weitere Informationen finden Sie im Internet unter
www.beltz.de und www.kleinundgross.de**

Inhalt

Geleitwort

Das hier vorliegende, von meinem Kollegen und Mitarbeiter Prof. Dr. Dr. Hartmut Kasten verfasste Buch »4–6 Jahre – Entwicklungspsychologische Grundlagen« entstand wie das Buch »0–3 Jahre – Entwicklungspsychologische Grundlagen« im Rahmen seiner Arbeiten für den Bayerischen Bildungs- und Erziehungsplan (BEP), der dankenswerterweise ebenfalls vom Beltz-Verlag verlegt worden ist. Im Jahr 2003 wurde nicht nur mit der Implementierung des Bayerischen Bildungs- und Erziehungsplans (BEP) begonnen, in ganz Deutschland und in einer Reihe von weiteren europäischen Ländern wurde mit einer Bildungsoffensive im Elementarbereich gestartet. Diese wurzelt in der – durch zahlreiche wissenschaftliche Forschungsergebnisse belegten – Erkenntnis, dass in den ersten sechs Lebensjahren die entscheidenden Fundamente für eine erfolgreiche Schul- und Bildungslaufbahn des Kindes gelegt werden.

In vorliegendem Buch werden die entwicklungspsychologischen Grundlagen der Kindergarten- und Vorschuljahre in anschaulicher und verständlicher Form dargestellt. Es wurde in erster Linie für die Praxis geschrieben, also insbesondere für Eltern mit Kleinkindern und Personen, die in Einrichtungen des Elementarbereiches – insbesondere also in Frühförderstellen und Kindertagesstätten – tätig sind. Beide Praxisbücher von Hartmut Kasten sollen nicht nur in Bayern die Bildungsoffensive im Elementarbereich unterstützen, sondern darüber hinaus alle interessierten Fachkräfte, Eltern und anderen Personen erreichen, die sich gegenwärtig in Deutschland und anderen Ländern in einer europaweiten Aktion gemeinsam bemühen, die Bildungsqualität der ihnen anvertrauten kleinen Kinder zu verbessern.

Prof. Dr. Dr. Dr. Wassilios E. Fthenakis
Direktor des IFP – Staatsinstituts für Frühpädagogik, März 2005

Einleitung

Dieses Buch befasst sich mit der Entwicklung im vierten, fünften und sechsten Lebensjahr, das heißt den Kindergarten- und Vorschuljahren, bis zum Erreichen des schulpflichtigen Alters und dem Eintritt in die Grundschule.

Begonnen wird das Buch mit einer Beschreibung des ersten »Übergangs« vom Elternhaus in den Kindergarten, den die Kinder in der Regel im Laufe ihres vierten Lebensjahres im Sinne einer Entwicklungsaufgabe erfolgreich bewältigen sollten – abgeschlossen wird das Buch mit einer Beschreibung der Vorgänge, die sich während der zweiten, von der Gesellschaft fest gelegten Transition, dem Übergang vom Kindergarten in die Grundschule, abspielen.

Zwischen diesen beiden Übergängen liegen drei aufregende Jahre, in denen unglaublich viel passiert, insbesondere in den Bereichen Kognition und Sozialverhalten. Trotzdem kann dieser Altersabschnitt zwischen vier und sechs Jahren, der den zweiten Teil der frühen Kindheit bildet, als eine Zeit der relativ kontinuierlichen körperlichen und psychischen Weiterentwicklung charakterisiert werden.

Im Unterschied zum Säuglings- und Kleinkindalter, um die es im vorhergehenden Buch »0–3 Jahre« (Kasten 2004) ging, liegen zum Kindergarten- und Vorschulalter wesentlich mehr Forschungsbefunde vor, was natürlich unter anderem damit zusammenhängt, dass Vier- bis Sechsjährige schon recht differenziert Auskunft auf Befragungen geben und in vielfältigen sozialen Situationen auch außerhalb des Elternhauses beobachtet werden können.

Diese Tatsache führte zwangsläufig dazu, dass bei der Auswahl der Fakten und Einsichten, die in diesem Buch zusammengestellt worden sind, eine Begrenzung vorgenommen werden musste. Ausgewählt wurden in der Hauptsache gesicherte Forschungsergebnisse, die nach Einschätzung des Autors »praktische Relevanz« besitzen, das heißt von Bedeutung sind für den Lebensalltag der Kinder und ihrer Bezugspersonen, wie Eltern und andere Familienangehörige und ErzieherInnen.

Bei der Darstellung der praktisch wichtigen Ergebnisse wird wieder auf ein inhaltliches und zeitliches Raster zurückgegriffen, das sich in abgewandelter Form bereits im Buch »0–3 Jahre« bewährt hat: Chronologisch beschrieben werden die Entwicklungen, die sich im Verlaufe des vierten, fünften und sechsten Lebensjahres abspielen. Dabei wird jeweils nacheinander der Blick gerichtet auf die körperlich-motorischen, die kognitiven und sozial-kognitiven sowie die sozial-emotionalen Veränderungen und Zuwächse. Aufgrund der herausragenden Bedeutung, welche die kognitive und sozial-kognitive Entwicklung während dieses Altersabschnitts besitzt, wird ihrer Darstellung besonderes Gewicht beigemessen.

Bedanken möchte ich mich bei meiner langjährigen Lebensgefährtin und einfühlsamen Freundin Karin Frei für ihre kenntnisreichen und konstruktiven Rückmeldungen zu mehreren Abschnitten des Manuskriptes und bei Frau Gerlinde Wagner für ihre Unterstützung bei der technischen Manuskriptbearbeitung.

Mein besonderer Dank gilt darüber hinaus Frau Ulrike Bazlen, Leiterin der Fachverlage Frühpädagogik und Pflege beim Beltz Verlag, und den beiden Lektorinnen Birgit Huber aus Freiburg und Eva Killmann von Unruh aus München, deren kontinuierliche inhaltliche Rückmeldungen und engagierte sprachliche Überarbeitung sehr hilfreich waren.

1

Der Übergang
in den Kindergarten

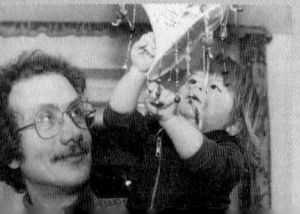

Zu Beginn oder im Verlauf des vierten Lebensjahres der Kinder kommt es in schöner Regelmäßigkeit in den meisten Familien heute zu dem, was Psychologen als **normatives kritisches Lebensereignis** bezeichnen: Das Kind wird in einen Kindergarten aufgenommen.

Das war nicht immer so: Noch in den 50er und 60er Jahren des vergangenen Jahrhunderts gab es Kindergärten nur in größeren Orten, und diese Einrichtungen wurden dann auch nur von einer Minderheit der Kinder besucht. In den letzten beiden Generationen hat sich ein Geschlechtsrollenwandel vollzogen, der unter anderem die Erwerbstätigkeit von Müttern mit sich brachte. Ein neues Kindergartengesetz wurde verabschiedet, das einen Rechtsanspruch jeden Kindes auf einen Kindergartenplatz garantiert. Durch diese Änderungen hat sich die Situation grundlegend gewandelt: Der Besuch eines Kindergartens ist heute zum Regelfall geworden, und ein ehemals »nicht normatives kritisches« Ereignis – zumindest nicht für die Mehrzahl aller Kinder – wurde zu einem »normativen kritischen« Lebensereignis im Normalfall.

Was macht den Kindergarteneintritt zu einem kritischen Ereignis (→ Kap. 1.1), welche belastenden Faktoren gibt es (→ Kap. 1.1.1), was kann zur Entlastung beitragen (→ Kap. 1.1.2) und wie verläuft die Eingewöhnungszeit normalerweise (→ Kap. 1.2)? Diese Fragen sollen im Folgenden beantwortet werden.

1.1 Weshalb ist der Kindergarteneintritt ein »kritisches Ereignis«?

Der Übergang in einen Kindergarten ist, wie so viele Übergänge im Leben des Menschen, für die Kinder und ihre Angehörigen der Beginn eines neuen Lebensabschnitts, der viele einschneidende Veränderungen mit sich bringt. Die Kinder und auch ihre Eltern und

Geschwister müssen sich an einen anderen Tagesablauf gewöhnen und sich auf neue Menschen einstellen, auf ErzieherInnen und andere Kindergartenkinder.

Es gibt auch Kinder, für die der Übergang in den Kindergarten kein kritisches Lebensereignis darstellt, die sich vielmehr schon vorher darauf freuen und es manchmal gar nicht erwarten können, endlich in den Kindergarten zu dürfen. Ihnen haben häufig ältere Geschwister oder Spielfreunde in der Nachbarschaft schon seit längerem »den Mund wässerig« gemacht. Oder sie besitzen sensible, einfühlsame Eltern, denen es nicht nur gelungen ist, ihre Kleinen emotional behutsam abzunabeln, sondern auch so viel Vorfreude und positive Erwartungen in ihnen zu wecken, dass sie dem Kindergarten erwartungsvoll entgegensehen.

Trennung von der Hauptbezugsperson

Für die Mehrheit der Kinder und Eltern bringt der Übergang in den Kindergarten jedoch eine Zeit lang ein Mehr an Belastung und Stress mit sich.

Die Trennung von der Mutter oder vom Vater, also ihrer Hauptbezugsperson, ist für noch nicht ganz »abgenabelte« Kinder ein zentraler Belastungsfaktor. Das gilt insbesondere für Kinder mit **unsicherer Bindung** und geringem Selbstbewusstsein. Für sie dauert die Eingewöhnungszeit häufig länger und verläuft konfliktreicher als bei **sicher gebundenen** Kindern.

Bindungsqualität

Die Bindungstheorie geht davon aus, dass Kinder von Geburt an ein Bedürfnis nach Bindung an andere Menschen haben. Je nachdem, wie *feinfühlig* die Hauptbezugspersonen auf die kindlichen Bedürfnisse nach Zuwendung, Trost und Schutz reagieren, entwickeln die

Kinder verschiedene Bindungsverhaltensweisen. Sie werden in *Bindungsqualitäten* eingeteilt (ausführlich beschrieben im Buch »0–3 Jahre«, vgl. Kasten 2004):
- sichere Bindung
- unsicher-vermeidende Bindung
- unsicher-ambivalente Bindung
- desorganisiert-desorientierte Bindung.

1.1.1 Belastende Faktoren

Belastende Faktoren, die den Übergang erschweren können, lassen sich folgenden Personen bzw. Bereichen zuordnen: den Kindern, Eltern, ErzieherInnen, Interaktionen/Kommunikation sowie den strukturellen Merkmalen der Einrichtung und den Rahmenbedingungen.

- **Abnabelungsschwierigkeiten:** An Abnabelungsschwierigkeiten sind immer zwei beteiligt, ein Elternteil und das Kind.
- **Eigenschaften des Kindes:** Das Kind ist zum Beispiel schüchtern, etwas scheu und zurückhaltend oder nicht so selbstbewusst. Daran kann gearbeitet werden.
- **Eigenschaften der Eltern:** Die Eltern sind möglicherweise wenig kontaktstark und relativ isoliert. Auch daran kann gearbeitet werden.
- **Umstellungen im Familienalltag:** Mütter nehmen nicht selten (viele zunächst halbtags) wieder eine Berufstätigkeit auf; Kinder müssen zum Teil früh geweckt werden und lernen, die Mittagsruhe einzuhalten, falls sie den Kindergarten ganztags besuchen; das Bringen und Abholen der Kleinen muss arrangiert werden…
- **Eigenschaften der ErzieherInnen bzw. Kindergartenleitung:** Die zuständige Erzieherin ist zum Beispiel sehr dominant, bestimmend und extravertiert. Auch daran kann gearbeitet werden.

- **Kommunikation zwischen Familie und Einrichtung:** Zwischen Eltern bzw. Kind und ErzieherInnen findet kein wirklicher Austausch statt, kann keine Vertrauensbeziehung aufgebaut werden. Eventuell ist ein Wechsel der Gruppe innerhalb der Kindertagesstätte angezeigt.
- **Weltanschauliche Unterschiede:** Merkmale der Einrichtung, wie Klima, Erziehungsstil, Wertorientierungen oder die Philosophie des Trägers, stehen im deutlichen Gegensatz zu denen des Elterhauses. Gegebenenfalls hilft hier nur der Wechsel der Einrichtung.
- **Rahmenbedingungen:** Rahmenbedingungen, wie geografische Entfernung, Öffnungszeiten, Gruppengröße, Personalschlüssel usw., sind meist nicht zu verändern. Gegebenenfalls hilft auch hier nur der Wechsel der Einrichtung.

Einige dieser Belastungsfaktoren sollen im Folgenden näher ausgeführt werden.

Eigenschaften der Kinder

Nach einer Untersuchung von Wolf-Wedigo Wolfram (1997) haben viele Kinder eine relativ ausgeglichene Grundstimmung, sind allem Neuen gegenüber recht aufgeschlossen und passen sich schnell an neue Gegebenheiten an. Fast die Hälfte aller Kindergarten-Neulinge zeichnen sich durch solche Eigenschaften aus.

Kinder mit besonderen Bedürfnissen

Es gibt aber auch weniger ausgeglichene Kinder. Eltern, die es mit einem extrem temperamentvollen, überaktiven, manchmal sehr aggressiven Kind zu tun haben, werden sich schwer tun, diesem seine Eigenarten abzugewöhnen. Sie können vielfältige, teilweise auch organische Ursachen haben und die Eingewöhnung im Kindergarten erschweren. Eltern müssen in solchen Fällen möglicherweise eine Beratung durch eine Frühförderstelle in Anspruch nehmen. Manche hyperaktive Kinder brauchen eine besondere Betreuung, gelegentlich ist sogar der Besuch eines heilpädagogischen Kindergartens angezeigt. Andere Eltern, deren Kind sehr schüchtern und zurückhaltend ist, wenig Selbstbewusstsein zeigt und lange braucht, bis es auftaut, können dieses auch nicht über Nacht kontaktbereiter und selbstsicherer machen.

Ist das Kind reif für den Kindergarten?

Hin und wieder kommt es vor, dass bei einem Kind, das sich besonders schwer mit der Eingewöhnung tut, die Frage aufgeworfen wird, ob das Kind überhaupt schon reif ist, regelmäßig in einen Kindergarten zu gehen. Werden ErzieherInnen gefragt, was sie von den Neulingen erwarten (vgl. dazu die Befragung von Berger 1997, S. 51 ff.), so äußern sie übereinstimmend,

- dass die Kinder mindestens das dritte Lebensjahr vollendet haben und »sauber« sein sollten. Seit einigen Jahren werden übrigens von vielen Einrichtungen regelmäßig auch jüngere Kinder aufgenommen, wenn sie die Sauberkeitserziehung erfolgreich abgeschlossen haben;
- dass die Kinder sprachlich in der Lage sind, mit anderen in Kontakt zu kommen und ihre Wünsche und Bedürfnisse mitzuteilen;
- dass die Kinder selbstständig auf die Toilette gehen, sich allein an- und ausziehen können und über einigermaßen manierliche Essgewohnheiten verfügen. Dies sind Fähigkeiten, die im Kindergartenablauf die Arbeit des Personals erleichtern.

Gibt es das »richtige« Kindergartenalter?

Eine Mehrheit der befragten ErzieherInnen meinte, dass sich Vierjährige leichter in den Kindergarten hineinfinden, da sie seltener Trennungsprobleme hätten und dass Dreijährige eigentlich zu jung für einen regelmäßigen Kindergartenbesuch seien. Interessant ist, dass es keine Untersuchung gibt, in der belegt worden wäre, dass ältere Kinder sich tatsächlich schneller und komplikationsloser eingewöhnen.

Im Unterschied zum Begriff »Schulreife« (hier wurden sogar Schulreife-Tests entwickelt), gibt es für die *Kindergartenreife* keine verbindlichen Kriterien, auf deren Grundlage der Begriff präziser gefasst werden könnte. Da im Kindergartengesetz das Alter von drei Jahren festgeschrieben ist, scheint es also angezeigt zu sein, jeden Einzelfall möglichst vorurteilsfrei zu betrachten: Es gibt Zweieinhalbjährige, die sprachlich und sozial ebenso kompetent und genauso gut abgenabelt sind, wie durchschnittliche Dreieinhalbjährige.

Verhalten der Eltern

Nicht nur die Kinder, auch die *Eltern* können zum Belastungspotential beitragen, das die Eingewöhnung in den Kindergarten beeinträchtigt. Beispielsweise sind Mütter, die sich schwer tun, ihre Kinder innerlich loszulassen und deren Abnabelung damit erschweren, eine beständige Bürde für diese. Denn die Kinder spüren die Gefühle ihrer Mütter wie Seismographen und klammern ihrerseits umso fester. So können sich beim morgendlichen Bringen in den Kindergarten herzergreifende Szenen zwischen tränenüberströmten Müttern und schluchzenden Kindern abspielen, die auch die ErzieherInnen mitnehmen.

Manchmal kommen solche Mütter ein Stückchen weiter durch Nachdenken über das eigene Verhalten und durch intensive Gespräche, die sie mit einer Erzieherin, einer anderen Mutter oder einer vertrauten Freundin führen. Manchmal wurzelt ihr Verhalten aber in eigenen *Bindungsproblemen* (→ Kap. 1), die einer professionellen Beratung oder therapeutischen Behandlung bedürften.

Auch Probleme, die zwischen den Eltern bestehen, und von diesen verdrängt bzw. nicht angemessen bearbeitet und gelöst werden, können sich während der Zeit des Übergangs belastend auswirken.

Schwierigkeiten in Kommunikation und Interaktion

Die alltäglich ablaufende Kommunikation und Interaktion bestimmt Beziehungen zwischen Menschen maßgeblich mit. Eltern und ErzieherInnen sollten daher im Auge behalten, welche Erfahrungen die Neulinge im Kindergartenalltag im Umgang mit den anderen machen.
- Werden sie zurückgewiesen oder ziehen sie sich selbst zurück?
- Gibt es Kinder, mit denen sie sich gar nicht oder besonders gut verstehen?
- Welche Kontakte haben sie in ihrer Gruppe und zu den Erziehern/innen?
- Wie verhalten sie sich den Eltern gegenüber beim Gebracht- und Abgeholtwerden, am Abend nach dem Kindergartenbesuch oder am Wochenende?

Kommunikation zwischen Eltern und ErzieherInnen

Auch über die Kommunikation zwischen Eltern und ErzieherInnen sollte kritisch nachgedacht werden.
- Kann man wirklich miteinander reden und fühlen sich beide Seiten verstanden?
- Um welche Themen drehen sich die Gespräche?
- Gibt es Meinungsunterschiede und Streitpunkte? Wie sind diese begründet?
- Läuft die Kommunikation in immer denselben Bahnen und fährt sie oft fest?
- Wie kommt es dazu, dass aneinander vorbei geredet wird?

Manchmal erweist sich auch eine *Metakommunikation* als hilfreich, d. h. ein Gespräch über die Art und Weise, wie man miteinander spricht. Ob man sich zum Beispiel bevormundet oder nicht ernst genommen fühlt oder auch darüber, welche Erwartungen man an sein Gegenüber hat und ob man ihn damit vielleicht überfordert.

Abbau von Kommunikationsbarrieren

In vielen Fällen ist es möglich, Kommunikationsbarrieren und problematische Interaktionsabläufe zu erkennen und für Abhilfe zu sorgen. Zuweilen regulieren sich die Verhältnisse, indem es die Gesprächspartner allmählich schaffen, sich immer besser aufeinander einzustellen. Sehr selten erweisen sich die Barrieren als unüberwindbar. Möglicherweise ist dann ein wirklicher Neubeginn unter anderen Voraussetzungen angezeigt, der zum Beispiel dadurch bewerkstelligt werden kann, dass das Kind in eine andere Gruppe der Einrichtung, mit einer anderen ErzieherIn oder gar in einen anderen Kindergarten wechselt.

Rahmenbedingungen

Manchmal sind es auch (oft nicht zu verändernde) *Rahmenbedingungen*, die sich ungünstig und belastend auf die Eingliederung neuer Kinder auswirken.
* Gesetzliche Bestimmungen und Regelungen
  – Eine zeitlich gestaffelte Aufnahme ist nicht vorgesehen.
  – Freiflächen draußen sind nicht zwingend vorgeschrieben.
* Strukturelle Merkmale der Familie
  – Kinderzahl
  – Einkommen
  – Bildungsstand
  – Berufstätigkeit
  – Wohnsituation
* Strukturelle Merkmale der Einrichtung
  – Personalschlüssel
  – Qualifikation des Personals
  – Ausstattung
  – Öffnungszeiten
  – geographische Lage

Alleinerziehende, berufstätige oder arbeitslose Eltern haben es möglicherweise schwerer, Vorkehrungen zu treffen, die eine Eingewöhnung ihrer Kinder erleichtern könnten. Ebenso kann ein ungünstiger Personalschlüssel der Einrichtung den ErzieherInnen erschweren, den Neuankömmlingen genügend Zeit zu widmen, so dass diese zwangsläufig etwas zu kurz kommen.

Strukturelle Unterschiede

Gelegentlich passen die strukturellen Merkmale einer Familie und eines Kindergartens überhaupt nicht zusammen: Das ist zum Beispiel der Fall, wenn große Entfernungen überbrückt werden müssen, die Öffnungszeiten der Einrichtung mit den Arbeitszeiten der Eltern nicht in Einklang zu bringen sind oder das Einkommen der Familie nicht ausreicht, um den teuren Platz im Kindergarten eines privaten Trägers zu bezahlen.

Aus Strukturunterschieden können zwischenmenschliche Konflikte entstehen, die sich negativ bemerkbar machen. Beispielsweise kann es zu einem Problem werden,
- wenn Kinder, die zu Haus alle Freiheiten haben, sich in einen Kindergarten eingewöhnen müssen, der relativ starre Regeln und Zeitstrukturen vorgibt;
- wenn Kinder, die daheim ein schönes Zimmer für sich allein und einen großen Garten und Spielanlagen zur Verfügung haben, sich im Kindergarten mit kleinen Räumen, Enge, Lärm und der Tatsache arrangieren müssen, keine Spielmöglichkeit im Freien zur Verfügung zu haben.

Für Eltern und ErzieherInnen ist wichtig zu wissen, dass der Eintritt in eine neue Lebenssituation immer, das heißt auf allen Altersstufen, Herausforderungen mit sich bringt, deren Bewältigung einmal leichter, einmal schwerer fallen kann. Eine reibungslose Umstellung auf die Veränderungen im Alltag ist eher die Ausnahme;

dass vorübergehend Belastungen und Spannungen auftreten, ist ganz normal. Eltern und Kinder können starke Verunsicherungen erleben, wenn sie sich von Seiten des Kindergartenpersonals überfordert fühlen und bedrängt werden, weil es bei ihnen länger dauert, sich an die neuen Umstände anzupassen.

1.1.2 Entlastende Faktoren

Je umfangreicher und schwerwiegender die Veränderungen für Kinder und Eltern faktisch sind, umso höher ist die Wahrscheinlichkeit, dass sie auch als gravierend von den Betroffenen erlebt werden. Die *psychologische Stresstheorie* (z. B. Lazarus 1999) hat sich näher mit länger andauernden Belastungen befasst und darauf hingewiesen, wie wichtig es ist, *Strategien zur Entlastung* zu mobilisieren.

Eine Entlastung erfährt das Familiensystem in der Regel dadurch, dass sich alle an die neuen Umstände allmählich anpassen und gewöhnen. Das Sprichwort »Der Mensch ist ein Gewohnheitstier« trifft hier durchaus zu. Anhaltende, tiefergehende Belastungen bedürfen jedoch besonderer Beachtung und Maßnahmen. Was kann von den Betroffenen unternommen werden kann, um Belastung abzubauen und Stress zu reduzieren?

Flexibilität der Eltern

Durch Improvisationstalent und einfühlsames Verhalten können Eltern ihre Kinder bei der Eingewöhnung in den Kindergarten unterstützen.

- Mütter und Väter können sich beim Bringen und Abholen ablösen.
- Sie können jeweils noch etwas da bleiben bzw. früher kommen und – unter Vermittlung ihrer Kinder – an laufenden Aktivitäten teilnehmen.

- Kindern, denen es besonders schwer fällt, sich einzugewöhnen, sollte hin und wieder – wenn es sich für die Eltern arrangieren lässt – am Abend vorher freigestellt werden, ob sie am nächsten Morgen in den Kindergarten wollen oder nicht.
- Eltern können ihre Kinder darin unterstützen, Freundschaften zu knüpfen, indem sie zum Beispiel Kontakt zu anderen Eltern aufnehmen, deren Kind auch erst seit kurzem in den Kindergarten geht. Bei gelegentlichen privaten Verabredungen können sich die Kinder miteinander anfreunden.
- Nachbarskinder können morgens zusammen gebracht und mittags oder abends gemeinsam abgeholt werden. So können sich die Kinder regelmäßig beschnuppern.

Intensive Betreuung durch die ErzieherInnen

ErzieherInnen geben sich in der Regel die allergrößte Mühe, den neu hinzugekommenen Kindern, die von vielen Kindergärten heute zeitlich gestaffelt aufgenommen werden, die Eingewöhnung zu erleichtern.

Wie positiv es sich auf die Eingliederung der Neulinge auswirkt, wenn sich jemand um sie etwas intensiver kümmert, konnten Renate Niesel und Wilfried Griebel (2000) in ihrer Untersuchung zum Übergang vom Elternhaus in den Kindergarten zeigen (vgl. dazu Prechtl, S. 61–65, in Niesel & Griebel). Die im Stuhlkreis und regelmäßigen Gesprächsrunden besonders betreuten Kinder waren nach wenigen Monaten voll integriert, hatten ihre Freunde gefunden und kamen alle gern in den Kindergarten. Außerdem wurden speziell ihre sprachlichen und sozial-kognitiven Kompetenzen in weitem Umfang gefördert.

Andere Kinder einbeziehen

ErzieherInnen können auch ältere Kinder, denen sie es zutrauen und zu denen sie einen besonderen Draht haben, bitten, sich mit den Kleinen ab und zu etwas näher zu befassen. Beobachtet wurde, dass gerade ältere Mädchen, oft auch ohne Extra-Aufforderung, diesen Job gerne und von sich aus übernehmen. Ältere Jungen rümpfen dagegen oft die Nase, wenn ihnen so etwas zugemutet wird, und kommentieren es womöglich mit »Das ist doch Weiberkram!«.

Besondere Unterstützungsmaßnahmen für Kinder

Letztlich kommt es darauf an, ob, in welchem Umfang und wie schnell es der jeweiligen Familie und der jeweiligen Einrichtung gelingt, sich aufeinander einzustellen. Niesel und Griebel (a. a. O., S. 66) sprechen in diesem Zusammenhang von »möglichst günstiger Passung, die zwischen den Bedürfnissen der Familie und den Möglichkeiten und dem Konzept der Einrichtung gefunden werden muss«. In ihrem Buch finden sich auch eine Reihe von praktischen Tipps, die Kindern und Eltern die Eingewöhnung erleichtern können, darunter zum Beispiel (a. a. O., S. 66 ff.):

- Schon lange bevor die eigentliche Aufnahme erfolgt, werden die Kinder hin und wieder zu Besuchen eingeladen.
- Gleich an ihrem ersten offiziellen Kindergartentag wird ein Foto oder ein anderes Symbol des »neuen« Kindes (z. B. ein Abdruck seines Fußes) für alle sichtbar im Kindergarten aufgehängt.
- Schon bei ihrer Anmeldung erhalten die Kinder ein Gruppensymbol überreicht, das ihre Zugehörigkeit zu einer bestimmten Gruppe im Kindergarten schon vom ersten Tag an signalisiert (z. B. eine kleine Eule, so dass ein Kind weiß, dass es zur Eulen-Gruppe gehört).
- Selbstgebastelte Gegenstände, seien sie von den Erziehern/innen, den Kindern selbst oder älteren Kindern angefertigt worden, dür-

fen mit nach Haus genommen werden, oder ein anderer Gegenstand aus dem Kindergarten darf mitgenommen werden.

- Die aufnehmende Gruppe der älteren Kinder wird durch eine kleine Gesprächsrunde auf die neuen Kinder eingestimmt; eventuell werden dabei sogar »Patenschaften« verteilt, die mit Betreuungsaufgaben verbunden sind.
- Das Kindergartenpersonal nimmt sich vor, den Neuankömmlingen in der ersten Zeit besondere Aufmerksamkeit zu widmen und trifft organisatorisch die Vorbereitungen für eine gestaffelte Aufnahme, möglicherweise über das ganze Kindergartenjahr verteilt.
- Die neuen Kinder erhalten regelmäßig Briefe mit Einladungen zu besonderen Angeboten und Veranstaltungen ihres Kindergartens.

Angebote, die den Eltern den Übergang erleichtern

Auch den Eltern kann der Übergang ihres Kindes in den Kindergarten erleichtert werden.

- Schriftliche Vorabinformationen in verschiedenster Form, in denen z. B. über das Konzept der Einrichtung und typische Probleme während der Eingewöhnungszeit berichtet wird.
- Durchführung von Veranstaltungen verschiedenster Art: Einladung zu Festen; zu einem Elterncafé, das ganztägig die ersten vier Wochen vom Elterbeirat eingerichtet wird; zu einem Tag der offenen Tür; zu regelmäßigen Gesprächsabenden oder periodischen nachmittäglichen Kleingruppenrunden; zu anderen Veranstaltungen (Bastel- und Spielabende, Elternquiz).
- Vernetzung der Einrichtung im Stadtteil durch Kooperation mit Vereinen, Beratungsstellen, Bibliotheken, Volkshochschulen, Mutter-Kind-Gruppen, Kinder-Kreisen. So erfahren die Eltern frühzeitig von »ihrer« Einrichtung und können mit ihr Kontakt aufnehmen.
- Angebote für Großeltern, die in Kindergartenaktivitäten eingebunden werden können, zum Beispiel Teilnahme an Ausflügen und anderen Veranstaltungen.

- Verteilung von Zuständigkeiten innerhalb des Kindergartenpersonals, z. B. wer sich um welche Eltern besonders kümmert.
- Mitwirkung der neuen Eltern schon vor Beginn des neuen Kindergartenjahres, zum Beispiel an der Gestaltung von Sommerfesten oder Weihnachtsbasaren.

1.2 Wie verläuft die Eingewöhnungsphase normalerweise?

Die **Phase der Eingewöhnung** dauert mindestens einige Wochen, kann sich aber auch über einige Monate hinweg erstrecken. Mit ihrem Ablauf befasste sich eine ganze Reihe von Beobachtungsstudien, deren Ergebnisse in einigen Punkten Gemeinsamkeiten aufweisen. Sie werden im Folgenden zusammengefasst.

Die ersten Tage

In den ersten Tagen haben die meisten Kinder Orientierungsprobleme, manche weinen beim Verabschieden, stehen nur abwartend oder beobachtend herum, machen dabei einen bedrückten Eindruck, zeigen zwischendurch Verlegenheitsgesten. Sie fingern zum Beispiel an der Kleidung, den Haaren oder im Gesicht herum. Auf Angebote oder Fragen älterer Kinder gehen sie nicht ein, sie tragen ein Spielzeug mit sich herum, mit dem sie aber nichts anzufangen wissen – kurz: sie verhalten sich *regressiv*, also nicht ihrem Alter entsprechend, sondern wie ein deutlich jüngeres Kind.

Wenn die Kinder nach Hause kommen, wirken sie auf die Eltern meist erschöpft und müde, ziehen sich am liebsten gleich zurück, sind zugeknöpft und nicht bereit über das, was sie im Kindergarten erlebt haben, zu reden.

Erste Kontaktaufnahmen

Nach ein, zwei Wochen sind die ersten Anzeichen dafür zu registrieren, dass die Kinder sich bemühen, in den Kindergartenalltag hineinzufinden: Sie nehmen ab und zu von sich aus Kontakt zu einem anderen Kind auf, dem sie zum Beispiel ein von zu Haus mitgebrachtes Spielzeug zeigen oder etwas erzählen. Zu richtigem Zusammenspiel kommt es nur allmählich, zunächst spielen sie nur *parallel* zu anderen Kindern (z. B. in der Bau- oder Puppenecke). Wenn jemand gebraucht wird zum Mitspielen, etwa bei Ball- oder anderen Gruppenspielen, lassen sie sich aber einbeziehen.

Bei Mädchen dauert das Hineinfinden in eine Gruppe und Mitspielen oft etwas länger, was möglicherweise damit zusammenhängt, dass sie sich stärker zu den ErzieherInnen hin orientieren. Konflikte um Status- und Rangplatz treten dagegen eher unter Jungen auf.

Allmähliche Eingewöhnung nach vier Wochen

Nach ungefähr vier Wochen sind zwischen neuen und alten Kindern in der Gruppe kaum noch *Verhaltensunterschiede* zu beobachten. Nach Einschätzung erfahrener ErzieherInnen und der Kinder selbst dauert es aber einige Monate, bis die Eingliederung abgeschlossen ist. Vor allem die Anzahl der Interaktionen mit anderen Kindern steigert sich erst im Verlauf der nächsten Monate.

Auch zu Hause tauen die Kinder allmählich auf, das heißt, sie machen nicht mehr einen so schweigsamen und in sich gekehrten Eindruck und reden hin und wieder auch von

Auch für Jungen ist das Hineinfinden in eine Gruppe oft nicht ganz leicht!

sich aus über Dinge, die im Kindergarten passiert sind. Insgesamt wirken sie aber noch deutlich abgespannter, stimmungslabiler und erschöpfter als in der Zeit vor dem Kindergarteneintritt.

Der zweite Monat

Vom zweiten Kindergartenmonat an ist immer häufiger zu beobachten, dass die Neulinge nach ihrem morgendlichen Eintreffen gleich von anderen Kindern begrüßt werden und nicht mehr erst von sich aus Kontakt aufnehmen müssen. Sie haben jetzt also anscheinend eine Position in ihrer Gruppe gefunden. Besonders attraktiv sind für sie nach wie vor die deutlich älteren (5- und 6-jährigen) Kinder, die sich ihnen gegenüber aber zurückhalten. Ihre Kontaktaufnahmen mit den Vierjährigen verlaufen dagegen meist erfolgreicher, doch insgesamt sind sie noch lange nicht so gut integriert, wie es die älteren Kinder im Durchschnitt sind. Das lässt sich an der Gesamthäufigkeit der Interaktionen ablesen, die sich zwischen ihnen und anderen Kindern abspielen. Diese ist erst nach Ablauf eines halben Jahres so hoch wie bei den anderen Kindern, die den Kindergarten schon länger besuchen. Die »Neuen« haben jetzt auch annähernd alle Kompetenzen und sozialen Fertigkeiten erworben, die sie benötigen, um den Alltag im Kindergarten erfolgreich und mit positiven Gefühlen zu bewältigen.

Resümee für ErzieherInnen und Eltern

An die Adresse der ErzieherInnen und Eltern gerichtet, kann folgendes Resümee gezogen werden: Alle neu aufgenommenen Kinder brauchen eine Eingewöhnungszeit, deren Länge von Kind zu Kind variiert. Während dieser Zeit sind die Kinder besonders gefordert und erleben phasenweise Belastungen, die sich auf ihr Verhalten zu Hause auswirken. Wenn sich Eltern und ErzieherInnen regelmäßig gegenseitig informieren über besondere Vorkommnisse, die das Kind während dieser ersten Monaten betreffen, werden Komplikationen vermieden und dem Kind die Eingliederung erleichtert. Angesichts der Tatsache, dass sich die älteren Kinder noch recht lange den Neulingen gegenüber reserviert verhalten, sollten die ErzieherInnen besonders darauf achten, dass kein neues Kind, auch nur phasenweise, isoliert oder randständig bleibt in seiner Gruppe (vgl. dazu die ausführlichen Darstellungen in Niesel & Griebel 2000, S. 66 ff.)

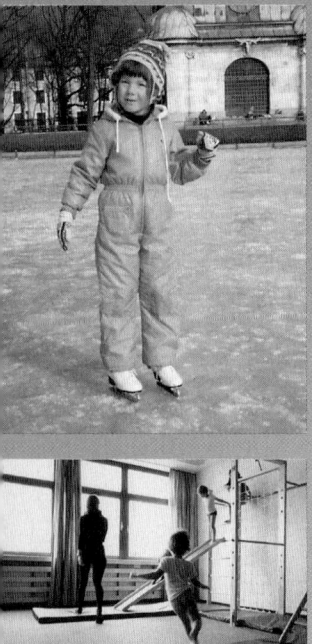

2

Körperliche und motorische Entwicklung

Im Unterschied zu den ersten beiden Lebensjahren, für die eine rapide Zunahme motorischer, insbesondere psycho- und sensumotorischer Kompetenzen kennzeichnend ist, kann das Kindergarten- und Vorschulalter als eine Phase stetiger und relativ kontinuierlicher **körperlicher und motorischer Entwicklung** betrachtet werden.

2.1 Gewichtszunahme und Körpergröße

Zur Orientierung über den Verlauf der körperlichen Entwicklung vom 4. bis 6. Lebensjahr dienen die beiden folgenden Tabellen. Sie geben einen Überblick über die **Gewichtszunahme** (→ Tab. 1) und die **Zunahme der Körpergröße** (→ Tab. 2) in diesem Altersabschnitt.

Altersabschnitt	Jungen	Mädchen
4. Lebensjahr	von 14,0 kg auf 16,7 kg	von 14,0 kg auf 16,3 kg
5. Lebensjahr	von 16,7 kg auf 18,8 kg	von 16,3 kg auf 17,9 kg
6. Lebensjahr	von 18,8 kg auf 20,4 kg	von 17,9 kg auf 19,4 kg

Tab. 1: Gewichtszunahme vom 4. bis 6. Lebensjahr

Altersabschnitt	Jungen	Mädchen
4. Lebensjahr	von 97,5 cm auf 105,2 cm	von 96,5 cm auf 103,3 cm
5. Lebensjahr	von 105,2 cm auf 112,0 cm	von 103,3 cm auf 110,5 cm
6. Lebensjahr	von 112,0 cm auf 119,0 cm	von 110,5 cm auf 117,0 cm

Tab. 2: Zunahme der Körpergröße vom 4. bis 6. Lebensjahr

Jungen sind also in diesem Altersabschnitt geringfügig größer und wiegen etwas mehr. In Rechnung gestellt werden muss aber bei diesen Zahlenangaben – abhängig vom Körperbau – eine große

Schwankungsbreite. Beim Körpergewicht liegen Abweichungen von zwanzig Prozent nach unten oder oben durchaus noch im Bereich des Normalen, bei der Körpergröße sind plus oder minus zehn Prozent noch normal.

2.2 Grob- und feinmotorische Fähigkeiten

Im Vorschulalter erwerben die Kinder erhebliche **grob- und feinmotorische Fähigkeiten** (vgl. dazu z.B. Diekmeyer 2000, 2002, 2004; Krombholz 1985). Im Folgenden wird ihre Entwicklung vom vierten bis sechsten Lebensjahr chronologisch beschrieben (→ Kap. 2.1.1–3).

2.2.1 Das vierte Lebensjahr (3–4 Jahre)

Schon im Verlaufe des vierten Lebensjahres verbessern die Kinder ihre grob- und feinmotorischen Fähigkeiten beträchtlich und werden in ihren Bewegungen insgesamt schneller und geschickter.

Grobmotorik

Beim Treppensteigen setzen Dreijährige nicht mehr beide Füße erst auf eine Stufe, bevor sie die nächste Stufe in Angriff nehmen, sondern gehen Treppen, wenn die Stufen nicht zu hoch sind, einen Fuß vor den anderen setzend hinauf und hinunter. Auf einem Bein zu stehen, gelingt ihnen im Laufe des Jahres bis zu fünf Sekunden lang.

Vierjährige lernen Schlittschuh fahren schon recht schnell.

Mit vier Jahren ist ein plötzlicher Richtungswechsel beim Laufen kein Problem mehr.

Manche Vierjährige sind schon richtige Wasserratten.

Außerdem lernen die Kinder:
- Immer schneller zu rennen, auch um Kurven herum, also mit plötzlicher Richtungsänderung.
- Zwei Meter vorwärts auf einem Bein zu hüpfen und zu springen (bis zu einem knappen Meter weit und mit geschlossenen Beinen bis zu einem Viertelmeter weit).
- Auf niedrigen Mauern zu balancieren, indem sie einen Fuß vorwärts schieben und den anderen nachziehen.
- Auf Spielgeräte und kleine Bäume zu klettern.

Die meisten lernen um das vierte Lebensjahr herum auch das Fahrradfahren ohne Stützräder, viele auch schon das Rollschuh/Rollerblade fahren, manche schon das Schwimmen. Das wird gegen Ende der Vorschulzeit von den allermeisten weitgehend beherrscht, auch wenn es noch nicht zum »Kleinen Seepferdchen« langt.

Bälle zu fangen fällt den Kindern im vierten Lebensjahr noch schwer. Dafür sind die Koordination von Hand und Auge und das Vorwegnehmen der Flugbahn des Balles Voraussetzung. Fangen und festhalten können sie einen mittelgroßen Ball fast nur, wenn ihnen dieser genau auf die waagrecht ausgestreckten Arme geworfen wird. Zu Beginn des vierten Lebensjahres werfen die meisten Kinder einen Ball, indem sie nur den Unterarm (und Bein und Körper dabei gar nicht) bewegen. Im Laufe dieses Jahres wird die Wurfbewegung deutlich kräftiger und auch der Oberkörper dabei etwas zum Wurfarm hin gedreht.

Feinmotorik

Was die Feinmotorik betrifft, so bereitet es den allermeisten Kindern dieser Altersgruppe keine Schwierigkeiten mehr, selbstständig mit Löffel und Gabel zu essen. Manche können sogar das Messer schon richtig einsetzen. Auch sich allein an- und auszuziehen klappt schon. Weil ihnen das Schleifen binden beim Schuhe zuschnüren noch Schwierigkeiten macht, bevorzugen sie praktische Boots mit Klettverschluss. Eigene Motive zu malen bereitet ihnen mehr Spaß als Dinge nachzumalen; bei letzterem tun sie sich noch schwer, zum Beispiel, wenn es um das Nachzeichnen kleinerer Objekte wie Dreiecke oder Vierecke geht. Auch das Ausschneiden kleinerer Vorlagen mit der Papierschere geht ihnen noch nicht so flott von der Hand.

Eigene Motive malen bereitet ihnen mehr Spaß.

2.2.2 Das fünfte Lebensjahr (4–5 Jahre)

Die gesamte Bewegungskoordination der Kinder wird im Laufe dieses Lebensjahres immer geschickter. Das gilt in gleicher Weise für die Grob- wie für die Feinmotorik.

Grobmotorik

Die Kinder turnen nun auf Spielplätzen bevorzugt auf den Geräten und Klettergerüsten herum, fahren immer souveräner und ausdauernder auf dem Fahrrad oder Inline-Skatern, können dabei sehr genau markierte Routen und auch kurvenreiche Strecken einhalten und erweisen sich als gelehrige Schüler, wenn es um das Erlernen neuer Fortbewegungsmöglichkeiten, zum Beispiel auf Skiern oder Schlittschuhen geht. Auch mit plötzlichem Tempo- oder Rhythmuswechsel (von sehr schnell auf ganz langsam) kommen sie problemlos zurecht. Beim Hüpfen auf einem Bein und beim Springen gelingen ihnen immer weitere Sprünge. Auch werfen können sie immer weiter; die »erwachsene« Form des Werfens mit Ausholbewegung des gesamten Wurfarmes beherrschen die meisten aber noch nicht. Ähnliches gilt für das Fangen, bei dem sie zum Beispiel noch Schwierigkeiten haben, einen großen Ball, den sie selbst hoch geworfen haben, wieder aufzufangen.

Feinmotorik

Ihre zunehmenden feinmotorischen Kompetenzen stellen Kinder in diesem Alter in vielen Beschäftigungsbereichen unter Beweis, zum Beispiel beim Basteln und Werkeln, Zeichnen und Malen oder auch beim Erlernen eines Musikinstrumentes. Mit Bauklötzen oder Lego-Bausteinen errichten sie schon stattliche Gebäude oder andere räumliche Gebilde. Beim genauen Nachzeichnen kleiner geometrischer Gebilde tun sich aber die meisten Fünfjährigen noch recht schwer.

2.2.3 Das sechste Lebensjahr (5–6 Jahre)

Die körperliche Gestalt des Kindes verändert sich im Laufe des sechsten (und insbesondere des siebten) Lebensjahres merklich: Sie wird schlanker dadurch, dass die Kinder besonders in die Länge wachsen; das Breitenwachstum und das des Kopfes verlaufen demgegenüber langsamer. Ihre Körperproportionen werden insgesamt denen eines Erwachsenen allmählich ähnlicher. Der Körpermittelpunkt verlagert sich mehr nach unten und befindet sich bei Sechsjährigen bereits kurz unterhalb des Bauchnabels.

Grobmotorik

Weil in dieser Zeit auch Arme und Beine und die Muskulatur merklich wachsen, nehmen auch die Leistungen der Kinder in den verschiedenen grobmotorischen Betätigungsfeldern deutlich zu, also zum Beispiel beim Springen, Hüpfen, Klettern und Rennen (eine 30-Meter-Strecke legen sie problemlos im Sprinttempo zurück). Viele Sechsjährige, insbesondere Jungen, können dann auch schon wie Erwachsene werfen, d. h. sie holen nicht nur mit dem ganzen Arm Schwung, sondern unterstützen die Ausholbewegung des Arms noch durch eine leichte Drehung des Oberkörpers nach hinten und eine Gewichtsverlagerung auf den linken Fuß (bei Rechtshändern). Die meisten Sechsjährigen können auch bereits einen mittelgroßen Ball sicher fangen, wenn er ihnen in Brusthöhe zugeworfen wird.

Feinmotorik

Ihre feinmotorischen Kompetenzen nehmen beträchtlich zu. Das gilt für die verschiedensten Bereiche – vom Basteln, Werkeln, Malen, Zeichnen und Modellieren über Turnen, Tanzen und Ballett bis zum Spielen eines Musikinstrumentes – und vor allem für die Kinder, die behutsam, aber gezielt gefördert worden sind, zum

Beispiel durch regelmäßige Teilnahme an sportlichen oder musischen Aktivitäten im geselligen Rahmen, sei es in Kursen oder Vereinen oder in privater Initiative.

2.3 Geschlechtsunterschiede in der motorischen Entwicklung

In den meisten Bereichen gibt es **Geschlechtsunterschiede** in der motorischen Entwicklung. Mädchen weisen im Alter von vier bis sechs Jahren einen mehr oder weniger deutlichen Vorsprung gegenüber Jungen auf.

In den folgenden Bereichen zeigen Mädchen einen deutlichen Entwicklungsvorsprung:
- Umgang mit Papier und Bleistift
- Nachahmen von Handbewegungen
- Knöpfen, Schleifen binden
- Sich selbstständig anziehen
- Seitliches Hin- und Herspringen
- Auf einem Bein hüpfen
- Auf einem Bein über ein Hindernis hüpfen.

Weniger deutlich ist der Vorsprung beim Bälle fangen. Beim Weitsprung aus dem Stand oder einem 30-Meter-Lauf sind keine geschlechtsspezifischen Unterschiede zu beobachten.

Dennoch wird ersichtlich, dass sich Mädchen in diesem Alter bei vielen grob- und feinmotorischen Aktivitäten geschickter anstellen als Jungen. Lediglich beim Werfen und bei einigen motorischen Verrichtungen, bei denen es auf reine Muskelkraft ankommt (z. B. Heben und Tragen), übertreffen Jungen in der Regel die Mädchen. In erster Linie werden die dokumentierten Unterschiede zurückgeführt auf die frühere biologische Reife der Mädchen, daneben dürfte auch die traditionelle Geschlechtsrollenerziehung eine gewisse Bedeutung besitzen, die Jungen und Mädchen nach wie vor – und schon im zartesten Alter – mit unterschiedlichen Bewegungsangeboten versorgt. Dies verweist auf die Bedeutung motorischer Förderung.

2.4 Motorische Förderung

Bewegung ist für Kinder lebenswichtig und die meisten Entwicklungspsychologen gehen davon aus, dass der kindliche Bewegungsdrang angeboren und für eine gesunde Entwicklung von Geist und Körper unverzichtbar ist. Dies kann im Kindergarten gefördert werden, in der Freizeit mit den Eltern und Freunden oder in Vereinen und Kursen. Dazu gehören eine gesunde, vollwertige Ernährung und die angemessene gesundheitliche Versorgung. »Mens sana in corpore sano« – ein gesunder Geist (lebt) in einem gesunden Körper! Das wusste schon der Römer Juvenal in seinen satirischen Dichtungen, auf den dieses Sprichwort zurückgeführt wird.

Früher waren es vor allem Kinder aus der oberen Mittelschicht und Oberschicht, die gezielt motorisch gefördert wurden. Heutzutage spielen die Schichtunterschiede keine so große Rolle mehr. Und die moderne *psychomotorische Forschung* hat zahlreiche Belege dafür gefunden, dass eine umfassende **motorische Förderung**, welche spielerisch und kindgemäß erfolgt, sich durchweg positiv nicht nur auf das körperliche Leistungsvermögen und Wohlbefinden, sondern teilweise auch auf die gesamte kognitive, soziale und emotionale Entwicklung auswirkt.

2.4.1 Psychomotorische Förderung

Unter **psychomotorischer Förderung** versteht man eine ganzheitliche Bewegungserziehung, die auf den jeweiligen Entwicklungsstand des Kindes Bezug nimmt (vgl. z. B. Kiphard 2001). Diese Förderung, manchmal auch »Rhythmus-, Musik- und Bewegungserziehung« genannt, hat in den letzten Jahrzehnten in den Stundenplänen der allermeisten Kindertagesstätten ihren festen Platz gefunden. Praxisbücher, Spielmappen und Handreichungen aller Art zu diesem Thema gibt es in großer Zahl. Zahlreiche Hinweise befinden sich zum Beispiel auf der folgenden Website: www.sportjugend-hessen.de/html/vereinsservice/materialien/bucher.php.

Spielerisches Fördern

Für Kinder im Kindergarten- und Vorschulalter steht bei der psychomotorischen Förderung – wie bei jeder Art von pädagogischer Unterweisung – das spielerische Moment im Vordergrund. Leis-

Psychomotorische Förderung –
Wie komme ich nur aus der
Hängematte heraus?

Psychomotorische Förderung –
Früh übt sich, wer eine
Hula-Hoop-Meisterin werden will.

tungsorientierung und Ehrgeiz sollten außen vor bleiben, diese Aspekte werden von den älteren Kindern häufig genug von selbst thematisiert. Vierjährige haben noch ihren Spaß an Liedern und Reimen, die in rhythmische Bewegungsspiele eingebettet werden, wie zum Beispiel »Es geht ein Bi-Ba-Butzemann in unserm Kreis herum...«. Doch auch bei uralten, überlieferten Spielen wie Verstecken, Fangen, Himmel und Hölle, sind sie mit Begeisterung bei der Sache. Für die älteren Kinder muss es schon etwas anspruchsvoller zugehen, sie erproben sich gerne beim Seilspringen, Gummi-Twist, Rollerbladen, Spitz-pass-auf- oder Knopfspiel und Mikado.

2.4.2 Zusammenhang zwischen psychomotorischer Förderung und kognitiver Entwicklung

Dass zwischen Bewegung und Lernen insbesondere in den ersten Lebensjahren sehr enge Beziehungen bestehen, wird heutzutage nicht mehr ernsthaft in Frage gestellt. Das illustriert zum Beispiel die Tatsache, dass in bewährten Entwicklungstests Bewegungsstörungen als zuverlässige Hinweise auf frühkindliche Hirnschäden gelten.

Forschungsergebnisse

Auch im Hinblick auf das Kindergarten- und Vorschulalter finden sich eine ganze Reihe von Forschungsergebnissen, in denen **Zusammenhänge zwischen psychomotorischer Förderung und kognitiver Entwicklung** dokumentiert werden. Ob es sich dabei um enge oder nur mittelbare Zusammenhänge handelt, wird jedoch kontrovers diskutiert. Zu belegen sind die positiven Auswirkungen motorischer Übungsprogramme auf kognitive Funktionen, wie die allgemeine Intelligenz, die praktische Intelligenz, die Konzentrationsfähigkeit oder die Leselernfähigkeit. Allerdings sind die tatsächlich nachgewiesenen Zusammenhänge gering und erreichen das statistische Signifikanzniveau bei weitem nicht.

Praxiserfahrungen

In der Vergangenheit wurden im Rahmen der »kompensatorischen Vorschulerziehung« sozial und ökonomisch benachteiligter Kinder häufig gezielt motorische Übungsprogramme eingesetzt, um Lernstörungen und Schulschwierigkeiten abzubauen. Denn zwischen Bewegungsauffälligkeiten im Schulalter und Lernbehinderungen, Verhaltensstörungen und Sprachanomalien waren deutliche Beziehungen nachgewiesen worden. Die Ergebnisse dieser Praxisprogramme waren jedoch nicht sehr ermutigend. Zwar ließen sich (unerwartet niedrige) positive Effekte zumeist durchaus belegen, aber diese entpuppten sich bei Kontrolluntersuchungen, die nach ein bis zwei Jahren durchgeführt wurden, als nicht sehr beständig.

Fazit

Beim gegenwärtigen Wissensstand kann also mit Fug und Recht bezweifelt werden, dass sich durch psychomotorische Fördermaßnahmen im Kindergarten- und Vorschulalter automatisch die kognitive Leistungsfähigkeit deutlich steigern lässt. Vielmehr muss davon ausgegangen werden, dass zwar in Einzelfällen, insbesondere bei *retardierten* (geistig zurückgebliebenen) und lernbehinderten Kindern, positive Auswirkungen erzielt werden können. Diese bleiben aber nur bestehen, wenn die Förderung kontinuierlich über einen Zeitraum von mehreren Jahren aufrecht erhalten wird.

3

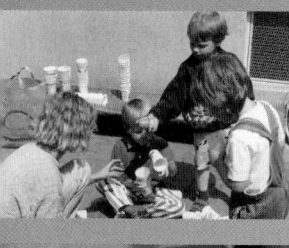

Grundlagen der Entwicklung von Gedächtnis und Informations-verarbeitung

In den 80er und 90er Jahren des vergangenen Jahrhunderts rückte in den Sozial- und Humanwissenschaften sowie in den naturwissen-schaftlich-technischen Disziplinen der Begriff der »Information« immer stärker in den Mittelpunkt des allgemeinen Forschungsin-teresses. In der Psychologie wurde die »Wissenspsychologie« aus der Taufe gehoben und intensiv an Theorien und Konzepten zur menschlichen Informationsverarbeitung und an Methoden zu ih-rer Erforschung (weiter)gearbeitet, welche auch die Entwicklungs-psychologie nicht unbeeinflusst ließen.

3.1 Was ist Information?

Zunächst kann festgehalten werden, dass **Information** etwas Nicht-Materielles ist, auch wenn sie uns über einen materiellen Träger, zum Beispiel eine Zeitung, mitgeteilt wird. Information ist niemals ein Gegenstand oder ein Faktum, Ereignis, Sachverhalt selbst, son-dern steht – sozusagen stellvertretend oder symbolisch – als ko-diertes Zeichen dafür. Information kann deswegen auch als eine abstrahierte Darstellung von Dingen oder Vorfällen, die anderwei-tig existieren, beschrieben werden.

Information als eine Kette von Zeichen

Statistisch betrachtet stellt jede Kette von Zeichen, wenn diese ei-ne Bedeutung besitzen (z. B. das Morse-Alphabet), eine Information dar. An einer solchen Information lassen sich vier aufeinander auf-bauende Aspekte unterscheiden:
- Gliederung und Struktur (*Syntax*)
- Bedeutung (*Semantik*)
- Reaktionsauslösung (*Pragmatik*)
- Zielorientiertheit (*Apobetik*).

Diese vier Aspekte der Information bauen folgendermaßen aufeinander auf:

- **Gliederung und Struktur:** Jede Zeichenkette setzt sich aus einer begrenzten Zahl von Einzelzeichen, dem Alphabet, zusammen. Die Einzelzeichen werden nach bestimmten Regeln (*Syntax*) zusammengefügt zu gültigen Wörtern, Wortgruppen und Sätzen; eine Zeichenkette weist dadurch immer eine Struktur, eine innere Gegliedertheit auf.
- **Bedeutung:** Jede Zeichengruppe steht für etwas und erhält damit eine *Bedeutung*, einen Sinn, eine Aussage oder eine Botschaft. Dies ist der entscheidende und wesentliche Aspekt einer Information.
- **Reaktionsauslösung:** Dadurch ist Information in der Lage eine *Reaktion*, ein Verhalten oder eine Handlung beim Empfänger auszulösen. Diese reaktionsauslösende Wirkung von Information ist besonders wichtig für die menschliche (aber auch maschinelle) Kommunikation.
- **Zielorientiertheit:** Mit nahezu jeder Information wird ein Ziel verfolgt. Der Empfänger einer Information fragt sich: Warum teilt er/sie mir dies mit, welches Ziel verfolgt er/sie damit?

3.2 Wie ist das Gedächtnis aufgebaut?

Alle Theorien der Informationsverarbeitungspsychologie gehen davon aus, dass Denken gleichzusetzen ist mit Informationsverarbeitung und -gewinnung. Für die Informationsaufnahme sind Funktionen wie Aufmerksamkeit, Konzentration, Wahrnehmung, und das **Ultrakurzzeitgedächtnis** zuständig. Im Ultrakurzzeitgedächtnis werden alle Informationen, die man bewusst oder auch unterschwellig wahrnimmt, für Sekundenbruchteile abgespeichert und zwar in Form einer elektrischen Schwingung.

Darüber hinaus bedarf es auch Funktionen, welche die Weiterverarbeitung und Wiederholung bereits abgespeicherter Informationen bewerkstelligen:
* Kurzzeitgedächtnis
* Langzeitgedächtnis
* Arbeitsspeicher.

Die im Ultrakurzzeitgedächtnis gespeicherten Informationen, die einem als wichtig oder bedeutungsvoll erscheinen, werden weitergeleitet an das Kurzzeitgedächtnis.

Auch im **Kurzzeitgedächtnis** existieren die Informationen nur relativ kurze Zeit (zwischen zwei und maximal zwanzig Sekunden) ebenfalls als elektrische Schwingung, sofern sie nicht in eine stabile Speicherform umgewandelt werden. Das geschieht, indem die elektrische Schwingung eine chemische Reaktion anregt, in deren Verlaufe eine Eiweißverbindung aufgebaut wird. In dieser Form wird die Information dauerhaft im **Langzeitgedächtnis** abgelagert.

Während sowohl Ultrakurzzeitgedächtnis als auch das Langzeitgedächtnis über annähernd unbegrenzte Speicherkapazität verfügen, ist die Speicher- und Verarbeitungskapazität des Kurzzeitgedächtnisses begrenzt.

Arbeitsspeicher

Das Kurzzeitgedächtnis wird oft gleich gesetzt mit dem **Arbeitsspeicher** oder Arbeitsgedächtnis, weil in ihm Informationen, die aus dem Ultrakurzzeitgedächtnis oder dem Langzeitgedächtnis stammen können, weiter verarbeitet werden. Psychologen haben in der Vergangenheit verschiedene Modelle aufgestellt, in denen die Strukturen und Aufgaben des Arbeitsspeichers beschrieben werden. Das bekannteste Modell stammt von Alan D. Baddeley und Graham J. Hitch von 1974. Es fand in der Folgezeit große Beachtung unter Entwicklungspsychologen und wurde in zahlreichen Untersuchungen auf seine Tauglichkeit und Gültigkeit überprüft (vgl. die Skizzierung des Modells → Kap. 5.1).

Voraussetzungen für die Ausbildung von Erinnerungen

Einige grundlegende Voraussetzungen müssen gegeben sein, damit Kinder sich überhaupt an Ereignisse erinnern können:

- Die Kodierung (Verschlüsselung) eines erlebten Ereignisses muss so abgespeichert werden, dass sie wieder gefunden werden kann. Dazu muss sie in dauerhafter Form vorliegen. Forscher fanden heraus, dass bestimmte Proteine (Einweißmoleküle) dies leisten.
- Die gespeicherte Erinnerung muss auch wieder auffindbar sein. Dazu darf sie nicht isoliert von anderen, vergleichbaren Erinnerungen abgespeichert, sondern muss mit verwandten Erinnerungen verknüpft werden.

Je zahlreicher die Verknüpfungen (Assoziationen) und je umfassender die Vernetzung, desto größer ist die Wahrscheinlichkeit, dass die Erinnerung wieder aufgespürt und ins Gedächtnis zurückgerufen werden kann. Das gilt besonders dann, wenn die entsprechenden Regionen der Großhirnrinde häufig aufgesucht werden. Das ist dann der Fall, wenn die Nervenbahnen (oder neuronalen Verbindungen) dorthin oft verwendete Wege sind.

4

Die Entwicklung des Gedächtnisses

Bereits in den ersten drei Lebensjahren entwickeln Kinder ausgeprägte Erinnerungsfähigkeiten. Diese Fähigkeiten lassen sich in eine aktive und eine passive Form unterteilen: Das explizite und das implizite Erinnern (→ Kap. 4.2). Die Gedächtniskapazität (→ Kap. 4.3) erweitert sich im Vorschulalter beträchtlich, Gedächtnisstrategien (→ Kap. 4.4) werden entwickelt. Dadurch wächst das Wissen der Kinder und größeres Wissen fördert wiederum die Erinnerungsfähigkeiten (→ Kap. 4.5). Ebenfalls interessant zu beobachten ist die Entwicklung metakognitiven Wissens über das Gedächtnis, also die Frage, wie gut Kinder ihr eigenes Erinnern einschätzen können(→ Kap. 4.6). Warum können sich Vorschulkinder nicht an frühkindliche Erlebnisse erinnern? Mit dieser »infantilen Amnesie« beschäftigen sich verschiedene Forschungszweige (→ Kap. 4.7). Und schließlich stellt sich die Frage: Wie verlässlich ist die Erinnerung von Vier- bis Sechsjährigen wirklich, zum Beispiel als Zeugen vor Gericht (→ Kap. 4.8)?

4.1 Die ersten Erinnerungsfähigkeiten

Um die Entwicklung des Gedächtnisses im Vorschulalter nachvollziehen zu können, ist es notwendig, einen Blick auf die **ersten Erinnerungsfähigkeiten** im Säuglingsalter zu werfen. Die Erinnerung an motorische Abläufe (→ Kap. 4.1.1) und die Erinnerung an Orte (→ Kap. 4.1.2) entwickeln sich markant im ersten Lebensjahr.

4.1.1 Erinnerung an motorische Abläufe

Schon wenige Tage alte Säuglinge erkennen Dinge, Gesichter, Stimmen, Bilder oder Spielzeug wieder. Wahrscheinlich haben sie sogar eine Erinnerung an Gegebenheiten, die ihnen vor der Geburt begegneten (Melodien, Texte, Stimmen). Nach kurzer Zeit können sie sich bereits an komplexere Sachverhalte erinnern, zum Beispiel daran, dass sich das an ihrem Bett aufgehängte Mobile bewegt, wenn sie mit den Füssen strampeln. Sie scheinen gelernt zu haben, was sie tun müssen, damit sich das Mobile bewegt und somit schon über ein Gedächtnis für **motorische Handlungen** zu verfügen. Wenn sie mehrere Tage lang keine Gelegenheit haben, das Mobile durch Strampeln zu bewegen, vergessen sie nach ungefähr einer Woche das Erlernte wieder. Eine wichtige Rolle spielt für sie auch die vertraute Umgebung. So brauchen sie in einer unvertrauten Umgebung deutlich länger, das erfolgreiche Strampeln wieder zu erlernen, welches das Mobile in Bewegung bringt.

Mit ungefähr einem Jahr können sie sich schon für deutlich längere Zeit an wesentlich kompliziertere motorische Handlungsabläufe erinnern, zum Beispiel daran, dass sie einen Hebel umlegen und einen Knopf drücken müssen, um einen Brummton zu erzeugen. 14 Monate alte Kleinkinder können sich noch nach einer Woche an den entsprechenden Handlungsablauf erinnern.

Erinnerungshilfen

Von spezifischen **Erinnerungshilfen** (»Heute haben wir mit einem kleinen, schwarzen Holzvogel und einem großen, hellbraunen Stoffhund gespielt.« »Weißt Du noch, mit welchen beiden Tieren wir vorgestern gespielt haben?«) profitieren sie in besonderem Maße. Dabei spielt es keine Rolle, ob diese speziellen Gedächtnisstützen während der Verschlüsselungs- und Einprägungsphase oder während der Abrufphase zur Verfügung gestellt werden, die Gedächtnisleistungen werden in beiden Fällen deutlich verbessert.

4.1.2 Erinnerung an Orte: Das Lokationsgedächtnis

Als »Lokationsgedächtnis« wird das Gedächtnis für Plätze und Orte bezeichnet. Es verbessert sich zwischen dem siebten und zwölften Lebensmonat deutlich. Das konnte in Untersuchungen zur *Objektpermanenz* nachgewiesen werden. In solchen Untersuchungen wird ein Objekt vor den Augen des Kindes am Ort A versteckt und beobachtet, wie lange es sich noch daran erinnert, wo sich das Objekt befindet.

Während sieben Monate alte Babys schon nach dem Objekt nicht mehr suchen, wenn zwischen Versteckvorgang und Beginn der Suche nur zwei Sekunden verstrichen sind, suchen zwölf Monate alte Kleinkinder noch nach einem Zeitintervall von mehr als zehn Sekunden am richtigen Ort. Im Laufe des zweiten Lebensjahres lernen sie dann auch, gleich am »richtigen« Ort zu suchen, das heißt, sie schauen gleich an der Stelle – z. B. Ort C – nach, wo das Objekt, das zunächst am Ort A, anschließend am Ort B versteckt worden war, zuletzt versteckt wurde. Jüngere Kinder machen dagegen noch den *Perseverationsfehler*, d. h. sie beharren auf dem Ort A, an dem das Objekt zuerst versteckt worden war und der sich auch in der Vergangenheit als der richtige Ort erwiesen hatte.

Schon zu Beginn des dritten Lebensjahres sind bei vielen Kindern beträchtliche Verbesserungen des Lokationsgedächtnisses zu registrieren, die im Laufe der folgenden beiden Jahre (also bis zum vollendeten vierten Lebensjahr) weiter ausgebaut werden. Diese Fortschritte sind unter anderem darauf zurückzuführen, dass die Suchstrategien, welche die Kinder einsetzen, robuster, konsistenter und flexibler werden, dass unangemessene Strategien kaum noch eingesetzt werden und dass die Kinder mit die Suche erleichternden Tipps und Hinweisen immer mehr anfangen können.

4.2 Implizites und explizites Erinnern

Während es sich beim **impliziten** (passiven) **Wiedererkennen** wahrscheinlich um eine angeborene Gedächtnisleistung handelt, die von Anfang an beherrscht wird, ist das **explizite** (aktive) **Erinnern** eine Kompetenz, die gelernt wird. Die wissenschaftliche Psychologie spricht hier von der Reproduktion von Gedächtnisinhalten. Sie ist eng gekoppelt an die allgemeine kognitive Entwicklung und auch von biologischen Reifungsprozessen abhängig, wie der neuronalen Vernetzung in bestimmten Hirnregionen und der *Markscheidenreifung*, das heißt der Isolation der Nervenfasern voneinander, die eine schnellere Reizübertragung ermöglicht.

4.2.1 Implizite Erinnerungen

Über implizite (beiläufige, unterschwellige) Erinnerungen verfügen schon Neugeborene. Sie erinnern sich zum Beispiel an Melodien oder Lieder, die ihnen im Mutterleib vorgespielt wurden. Das Vorliegen **impliziter Erinnerungen** kann an Hand von *Habituationszeiten* erschlossen werden: Objekte, die ihnen bereits vertraut sind, werden von Säuglingen und Kleinkindern nur kurz fixiert. Unvertraute, neuartige Objekte werden länger betrachtet. Es lässt sich aber auch aus dem konkreten Verhalten ablesen. Kinder erkennen Bilder wieder, die ihnen früher einmal gezeigt worden waren, auch wenn sie sich bewusst gar nicht mehr daran erinnern können, dass sie die Bilder früher schon einmal zu sehen bekommen haben.

Die Altersgruppe der vier Jahre und älteren Kinder verfügt bereits über Fähigkeiten des Wiedererkennens, welche teilweise sogar die Leistungen Erwachsener übertreffen, zum Beispiel beim genauen Wiedererkennen von Bildern. Vierjährige erkennen meist alle Bilder wieder, die ihnen kurz vorher gezeigt wurden, auch wenn sie zwischendurch bis zu 25 andere Bilder gesehen haben. Erwachsene schaffen meist nur 90 bis 95 Prozent korrekte Wiedererkennung.

Grenzen des impliziten Erinnerns

Je jünger Säuglinge sind, desto schneller verblasst ihre Erinnerungsspur wieder und desto weniger Details erkennen sie wieder. Wenn fünf Monate alten Kleinkindern zum Beispiel ein Gegenstand mit bestimmter Form, Größe, Farbe und Ausrichtung gezeigt wird (beispielsweise ein nach oben zeigender, großer, roter Pfeil), können sie sich an alle vier Merkmale des Gegenstandes nur erinnern, wenn sie ihn nach wenigen Sekunden noch einmal zu sehen bekamen. Schon nach 15 Minuten können sie sich an die Ausrichtung des Pfeils und seine Größe nicht mehr erinnern.

Die Grenzen kleinkindlichen Wiedererkennungsvermögens werden in erster Linie in Verbindung gebracht mit der noch nicht abgeschlossenen Reifung *inhibitorischer* (hemmender und kontrollierender) Regelkreise im Stirnhirn. Sie hängen wohl aber auch damit zusammen, dass die kognitiven Netzwerke der Kleinen noch kaum Differenzierungen aufweisen.

4.2.2 Explizites Erinnern

Im Unterschied dazu können **explizite Erinnerungen** als bildhafte Vorstellungen an ein vergangenes Ereignis ins Bewusstsein gerufen und somit visualisiert und sprachlich beschrieben werden. Die Leistungsfähigkeit des Gedächtnisses nimmt beträchtlich zu, wenn explizite Erinnerungen ausgebildet werden können.

Neurophysiologische Voraussetzungen für das explizite Erinnern

Damit explizite Erinnerungen ausgebildet werden können, was erstmals und in vorläufiger Form gegen Ende des ersten Lebensjahres der Fall ist, müssen bestimmte **neurophysiologische Reifungsprozesse** im *Frontallappen* stattgefunden haben. Beim Frontallappen handelt es sich um den (unterhalb der Stirn liegenden) Anteil der Großhirnrinde, der beim Menschen im Verlaufe seiner stammesgeschichtlichen Entwicklung überproportional an Größe zugenommen hat. Bestimmte Areale innerhalb des Frontallappens üben hemmende, kontrollierende und planende Funktionen aus, sorgen zum Beispiel dafür, dass Gefühle unterdrückt, Gedächtnisinhalte gezielt abgerufen, Entscheidungen getroffen und willkürliche Handlungen ausgeführt werden können. Hemmende Prozesse sind auch am expliziten Erinnern beteiligt und sorgen dafür, dass nicht relevante Gedächtnisinhalte unterschwellig bleiben und ablenkende Vorstellungen und Gefühle ausgeblendet werden.

Der in der zweiten Hälfte des ersten Lebensjahres in mehreren Bereichen des Frontallappens erfolgende Reifungsschub ist die Voraussetzung dafür, dass Kleinkinder (vom ungefähr 9. Lebensmonat an) die bekannte A-nicht-B-Aufgabe des Schweizer Entwicklungspsychologen Jean Piaget lösen können.

A-nicht-B-Aufgabe

Ein Objekt, zum Beispiel ein Ball, das zuvor mehrmals hintereinander an einem Ort B versteckt wurde, wird nun am Ort A versteckt. Jüngere Kleinkinder können nicht die Neigung unterdrücken, zunächst am vertrauten Ort B nachzuschauen, der zugehörige Handlungsimpuls wird noch nicht gebremst. Eine Hemmung desselben erfolgt aber in der Regel bei etwas älteren (über 9 Monate alten) Kleinkindern, sie schauen gleich am richtigen Ort A nach dem Ball.

Bremsen spontaner Impulse fördert explizites Erinnern

Der zwischen dem fünften und achten Lebensjahr ablaufende weitere Reifungsschub im Frontallappen ermöglicht es Kindergarten- und Grundschulkindern nach und nach ihre spontanen Gefühle und Handlungsimpulse in immer stärkerem Ausmaß zu kontrollieren und zu regulieren. Impulskontrolle ist für eine ganze Reihe »reiferer« kognitiver Fähigkeiten, die das Kind zwischen vier und sieben Jahren erwirbt und von denen im Folgenden noch die Rede sein wird, von großer Bedeutung. Auch für das gezielte Abrufen von im Langzeitgedächtnis abgespeicherten Inhalten, das heißt für das explizite Erinnern, ist sie von zentraler Bedeutung.

Der Entwicklungsfortschritt, den Kinder während dieser Altersspanne durchlaufen, lässt sich besonders schön illustrieren am beliebten Kinderspiel »Alle Vögel fliegen hoch«.

Alle Vögel fliegen hoch

Die Erzieherin (oder ein älteres Kind) ruft laut »Alle Vögel fliegen hoch«, hebt dabei auffordernd die Arme hoch und deutet so Flugbewegungen an. Die Kinder ahmen sie nach und es folgt der nächste Ausruf »Alle Spatzen fliegen hoch«. Dann geht es vielleicht weiter mit »Alle Bienen fliegen hoch«, »Alle Flugzeuge fliegen hoch« usw. bis plötzlich einmal »Alle Pinguine fliegen hoch« (oder ein anderes flugunfähiges Tier bzw. Objekt) an die Reihe kommt. Älteren Kindern fällt es leichter, der Aufforderung der Erzieherin zu widerstehen, besonders wenn sie wissen, dass Pinguine nicht fliegen können. Sie schaffen es aber auch besser, ihren Impuls, spontan wieder die Arme hochzuheben, abzubremsen.

Zwischen vier und sieben Jahren spielen die meisten Kinder dieses Spiel besonders gern. Das hängt möglicherweise damit zusammen, dass es zuweilen Kompetenzen voraussetzt, die in der *Zone der proximalen Entwicklung*« (Vygotski 1978) angesiedelt sind. Diese Kompetenzen setzen sich aus Faktenwissen und notwendiger bzw. nicht notwendiger Impulsbeherrschung zusammen. Die Kinder können sie sich nach und nach aneignen, wenn sie »abgucken«, das heißt ihr Augenmerk auf etwas ältere, kundigere Mitspieler richten.

Simon says

In englischsprachigen Ländern erfreut sich das Spiel »Simon says« großer Beliebtheit, in dem in erster Linie eine angemessene, schnelle Informationsverarbeitung und gegebenenfalls auch Impulskontrolle verlangt wird. Der Spielleiter fordert die Mitspieler laut zur Ausführung von Anweisungen auf, zum Beispiel: »Den roten Stift ergreifen!«, »Die Kappe aufsetzen!«, »Den Finger auf die Nase legen!«, »Die Stirn runzeln!« Die Anweisungen dürfen aber nur ausgeführt werden, wenn einer Anweisung noch »Simon says« vorangesetzt wird. Andernfalls darf die Anweisung nicht ausgeführt werden, auch wenn der Spielleiter noch so auffordernd schaut.

Grenzen des expliziten Erinnerns bei Vier- bis Fünfjährigen

Während Vierjährige bereits über ausgereifte Fähigkeiten des impliziten Erinnerns bzw. Wiedererkennens verfügen, sieht es mit dem expliziten Erinnern, dem aktiven Reproduzieren und gezielten Abrufen spezifischer Inhalte, ganz anders aus. Hier stecken die Vierjährigen noch in den Kinderschuhen und machen erst in den folgenden Jahren beträchtliche Fortschritte. Dazu einige interessante Forschungsergebnisse.

Die Piaget-Aufgabe »Erhaltung einer Flüssigkeitsmenge«

Vier- bis Fünfjährige haben noch große Schwierigkeiten, bei der Piaget-Aufgabe »Erhaltung einer Flüssigkeitsmenge« erfolgreich abzuschneiden: Vor ihren Augen wird Wasser aus einem hohen, schlanken in ein niedriges, kleiner wirkendes Glas umgegossen und sie werden gefragt, ob die Wassermenge gleich geblieben ist. Die Kinder beantworten die Frage nur richtig, wenn unmittelbar nach dem Umgießen ein Schirm vor die beiden ungleich geformten Gläser gestellt wird. Sie tun sich anscheinend schwer, irreführende Signale (die viel größer wirkende längliche Flasche) auszublenden und sich nur auf die Flüssigkeit zu konzentrieren. Diese Eigentümlichkeit wird erklärt mit dem noch nicht eingesetzten *zweiten Reifungsschub* bestimmter Regionen im Frontallappen, welche eine hemmende Funktion ausüben und bewirken können, dass spezifische irrelevante Informationen nicht weiter beachtet werden. Schon sechsjährigen Kindern fällt es leichter, sich nicht von unwesentlichen Reizen ablenken zu lassen und ihre Aufmerksamkeit auf die wichtige Tatsache zu richten, dass beim Umgießen keine Flüssigkeit verloren geht. Sie lassen sich nicht mehr dadurch irritieren, dass die Flüssigkeit aus einem optisch groß wirkenden in ein viel kleiner ausschauendes Glas umgegossen wird.

Ab wann unterstützen Erinnerungshilfen das explizite Gedächtnis?

Ein Grund dafür, dass Kindern bis zum vollendeten dritten Lebensjahr in der Regel kleine Stützen beim Reproduzieren von Gedächtnisinhalten wenig nützen, wird darin gesehen, dass sie die Inhalte im Langzeitgedächtnis sehr präzise und relativ abgegrenzt von anderen Inhalten abgespeichert haben, so dass ein Wiederauffinden nur durch Vorgabe einer spezifischen Erinnerungshilfe ermöglicht wird. Etwas ältere Kinder, deren kognitive Netzwerke nicht nur differenzierter, sondern auch vielschichtiger (hierarchischer) strukturiert sind, speichern Ereignisse diffuser ab, so dass diese auch durch weniger spezifische Erinnerungshilfen reaktiviert werden können.

Beispielsweise nützt einem unter drei Jahre alten Kind die Gedächtnisstütze »Säugetier« wenig, wenn es unter diesem Oberbegriff nur »viele Haustiere« und »Kühe und Pferde« abgespeichert hat, der zu reproduzierende Gedächtnisinhalt »Mäuse mögen Käse« jedoch nur unter dem Oberbegriff »kleine Tiere« verankert ist. Für ein etwas älteres Kind dagegen erweist sich die Erinnerungshilfe »Säugetier« durchaus als nützlich, weil seine »kognitive Landkarte« unter dem Begriff »Säugetier« zahlreichere und wesentlich differenziertere Angaben enthält, zum Beispiel »groß und klein«, »Haustiere, nützliche und schädliche Tiere, im Zoo und frei lebende Tiere«.

4.3 Gedächtniskapazität

Unter **Gedächtniskapazität** wird zum einen die *Gedächtnisspanne* (Speicherumfang) (→ Kap. 4.3.1) des Kurzzeitgedächtnisses, zum anderen seine *Verarbeitungsgeschwindigkeit* (→ Kap. 4.3.2) verstanden.

4.3.1 Gedächtnisspanne

Untersuchungen zur Gedächtnisspanne, welche die Anzahl von Wörtern, Zahlen und Bildern definiert, die direkt nach ihrer Einprägung noch korrekt wieder gegeben werden kann, erbrachten folgende Ergebnisse:
• **Buchstabenspanne:** Im Alter von viereinhalb bis fünf Jahren schaffen Kinder es, ungefähr drei Buchstaben korrekt zu erinnern, Zwölfjährige kommen im Schnitt auf vier bis fünf Buchstaben, Erwachsene auf höchstens fünf.

- **Wortspanne:** Im Alter von fünf bis sechs Jahren können Kinder etwa vier einsilbige Wörter korrekt reproduzieren, im Alter von zehn bis zwölf Jahren ist es lediglich ein Wort mehr.
- **Zahlenspanne:** Im Alter von vier Jahren werden im Durchschnitt vier Zahlen korrekt wiedergegeben, im Alter von zwölf Jahren sind es sechs bis sieben.

Diese Befunde untermauern eine relativ geringfügige Zunahme der Gedächtnisspanne im Verlaufe der Kindheit. Strittig ist dabei, ob dieser Zuwachs tatsächlich auf Veränderungen des Umfangs des Kurzzeitgedächtnisses auf Grund neurophysiologischer Reifungsprozesse zurückzuführen ist, oder ob er nicht vielmehr mit der Zunahme von Kenntnissen und Strategien zusammenhängen könnte.

Zu belegen ist nämlich, dass Kindergarten- und Vorschulkinder fast doppelt so viele Wörter bzw. Zahlen richtig wiedergeben können, wenn sie dabei nicht die richtige Reihenfolge beachten müssen. Anscheinend ist es für sie noch mit größerem Zeitaufwand verbunden, die korrekte Reihenfolge zu berücksichtigen. Ältere Kinder, die schon bis 20 oder 100 zählen können, haben die richtige Reihenfolge bereits verinnerlicht und können sie automatisch abrufen.

Sicherlich beeinflussen auch die Schnelligkeit der Erkennung und der sprachlichen Wiedergabe der vorgegebenen *Items* (Zahlen, Buchstaben, Wörter) die Gedächtnisspanne. Diese altersabhängigen Schnelligkeitsfaktoren sind höchstwahrscheinlich auf physiologische Reifungsprozesse zurückzuführen, zum Beispiel auf die *Markscheidenreifung.*

Dass es daneben aber vor allem **Gedächtnisstrategien** (→ Kap. 4.4) sind, vermittels derer etwas ältere Kinder ein oder zwei Items mehr reproduzieren können, wurde durch einige Untersuchungen untermauert, von denen noch die Rede sein wird. Zunächst ein Blick auf Veränderungen im Hinblick auf die Verarbeitungsgeschwindigkeit.

4.3.2 Verarbeitungsgeschwindigkeit

Zahlreiche Studien belegen, dass die **Geschwindigkeit der Informationsverarbeitung** mit dem Alter deutlich zunimmt. Dies wurde sowohl für das Ultrakurzzeitgedächtnis nachgewiesen (→ Kap. 3.2) als auch für das Kurzzeitgedächtnis und das Zurückholen von Informationen aus dem Langzeitgedächtnis. Zwischen dem fünften und siebten Lebensjahr erhöht sich die Verarbeitungsgeschwindigkeit im Durchschnitt um 35 Prozent! In den darauf folgenden Jahren ist der Zuwachs nicht mehr so bedeutend, bis zum 21. Lebensjahr nur noch circa 25 Prozent.

Worauf die Zunahme der Verarbeitungsgeschwindigkeit zurückzuführen ist, wird unterschiedlich diskutiert. Wahrscheinlich müssen sowohl verbesserte Strategien und Wissenszuwachs und die damit verbundene zunehmende Vertrautheit mit den Aufgaben in Rechnung gestellt werden, als auch neurophysiologische Reifungsprozesse, die als solche eine Tempozunahme ermöglichen.

4.4 Gedächtnisstrategien

Um die Bedeutung von **Gedächtnisstrategien** einschätzen zu können, müssen drei Fragen geklärt werden: Was sind eigentlich Gedächtnisstrategien, wie eignen Kinder sie sich an und wie entscheiden sie, wann welche Strategie am besten eingesetzt werden sollte?

Was sind Gedächtnisstrategien?

Gedächtnisstrategien sind spezielle geistige Herangehensweisen an Lern- und Gedächtnisaufgaben, durch die die Gedächtnisleistung gesteigert werden kann. Die bekannteste Strategie, sich etwas Neues einzuprägen, ist die Wiederholung. Gedächtnisstrategien werden aber nicht nur beim Einprägen (Enkodieren, Verschlüsseln) verwendet, sondern auch beim Abspeichern und beim Abrufen.

Wie eignen sich Kinder Gedächtnisstrategien an?

Kinder eignen sich eine neue Strategie Schritt für Schritt an.
• Zweijährige achten noch nicht darauf, unter welchem von drei Bechern eine Kugel versteckt wird. Sie merken sich nur, dass sie sich unter einem Becher und nicht unter einer Tasse oder einem in der Nähe liegenden Kissen befindet.
• Vierjährige behalten dagegen schon im Auge, ob die Kugel unter den vorderen, mittleren oder hinteren Becher gelegt wird.

Wie lernen Kinder, Gedächtnisstrategien anzuwenden?

Kinder lernen Schritt für Schritt, die neue Strategie auf ein immer größeres Spektrum von passenden Situationen anzuwenden. Wann welche Strategie am besten eingesetzt wird, lernen Kinder in erster Linie durch Erfahrung, aber auch durch Beobachtung erfolgreichen Modellverhaltens und durch direkte Unterweisung und Anleitung, welche in der Regel aber erst im Schulunterricht erfolgt.

Sechsjährige gehen flexibler mit erworbenen Strategien um als Vierjährige: Sie schaffen es zum Beispiel, diese geringfügig zu verändern, so dass sie sich auch in neuartigen Situationen einsetzen lassen; dadurch haben sie einen noch größeren Nutzen von der jeweiligen Strategie. Im Folgenden werden einige konkrete Gedächtnisstrategien und ihre Entwicklung noch etwas näher betrachtet.

4.4.1 Entwicklung von Gedächtnisstrategien

Die Entwicklungsschritte von vier Gedächtnisstrategien verdienen es besonders hervorgehoben zu werden:
- Strategien zum Wiederfinden von Objekten
- Wiederholungsstrategien
- Strategien des Ordnens und Systematisierens
- Strategien der selektiven Aufmerksamkeit.

Strategien zum Wiederfinden von Objekten

Strategien zum Wiederfinden von Objekten werden während der ganzen Kindheit eingesetzt und weiterentwickelt. Der Entwicklungsfortschritt zwischen dem fünften und achten Lebensjahr ist besonders augenfällig. Das wurde durch ein interessantes Experiment deutlich gemacht:

In einer von sechs gleich aussehenden Tassen, die sich auf einer Drehscheibe befanden, wurde ein Objekt versteckt, das die Kinder, nachdem die Scheibe ein paar Mal herumgedreht worden war, wieder finden mussten.
- Achtjährige nahmen spontan eine Büroklammer bzw. einen Stern, die auf dem Tisch bereit gelegt worden waren, und markierten damit die »richtige« Tasse vor dem Drehen.
- Fünfjährige taten das nur, wenn sie vom Versuchsleiter dazu ermuntert wurden.
- Dreijährigen konnte entweder gar nicht auf die Sprünge geholfen werden, oder nur, wenn ihnen das Markieren der richtigen Tasse direkt vorgemacht und sie dann aufgefordert wurden, es genauso zu machen.

Wiederholungsstrategien

Bei der **Strategie der Wiederholung,** um sich etwas einzuprägen, zeigen sich ähnliche Entwicklungsregelmäßigkeiten.

- Dreijährige Kindergartenkinder übertragen eine Wiederholungsstrategie noch nicht auf andere Situationen und Aufgaben, es sei denn, die neuen Aufgaben ähneln den vertrauten in weitem Umfang.

- Vier- und Fünfjährige setzen Wiederholungsstrategien, zum Beispiel zum Einprägen der richtigen drei Bilder aus einer größeren Reihe von Bildern, in der Regel nur ein, wenn sie vorher dazu animiert wurden. Es hängt allerdings auch vom Aufgabentyp ab, ob sie von sich aus oder nur, wenn sie dazu ermuntert werden, Wiederholungsstrategien verwenden. Bei einfach strukturierten Aufgaben zum Beispiel mit Spielzeug, das sie im Alltag oft verwenden, gebrauchen auch die Vierjährigen oft spontan die Technik der Wiederholung.

- Schulkinder verwenden diese Strategie automatisch, manchmal murmeln sie die Namen der einzuprägenden Bilder sogar leise immer wieder vor sich hin.

Strategien des Ordnens und Systematisierens

»Wer Ordnung hält, ist nur zu faul zum Suchen!« Dieses schöne Sprichwort könnte auch umformuliert werden in »Wer Ordnung (in seinem Gedächtnis) hält, kann sich besser erinnern«. Dieser Sinnspruch bringt die im Folgenden vorgestellten Forschungsergebnisse auf einen Nenner. Zu belegen ist nämlich, dass Kinder, die erfolgreich **Ordnungsstrategien** vor dem Abspeichern wichtiger Informationen einsetzten, sich an mehr Details wieder erinnern, als Kinder, die keine Ordnungsstrategien verwendeten.

Wenn Vier- und Fünfjährige sich Begriffe, wie Apfel, Stuhl, Tisch, Katze, Birne, einprägen sollen, kommen sie von sich aus nicht auf die Idee, diese Begriffe nach drei Oberkategorien (Früchte, Möbel und Tiere) zu ordnen. Sie greifen aber gern darauf zurück, wenn man es ihnen nahe legt und steigern dann automatisch ihre Erinnerungsleistung. Mit der Übertragung dieser Strategie auf andere Aufgaben mit ähnlichen Begriffen tun sie sich noch schwer, insbesondere dann, wenn sie nicht auf geeignete Oberbegriffe kommen.

Zehnjährige brauchen in der Regel keine Hilfestellung mehr bei solchen Aufgabentypen, sondern versuchen spontan eine Ordnungsstrategie zu finden, indem sie nach passenden Oberbegriffen Ausschau halten.

Strategie der selektiven Aufmerksamkeit

Kleinkinder sind viel leichter ablenkbar, als Kindergarten- und Vorschulkinder und können sich noch nicht so gut ausschließlich auf eine Sache konzentrieren. Aber auch Vier- bis Fünfjährige tun sich noch schwer mit **selektiver Aufmerksamkeit,** das heißt, ihre Aufmerksamkeit wirklich nur auf die wesentlichen Dinge zu richten. Das konnte durch die im Folgenden skizzierte Untersuchung, die Darlene DeMarie-Dreblow und Patricia H. Miller (1988) durchführten, belegt werden.

Drei bis acht Jahre alten Kindern wurden zwei übereinander gestellte Reihen mit jeweils sechs Kästchen zum Herausziehen gezeigt. Auf der Hälfte der Kästchen war auf der Vorderseite das Symbol eines Hauses, auf der anderen Hälfte das Symbol eines Käfigs aufgeklebt. Dazu gab es zwei verschiedene Aufgabenstellungen:
• Herauszufinden, welches Tier in welchem Käfig eingesperrt ist und sich jedes Tier zu merken.
• Herauszufinden, welcher Haushaltsgegenstand in welchem Häuschen verborgen ist und sich alle zu merken.
Die Kinder sollten nur jeweils eine der zwei Aufgaben lösen.

- Die jüngsten Kinder schauten unterschiedslos in allen Kästchen nach.
- Die Vier- bis Fünfjährigen schauten schon wesentlich häufiger in den Kästchen ihrer Kategorie nach, also entweder Haus oder Käfig. Relativ häufig blickten sie aber auch noch in die Kästchen der für sie nicht relevanten Kategorie.
- Sechs- bis Siebenjährige schauten zwar fast nur noch in den für sie relevanten Kästchen nach, prägten sich aber nicht mehr Begriffe (Tiere oder Haushaltsgegenstände) ein als jüngere Kinder.
- Erst die Achtjährigen beschränkten sich ganz auf die für sie relevanten Kästchen und konnten sich auch an die meisten Begriffe wieder erinnern.

Selektive Aufmerksamkeit ist nicht nur für Konzentrations- und Kurzzeitgedächtnisaufgaben wichtig, sondern auch für viele andere Alltagsroutinen, bei denen es um das schnelle Ausfiltern relevanter Informationen geht. Das lässt sich besonders schön demonstrieren an den so genannten Suchbildern: Zwei Bilder, die auf den ersten Blick als identisch erscheinen, unterscheiden sich bei genauerer Betrachtung durch eine Reihe von winzigen Details.

Solche Suchbilder werden von etwas älteren Schulkindern meist schnell und erfolgreich bearbeitet, weil diese oft systematische Suchstrategien einsetzen: Sie tasten zum Beispiel die Bilder systematisch von oben nach unten und links nach rechts mit den Augen ab.

Bei Vier- bis Sechsjährigen ist dagegen zu belegen, dass sie die Bilder noch ohne rechtes System nach Unterschieden absuchen und deswegen auch deutlich länger brauchen, bis sie alle Unterschiede gefunden haben oder gar nicht alle herausfinden.

4.4.2 Gründe für den Erwerb von Gedächtnisstrategien

Viele Forscher haben sich Gedanken darüber gemacht, warum sich Kinder überhaupt Strategien zur Verbesserung ihrer Gedächtnisleistung aneignen und manche auch wieder verwerfen. Die veröffentlichten Ansichten sind widersprüchlich und lassen sich nicht auf einen Nenner bringen; am plausibelsten erscheint die folgende Erklärung (vgl. Siegler 1995, S. 256 ff.):

Insbesondere bei bis zu vier Jahre alten Kindern spielen der *unmittelbare Nutzen*, den sie bei der Anwendung einer Strategie erfahren bzw. die *direkten Kosten*, z. B. die Anstrengung, die sie erleben, eine wichtige Rolle bei der Entscheidung, ob sie die Strategie noch einmal gebrauchen. Selbst einfache Wiederholungsstrategien werden zunächst nur dann weiterverwendet, wenn sich mit ihrer Hilfe eine Aufgabe schneller und erfolgreicher lösen lässt.

Aus pädagogischer Sicht bedeutet das, dass sich die Anwendungsrate einer Strategie steigern lässt, wenn der Nutzen für das Kind erhöht wird, zum Beispiel durch Anerkennung, Lob oder eine Belohnung, oder wenn die Kosten gesenkt werden, zum Beispiel durch kleine Hilfestellungen, sofern das Kind sie gestattet.

Schon vom vierten oder fünften Lebensjahr an verwenden Kinder ab und zu auch Strategien, die ihnen zunächst noch mehr Kosten als Nutzen bereiten. Das ist vor allem dann der Fall, wenn es zumindest hin und wieder zu einem Erfolgserlebnis kommt, also eine Aufgabe etwas schneller als ohne Strategie gelöst werden kann.

Zusammenfassung

Festgehalten werden kann, dass sich Vierjährige noch schwer tun, spontan Gedächtnisstrategien regelmäßig einzusetzen, selbst wenn sich diese als erfolgreich und leistungssteigernd erweisen. Erst ungefähr zwei Jahre später, mit sechs Jahren, verwenden sie von sich aus die eine oder andere einfache Strategie (ordnen und systematisieren – wiederholen – selektieren), besonders dann, wenn sie sich als nützlich erweist. Im Laufe der nächsten Jahre schaffen sie es dann sogar, bewährte Strategien auf neue Aufgaben zu übertragen und dabei gegebenenfalls sogar leicht zu modifizieren.

4.5 Zusammenhänge zwischen Wissen und Gedächtnis

Der Zusammenhang zwischen Wissen und Gedächtnis ist einfach: Ältere Kinder, die mehr wissen als jüngere Kinder, können sich auch an mehr erinnern. Die Forschung erklärt diesen Zusammenhang mit dem Verweis auf die differenziertere, hierarchischer gegliederte und vernetztere kognitive Struktur älterer Kinder, die es ihnen in konkreten Situationen ermöglicht, mehr Einzelheiten wahrzunehmen, sich einzuprägen, abzuspeichern und wieder abzurufen. Im Folgenden wird erläutert, wie sich bereichsspezifisches Inhaltswissen (→ Kap. 4.5.1) und Handlungswissen (→ Kap. 4.5.2) auf die Entwicklung des Gedächtnisses auswirken.

4.5.1 Inhaltswissen fördert das Erinnern

Bereichsspezifisches Inhaltswissen wirkt sich positiv auf die Erinnerungsfähigkeit aus. Manche Kinder sind mit vier Jahren schon wahre Experten, wenn es zum Beispiel um Automarken, Fußball oder Barbiepuppen geht.

Zu belegen ist, dass Kinder in ihren Spezialbereichen wesentlich mehr passiv und aktiv erinnern, als Kinder, die sich in diesen Bereichen nur durchschnittlich auskennen. Das hängt damit zusammen, dass Kinder in ihrem Spezialbereich wesentlich mehr Unterscheidungsmerkmale zur Verfügung haben, auf deren Grundlage sie einschlägige neue Informationen sehr differenziert verschlüsseln und abspeichern können.

So erinnern sich Kinder, die Schach spielen können, an wesentlich mehr Einzelheiten einer Schachpartie, die ihnen kurz gezeigt wurde, als Erwachsene, die nicht Schach spielen. Die Kinder verschlüsseln eine Schachpartie nach Kriterien, die Mehrfachbeziehungen zwischen einer ganzen Reihe von Figuren beinhalten (z. B. schwarzer König wird bedroht von Läufer, Turm und zwei Bauern und geschützt von Dame, Springer und drei Bauern). Erwachsene Nichtschachspieler bemühen sich dagegen, sich die räumliche Position einzelner Figuren auf dem Brett einzuprägen.

Streuungsaktivierung

Das Vorhandensein von Inhaltswissen erleichtert auch das Auffinden von benachbarten, verknüpften Inhalten. Die Fachleute sprechen hier anschaulich von **Streuungsaktivierung** (vgl. Siegler, a. a. O., S. 270): In einem vertrauten Thema, in dem sie sich gut auskennen, gelingt es Kindern leichter, breit gestreut zu suchen und Brückenschläge zu inhaltlich verwandten Themen herzustellen und gegebenenfalls dort eine abgespeicherte Information wieder zu finden.

Nahezu jedes Mal, wenn ein inhaltlicher Spezialbereich vergegenwärtigt wird, führt das nahezu automatisch dazu, dass einige neue Verknüpfungen mit inhaltlich benachbarten Bereichen angelegt werden und weitere Ausdifferenzierungen innerhalb der Grenzen des Spezialbereiches stattfinden. Wissen vermehrt sich – so betrachtet – sozusagen von selbst.

Differenzierung des Wissens durch Erinnerungsprozesse

Vorhandenes Inhaltswissen unterstützt also auf vielfältige Weise Erinnerungsprozesse und kann seinerseits durch Aktivierung derselben auch erweitert und ausdifferenziert werden: Wenn Kinder im Vorschulalter in ihrem Spezialbereich unter einem Oberbegriff (zum Beispiel »Raubtier«) die gesuchten Tiere (Adler, Tiger, Hecht) richtig erinnern, dann trägt ihr Erinnerungsprozess möglicherweise zur Ausdifferenzierung einer neuen Hierarchieebene bei. Sie kategorisieren zum Beispiel in »Raubvögel«, »Raubkatzen« und »Raubfische«.

Generalisierung und Wiedererkennen durch Inhaltswissen

Vorhandenes Inhaltswissen unterstützt darüber hinaus zwei grundlegende, dem Erinnerungsvermögen nützende Kompetenzen:
• Die Schaffung neuer Generalisierungen (»alle Raubkatzen, Raubvögel und Raubfische sind auch Raubtiere«).
• Die Schnelligkeit des Wiedererkennens.

Inhaltswissen fördert Gedächtnisstrategien

Beobachtet werden konnte, dass Vier- und Fünfjährige bewährte Gedächtnisstrategien (wie Ordnen unter Oberbegriffen) von sich aus meist nur auf ihnen vertraute Inhaltsbereiche anwenden. Etwas ältere Kinder wagen sich mit bewährten Strategien schon deutlich häufiger auch an weniger vertraute inhaltliche Domänen heran.

Wahrscheinlich erleichtert das Vorhandensein eines bereichsspezifischen Inhaltswissens auch die Ausdifferenzierung neuer Gedächtnisstrategien (Rangreihen bilden, Klassen und Unterklassen bilden, zeitliche und kausale Verläufe herstellen). Nachgewiesen wurde das bei Kindern vom sechsten Lebensjahr an.

Erinnern von Geschichten und Märchen

Besonders deutlich lassen sich die Gedächtnisfortschritte, die sich zwischen dem dritten und sechsten Lebensjahr abspielen, beim Erinnern und Nacherzählen von Geschichten oder Märchen belegen, die den Kinder kurz vorher vorgelesen wurden. Solche Geschichten folgen häufig einer Standardform, in welcher der Handlungsrahmen skizziert wird, ein Ereignis stattfindet, die beteiligte Hauptperson eine Reaktion zeigt, sich ein Ziel setzt, das Ziel zu erreichen versucht und es erreicht oder auch nicht erreicht.

Märchen nacherzählen

Das Märchen »Dornröschen« findet in einem Schloss statt. Die Prinzessin Dornröschen sticht sich am vergifteten Stachel einer Rose und fällt in einen tiefen Schlaf. Der Prinz ist sehr traurig darüber und setzt sich das Ziel, Dornröschen zu erlösen. Er erreicht das Ziel, indem er sich einen Weg durch die Dornen bahnt und Dornröschen einen Kuss gibt, worauf sie aus ihrem Tiefschlaf erwacht.

Beim Nacherzählen solcher Märchen erwähnen Dreijährige in der Regel weder die Ziele der Hauptpersonen noch ihre inneren Reaktionen. Häufig fügen sie aber Details ein, die in keinem Bezug zum Handlungsverlauf stehen, zum Beispiel die stacheligen Dornen oder das Aussehen und die Kleidung von Dornröschen. Vierjährigen gelingt es meist, den Handlungsablauf richtig zu beschreiben, Ziele und Absichten der Personen bleiben aber noch oft außen vor. Erst im Alter von fünf Jahren schaffen es die Kinder normalerweise, alle wesentlichen Passagen des Märchens in der korrekten Reihenfolge wiederzugeben.

4.5.2 Handlungswissen als Grundlage für das Langzeitgedächtnis

Viele Forschungsbelege untermauern, dass sich das frühe Langzeitgedächtnis auf der Grundlage von »**Handlungswissen**« organisiert. Handlungswissen ist das Wissen über Handlungsabläufe, die im Alltag des Kindes eine Rolle spielen, also zum Beispiel All-tagsroutinen, wie Aufstehen, Frühstücken, zum Kindergarten gebracht werden, Mittagessen, Mittagschlaf halten, auf den Spielplatz gehen, Abendessen, ins Bett gehen. Aber auch das Wissen über seltener stattfindende Ereignisse, wie Geburtstagsfeste, Arztbesuche, Weihnachten feiern, wird als Wissen über Handlungsabläufe *(Skript-Wissen)* abgespeichert.

Erinnerung durch »Skripts«

»Skripts« sind schematisierte Ablaufmuster. Angenommen wird, dass Kleinkinder schon in der zweiten Hälfte des ersten Lebensjahres damit beginnen, regelmäßig wiederkehrende Ereignisse ihrer Umwelt (gefüttert werden, zu Bett gehen, gewindelt werden) in Form von »Skripts« innerlich zu organisieren. Dadurch können diese Ereignisse in ihrer zeitlichen und kausalen Verknüpfung relativ ökonomisch abgespeichert und bei Bedarf wieder abgerufen, das heißt vorweg genommen und ein Stückchen kontrolliert werden. Langfristige Erinnerungen werden vor allem dadurch ermöglicht, dass die betreffenden Ereignisse den Kindern wiederholt präsentiert werden.

In einer Untersuchung des Münchener Max-Planck-Instituts (vgl. Weinert & Schneider 1999) wurde zum Beispiel belegt, dass drei- bis vierjährige Kinder Geschichten mit solchem *Skript-Charakter* viel besser reproduzieren können als Geschichten, deren Inhalt ihnen zwar auch vertraut ist, zum Beispiel ein normaler Spielnachmittag, die aber keinen charakteristischen Ablauf haben.

Die Eltern und andere vertraute Bezugspersonen des Kindes können entscheidend dazu beitragen, langfristige Gedächtnisinhalte aufzubauen, wenn sie Ereignisse im Leben des Kindes, die ihnen bedeutsam erscheinen, besonders akzentuieren, zum Beispiel dadurch, dass sie öfter von sich aus über solche Ereignisse sprechen, das Kind auch danach fragen und ihm Hilfestellung geben, wenn es sich zu erinnern versucht (vgl. Hudson 1990).

Die Bedeutung von »Skripts« und Handlungswissen für den Aufbau des Langzeitgedächtnisses nimmt im Laufe der Grundschuljahre deutlich ab. Das hängt mit der fortschreitenden sprachlichen und gesamten kognitiven Entwicklung zusammen. Es werden zahlreiche neue Begriffe, Konzepte, Symbole und Zeichen erworben und verinnerlicht, die das Kind zunehmend unabhängiger werden lassen von äußeren Handlungsabläufen.

Skripts können die Erinnerung verfälschen

Vier- bis sechsjährige Kinder haben schon eine ganze Reihe von Skripts in ihrem Repertoire, mit denen sie Handlungsmuster erfasst haben. Zum Beispiel Skripts von Feiern verschiedener Art, Arzt-, Theater-, Zirkus oder Kinobesuchen oder von Arten, Mahlzeiten einzunehmen, beispielsweise in der Kindertagesstätte, im Fast-Food-Restaurant, beim Italiener oder Griechen.

Kinder, die häufig in einem Fast-Food-Restaurant essen und viel seltener in einer Gaststätte, erinnern sich möglicherweise, dass vor dem Essen bezahlt werden musste, so wie es im Fast-Food-Restaurant üblich ist. Schulkinder dagegen verfügen über differenziertere Skripts, das heißt, sie wissen bereits, dass in normalen Gaststätten die Rechnung nach dem Essen bezahlt wird. Ihre Erinnerungen sind daher nicht verfälscht.

4.5.3 Metakognitives Wissen über das Gedächtnis

Das Wissen über das eigene Gedächtnis wird auch als **metakognitives Wissen** bezeichnet und nimmt zwischen dem fünften und zehnten Lebensjahr deutlich zu. Metakognitives Wissen lässt sich aufgliedern in explizites und implizites Wissen.

Vierjährige wissen, dass es leichter ist, sich an wenige Einzelheiten zu erinnern als an viele Details. Ein Drittel der Vierjährigen glaubt von sich aber noch, niemals etwas zu vergessen. Bei den Sechsjährigen denkt das nur noch ganz selten jemand.

Wenn Vierjährige vor konkreten Gedächtnisaufgaben gefragt werden, wie gut sie abschneiden werden, überschätzen sie regelmäßig ihre tatsächliche Leistung. Vor die Aufgabe gestellt, sich zum Beispiel eine Folge von zehn Bildern einzuprägen, behaupten fast alle Vierjährigen vorher von sich, das würde ihnen fehlerfrei gelingen. Diese zu optimistischen Selbsteinschätzungen sind auf ihr ausgeprägtes Wunschdenken und ihr geringeres Erfahrungs- und Faktenwissen zurückzuführen. Wenn sie gefragt werden, wie gleichaltrige Spielkameraden bei derselben Aufgabe voraussichtlich abschneiden werden, geben sie übrigens nicht ganz so optimistische Schätzungen ab. Sechsjährige schätzen ihre voraussichtliche Leistung schon wesentlich realistischer ein.

Implizites metakognitives Wissen

Das **implizite metakognitive Wissen** von Kindergarten- und Vorschulkindern ist bereits relativ umfangreich. Schon im dritten Lebensjahr kontrollieren die meisten Kinder regelmäßig ihre eigenen sprachlichen Äußerungen, zum Beispiel was die korrekte Aussprache (aus »wunnaba« wird »wunderbar«) oder die richtige grammatikalische Form (aus »die Vaters« werden »die Väter«) betrifft.

Allmählich entwickelt sich so etwas, was die Forscher als »Gefühl es richtig zu wissen« umschreiben: Wenn Vier- bis Fünfjährigen Fotos von Kindergartenkindern vorgelegt werden, die sie mehr oder weniger gut kennen, können sie richtig einschätzen, an welche Namen sie sich erinnern werden, wenn ihnen eine Liste mit allen Namen vorgelegt wird.

Das Gefühl, etwas richtig zu wissen und dementsprechend richtig einschätzen und voraussagen zu können, scheint nicht nur dem

Gedächtnistraining zu nützen, sondern auch eine wichtige Rolle zu spielen bei der Selbstorganisation von Informationsverarbeitung und Lernprozessen.

Explizites metakognitives Wissen

Das **explizite metakognitive Wissen** von Vier- bis Sechsjährigen über das Gedächtnis ist relativ beschränkt; das ändert sich erst im Verlauf der Grundschuljahre. Vier- und Fünfjährige sind sich beispielsweise noch nicht sicher, ob Wiedererkennen einfacher ist als Erinnern. Von den Sechsjährigen sind über die Hälfte davon überzeugt und von den Zehnjährigen alle. Nur die Hälfte der Sechsjährigen weiß, dass es leichter ist, sich eine Geschichte sinngemäß zu merken, als sie sich wortwörtlich einzuprägen.

Frühe Förderung wäre sinnvoll

Aus frühpädagogischer Sicht ist es bedauerlich, dass nicht schon während der Vorschuljahre damit begonnen wird, Fünf- und Sechsjährigen systematisch explizites metakognitives Wissen zu vermitteln. Ihrer lernmethodischen Kompetenz, das heißt ihrer Fähigkeit, neue Informationen angemessen zu verarbeiten und abzuspeichern und damit sozusagen ihr eigenes Lernen selbständig und so, wie sie es brauchen, zu organisieren, könnten dadurch entscheidende Impulse gegeben werden. Impulse, die eine erfolgreiche Schullaufbahn wahrscheinlich machen.

Bildungspolitische Initiativen

In einigen neuen »Bildungs- und Erziehungsplänen«, die derzeit in mehreren deutschen Bundesländern in den Elementarbereich (Kinderkrippen und Kindertagesstätten) implementiert werden sollen, ist vorgesehen, Kindern möglichst frühzeitig praktisches metakognitives Wissen in spielerischer Form zu vermitteln (vgl. dazu z. B. den vom Staatsinstitut für Frühpädagogik herausgegebenen Bayerischen Erziehungs- und Bildungsplan 2003).

4.6 Infantile Amnesie

Bereits Vierjährige können sich in aller Regel nicht mehr an Ereignisse erinnern, die sie in den ersten beiden Lebensjahren erlebt haben. Die Psychologen nennen dieses Phänomen »**infantile Amnesie**«, auf die frühe Kindheit bezogene Erinnerungslosigkeit oder -unfähigkeit. Das ist verwunderlich angesichts der Tatsache, dass Säuglinge durchaus in der Lage sind, sich zu erinnern, wenn auch ihr Gedächtnis im Wesentlichen auf *passives und implizites Wiedererkennen* beschränkt ist und manche Gedächtnisspuren schnell wieder verblassen. Interessanterweise können sich zweieinhalb- bis drei Jahre alte Kinder noch an Erlebnisse erinnern, die sich in ihrem ersten Lebensjahr ereignet hatten und sogar bei elf Monate alten Kleinkindern wurde nachgewiesen, dass sie sich noch an manche frühere Ereignisse erinnern.

Erklärungsansätze für die infantile Amnesie

Für die infantile Amnesie gibt es mehrere Erklärungsansätze aus unterschiedlichen Forschungsbereichen.
- **Psychoanalyse:** In Anknüpfung an Freud gehen manche *Psychoanalytiker* davon aus, dass viele Erlebnisse der frühen Kindheit der Verdrängung anheim fallen, weil sie sexuell getönt waren.
- **Neurophysiologie:** *Neurophysiologen* vermuten, dass es mit dem noch nicht abgeschlossenen Reifungsprozess jener Regionen im Frontallappen zusammenhängt, die für das gezielte Wiederauffinden von Gedächtnisinhalten zuständig sind.
- **Gedächtnisforschung:** *Gedächtnisforscher* erklären die infantile Amnesie als natürliche Folge quantitativer Entwicklungen im *episodischen Gedächtnis*. Das episodische Gedächtnis setzt Bewusstheit voraus (darüber verfügen Kleinkinder noch nicht) und organisiert sich um »Schemata« oder »Skripts« herum (→ Kap. 4.5.2). Da diese bei Kleinkindern nur in geringer

Anzahl und relativ undifferenzierter Form verfügbar sind, besitzen sie im Gedächtnis oft nicht die passenden Skripts, an die sie Erinnerungen an Ereignisse andocken könnten. In Ermangelung passender Skripts werden die Erinnerungen an einer anderen Stelle abgespeichert und können dann später nicht mehr wiedergefunden werden, weil keine wirksamen Abrufreize zur Verfügung stehen.

Entwicklungspsychologischer Ansatz

Entwicklungspsychologen heben hervor, dass Säuglinge und Kleinkinder, die der Sprache noch nicht mächtig sind, ihre Erlebnisse sehr anschauungsnah und bildhaft verschlüsseln, bevor sie sie abspeichern. Zur Abspeicherung kommen vor allem Inhalte, die von intensiven Gefühlen begleitet wurden. Die Abspeicherung erfolgt oft inselhaft, weil sich kognitive Verästelungen erst in Entstehung befinden.

Wenn Vierjährige, die bereits über ein, wenn auch noch nicht sehr leistungsfähiges, explizites Gedächtnis verfügen (→ Kap. 4.2.2), sich auf die Suche machen nach Ereignissen, die sie in ihrer frühesten Kindheit erlebt haben, setzen sie sprachgebundene Suchstrategien ein. Sie fragen sich zum Beispiel, was sie noch in Erinnerung haben von ihrem ersten Geburtstagsfest. Dabei lassen sie sich leiten von auf Anhieb verfügbaren Gedächtnisspuren zu anderen, noch nicht so lange zurück liegenden Feiern und Festen, an denen sie teilgenommen haben. An die Feier anlässlich ihres ersten Geburtstags können sie sich jedoch nicht erinnern, weil sie ihre Eindrücke und Erlebnisse damals sehr bildhaft und anschauungsnah abgespeichert hatten, keineswegs aber unter dem sprachlichen Etikett »erstes Geburtstagsfest« (allenfalls unter »budsta«, wenn es sich um sprachlich frühreife Kinder handelt). Und an die intensiven, vielleicht widersprüchlichen Gefühle von Stolz und Freude, gemischt mit Angst und Verunsicherung, gelangen sie mit Hilfe sprachgebundener Suchstrategien auch nicht. Auf diese alten Gefühle stoßen sie vielleicht, wenn ihnen im Alltag zufällig etwas widerfährt, was von einer ähnlichen Gefühlsmischung aus Stolz und Verunsicherung begleitet wird.

Patienten im entspannten Zustand auf der Coach des Psychotherapeuten passiert hin und hin wieder Vergleichbares: Geleitet von aktuellen, in der Therapiestunde gerade thematisierten, zwiespältigen Gefühlen geraten sie ganz plötzlich an tiefwurzelnde ambivalente Gcfühle, die sie in Verbindung bringen können mit Erlebnissen aus der frühesten Kindheit.

Sprachlich vermittelte Erinnerungen

Eltern oder andere Bezugspersonen können Kleinkindern helfen, ihre Verschlüsselung von Erlebnissen zumindest teilweise auch sprachlich vorzunehmen. Diese Strategie ist jedoch erst vom dritten Lebensjahr an erfolgversprechend, wenn die Kinder über hinreichende Sprachkenntnisse verfügen. Tatsächlich unterhalten sich Eltern mit ihren ungefähr dreijährigen Kindern immer häufiger auch über vergangene Ereignisse, die sie gemeinsam erlebt haben. Es ist jedoch fraglich, ob die Kinder durch die Vermittlungshilfe der Eltern tatsächlich noch einmal an die alten vorsprachlichen und bildhaften Gedächtnisinhalte gelangen. Wahrscheinlicher ist wohl, dass sie durch die Gespräche mit den Eltern angeregt werden, neue, sprachliche Verschlüsselungen eines frühkindlichen Ereignisses anzufertigen und abzuspeichern, welchen nicht ihr originales eigenes Erleben zugrunde liegt, sondern die Sichtweise und Empfindungen der Eltern.

Zusammenfassung

Zusammenfassend kann festgehalten werden, dass sich schon Vierjährige meist nicht mehr an Erlebnisinhalte der frühesten Kindheit erinnern können, obwohl diese im Gedächtnis abgespeichert worden sind. Die oben angeführten Gründe, Verdrängung, bildhafte

Verschlüsselung und isolierte Abspeicherung, schließen sich nicht aus. Vielmehr ergänzen sie sich gegenseitig und können gemeinsam dafür verantwortlich gemacht werden, dass vierjährige und ältere Kinder und auch Erwachsene sich an diese Inhalte nicht mehr erinnern können. Ihre Strategien zum Wiederauffinden von frühen Erinnerungen sind in der Hauptsache sprachgebunden und eher selten gefühlsgeleitet.

4.7 Kinder als Zeugen vor Gericht

Verbreitet ist die Ansicht, dass kleine Kinder keine zuverlässigen Zeugen sind und ihren Aussagen vor Gericht mit Vorsicht zu begegnen ist. Begründet wird dies mit der Auffassung, dass es (noch nicht schulpflichtigen) Kindern schwer fällt, eine sachliche Sichtweise einzunehmen und sich nur auf die wahrgenommenen Fakten zu beschränken; sie würden vielmehr dazu neigen, die Realität mit ihren eigenen Vorstellungen und Phantasien zu vermengen.

Phantasie oder Wirklichkeit?

Neuere Forschungsergebnisse widerlegen diese Ansicht: Kleine Kinder können durchaus zwischen Phantasie und Wirklichkeit unterscheiden. Selbst im intensiven Rollenspiel verwischen sich für sie nicht die Grenzen zwischen Einbildung und Tatsachen und sie bleiben sich darüber im Klaren, dass sie nur »so tun als ob«, also zum Beispiel einen Kerzenhalter so behandeln, als wäre er ein Telefon.

Wenn es zu Verfälschungen und Fehlern kommt, dann hängen diese zum einen mit der größeren Suggestibilität jüngerer Kinder, zum anderen mit Besonderheiten ihrer Informationsverarbeitung und -abspeicherung zusammen. Genauer betrachtet neigen kleine Kinder dazu, ihre Wahrnehmungen und Beobachtungen *detailgetreu* zu kodieren (d. h. zu verschlüsseln) und das (für Erwachsene) Wesentliche von Ereignissen nicht besonders zu betonen. Letzteres ist darauf zurückzuführen, dass sie über ein geringeres Wissen verfügen, welches ihnen häufig nicht ermöglicht, Wesentliches von Unwesentlichem zu trennen.

Ein schönes Beispiel dafür findet sich in der Studie von B. N. Gordon et al. (1991), in der drei- bis siebenjährigen Kindern nach einem Arztbesuch eine etwas abwegige Frage gestellt wurde, wie: »Hat die Krankenschwester Dich am Knie geleckt?« Von Dreijährigen wurde diese Frage besonders dann recht häufig bejaht, wenn sie längere Zeit nach dem Arztbesuch gestellt wurde. Dreijährige wissen noch nicht so genau, was im Rahmen eines Arztbesuches so alles vor sich geht und können deshalb die Knie leckende Schwester nicht mit Sicherheit ausschließen, besonders dann nicht, wenn ihnen diese Frage von einer fremden, Autorität ausstrahlenden, erwachsenen Person in einer unvertrauten Situation gestellt wird, etwa vom Staatsanwalt in einer Gerichtsverhandlung.

Festzuhalten ist, dass das Kodieren, Abspeichern und Wiedererinnern von Beobachtungen bei Kleinkindern beeinflusst wird durch:
• Begrenzungen ihres Wissens,
• ihre kognitive Struktur,
• aktuelle Umstände und Einflüsse.

Entwicklungspsychologen, die mit der forensischen Praxis vertraut sind, empfehlen deshalb:
• Kinder als Zeugen möglichst nur einmal und das zeitnah zu dem vor Gericht zu verhandelnden Ereignis zu befragen. Wenn möglich sollte in der Hauptverhandlung nur das Videodokument der Erstbefragung verwendet werden.

- Keine suggestiven Fragen zu stellen und keine Stereotypen zu gebrauchen.
- Alle Fragen auf möglichst neutrale Weise, das heißt nicht von Erwartungen geleitet und möglichst spezifisch zu stellen, und das in nicht zu allgemeiner Form.
- Sich mit einer Befragung zu begnügen oder, falls dies nicht möglich ist, die zweite Befragung in genau derselben Weise durchzuführen wie die erste (vgl. dazu Siegler 2001, S. 233).

Zusammenfassung der Fakten zur Gedächtnisentwicklung

Zwischen dem vierten und fünften Lebensjahr reifen im Frontallappen oder Stirnhirn einige hemmende und kontrollierende Regelkreise, die eine wichtige Voraussetzung für die Ausbildung des expliziten Erinnerungsvermögens darstellen. Deshalb lassen sich in vielen Untersuchungen gerade während dieses Entwicklungsabschnitts auch wesentliche Fortschritte im expliziten Gedächtnis (→ Kap. 4.2.2) nachweisen. Dazu gehören in erster Linie der vom fünften Lebensjahr an immer häufiger zu beobachtende und gezieltere Gebrauch von weitreichend anwendbaren Strategien (→ Kap. 4.4) wie

- Wiederholen
- Ordnen
- selektive Aufmerksamkeit.

Daneben verdient auch der Erwerb von metakognitivem Wissen Erwähnung (→ Kap. 4.6). Zu explizitem metakognitiven Wissen zählt das bewusste und in Sprache fassbare Wissen über Gedächtnisprozesse, -aufgaben, -fähigkeiten und -strategien. Dieses Wissen ist bei Schuleintritt noch ziemlich beschränkt, wird jedoch im Verlaufe der Grundschuljahre immer reichhaltiger und erweitert sich auch noch während der Jugend- und Erwachsenenjahre.

Schließlich trägt auch die stetige Erweiterung des Wissens, insbesondere des umfassenderen, bereichsspezifischen Wissens dazu bei, dass immer detailliertere Gedächtnisinhalte gezielt und schnell abgerufen werden können (→ Kap. 4.5.1).

5

Wissenserwerb
im Kindergarten-
und Vorschulalter

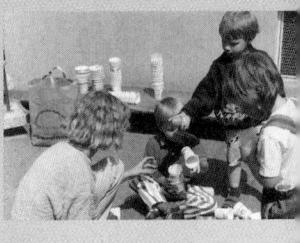

In den letzten beiden Jahrzehnten ist die Wissens- oder Informationsverarbeitungspsychologie ein beträchtliches Stück vorangekommen. Es konnte nicht nur gezeigt werden, dass vorhandenes Wissen für den Erwerb neuen Wissens eine wesentliche Rolle spielt, sondern auch, welche Arten von Wissen auf welche Weise den weiteren Wissensaufbau beeinflussen. Für die Entwicklungspsychologie ist die Frage, wie sich der Wissenserwerb von Kindergarten- und Grundschulkindern von dem Erwachsener unterscheidet, von großer Bedeutung (vgl. dazu auch Hasselhorn und Mähler 1999).

5.1 Das Arbeitsgedächtnis

Im Mittelpunkt der wissenspsychologischen Untersuchungen steht sehr häufig das Arbeitsgedächtnis. Dieses wird von verschiedenen Forschern ganz unterschiedlich konzipiert – bewährt haben sich die Vorstellungen von Alan Baddeley (1986):

Seinem Ansatz zufolge ist das Arbeitsgedächtnis ein entscheidendes Bindeglied zwischen Wahrnehmung und Aufmerksamkeit auf der einen und Gedächtnis und Handeln auf der anderen Seite. In ihm werden sozusagen die Erinnerungen an das, was eben gerade erlebt wurde, oder – technischer gesprochen – die aktuell eingegangenen Informationen kurz festgehalten und weiterverarbeitet. Aus Baddeleys Sicht besteht das Arbeitsgedächtnis aus einer Kontrolleinheit, die er die »zentrale Exekutive« nennt, und mindestens zwei Hilfssystemen: Das eine Hilfssystem – der *visuell-räumliche Skizzenblock* – ist für das Behalten und Verarbeiten visuell-räumlicher Informationen zuständig und wahrscheinlich bereits vor dem Schuleintritt in vollem Umfang funktionstüchtig. Das andere Hilfssystem – die *phonologische oder artikulatorische Schleife* – dient dem Behalten und Verarbeiten sprachlicher Informationen und entwickelt sich auch während der späteren Kindheits- und Jugendjahre noch weiter.

Warum ist es überhaupt nötig, wenn man sich mit dem Erwerb von Wissen beschäftigt, so etwas wie ein Arbeitsgedächtnis anzunehmen?

Das Modell des Arbeitsgedächtnisses muss erklären, wie wir es schaffen, Informationen aufzunehmen, festzuhalten und zu verarbeiten, das heißt – mehr oder weniger dauerhaft – abzulegen oder auszusondern und zu vergessen.

Die von den beiden Subsystemen eingegangenen visuell-räumlichen und sprachlichen Informationen werden von der zentralen Exekutive weiterverarbeitet. Dazu sind im Einzelnen folgende Teilprozesse erforderlich: Abruf von ergänzenden Informationen aus dem Langzeitgedächtnis (LZG), Zwischenspeichern der Informationen, Integration der LZG-Informationen mit den neu eingegangenen Informationen, Steuerung der selektiven Aufmerksamkeit, Koordination sämtlicher Speicher- und Verarbeitungsprozesse, Überführung integrierter Informationen ins LZG.

Die Einsichten, die durch empirische Untersuchungen über die Aktivitäten der zentralen Exekutive in den letzten beiden Jahrzehnten gewonnen werden konnten, sind noch relativ dürftig. Es ist auch bis heute nicht gelungen, diese Kontrollinstanz neurophysiologisch sicher zu identifizieren. Dagegen wurden die Hirnregionen, die mit den beiden Hilfssystemen korrespondieren, bereits relativ eindeutig bestimmt.

Dass die Gedächtnisspanne im Laufe der Kindheit nur geringfügig zunimmt, wurde oben bereits erwähnt. Unter Einbezug der Vorstellungen von Alan Baddeley dürfte dies auf die Existenz eines neurophysiologisch festgelegten Zeitlimits zurückzuführen sein: Unser Kurzzeitgedächtnis gliedert sich in eine Abfolge von Zwei-Sekunden-Abschnitten – und nur was jeweils innerhalb eines Zeitfensters von zwei Sekunden Dauer an Informationen aufgenommen werden kann, gelangt gegebenenfalls zur Weiterverarbeitung. Jüngere, unter vier Jahre alte, Kinder können, aufgrund ihres begrenzten sprachlichen Wissens, etwas weniger verbale Informationen – Buchstabenfolgen und Wörter – innerhalb eines Zeitabschnitts aufnehmen. Dass zwischen dem sechsten und zehnten Lebensjahr die Gedächtnisspanne für sprachliches Material deutlich zunimmt, wird vor allem in Verbindung gebracht mit der Tatsache, dass während dieser Zeit die Schriftsprache erlernt wird.

Der Vorgang der Verschlüsselung und anschließenden Abspeicherung von neuen Informationen läuft nach den Vorstellungen der zeitgenössischen Wissenspsychologie im Detail folgendermaßen ab: »Verschlüsseln« heißt in der menschlichen Informationsverarbeitung vor allem »Umwandeln in eine mentale Repräsentation«, in eine innere Vorstellung. Diese ist im Kleinkindalter noch bildhaft und anschauungsnah, wird aber im Kindergarten- und Vorschulalter zunehmend »symbolisch«, das heißt, es werden immer häufiger Zeichen, wie Buchstaben, Zahlen, Wörter, verwendet, um die eingehende Information, also einen äußeren Sachverhalt oder Vorgang, darzustellen und weiter zu verarbeiten. Im Laufe der weiteren Verarbeitung kommt es dann meist zu einer begrifflichen Verortung; die Kinder ordnen den Vorgang auf der Grundlage vorhandenen Erfahrungswissens einer Oberkategorie zu. Solche Oberkategorien werden entweder als »*Begriffe*« bezeichnet oder, wenn es sich um ausgedehntere, komplexere Vorgänge handelt, »*Skripts*« = schematisierte Ablaufmuster genannt.

5.2 »Begriffe« verändern sich

Was die Entwicklung von Begriffen angeht, so finden im Alter zwischen vier und sechs Jahren wichtige Veränderungen statt. Legt man den Kindern verschiedene Arten von Figuren vor, wie Tiere, Pflanzen, Fahrzeuge, Einrichtungsgegenstände – und bittet sie, die passenden zusammenzulegen, so ergibt sich folgendes Bild:

Vierjährige legen die Katze zum Korb, den Hund zum Auto, den Vogel zum Käfig – mit Begründungen wie: »Die Katze schläft im Körbchen«, »Der Hund fährt gern im Auto mit«, »Der Vogel gehört in den Käfig, damit er nicht wegfliegt«. Die Fünfjährigen und – noch häufiger – die Sechsjährigen kommen dagegen immer mehr auf die Idee, die Katze, den Hund und den Vogel zusammenzulegen – mit der Erklärung: »Das sind alles Tiere.«

Diese Versuchsanordnung geht auf Bärbel Inhelder und Jean Piaget (1964) zurück, die ihre Befunde zur Bestätigung von Piagets Stufentheorie verwendeten, nach der Kinder im Vorschulalter sich in der »präoperationalen Phase« befinden und die *»thematische«* Begriffsbildung bevorzugen. Erst im Grundschulalter erreichen die Kinder die konkret operationale Phase und bilden *»taxonomische«* Begriffe, d. h. übergeordnete und untergeordnete Kategorien – vergleichbar mit den Klassifikationen der Biologie: Dackel sind Hunde sind Säugetiere sind Landtiere sind Lebewesen.

Der russische Entwicklungspsychologe Lev Vygotsky (1978) gab seinen Versuchskindern Bauklötzchen, die sich hinsichtlich Farbe, Form und Größe unterschieden und forderte sie auf, die zusammengehörenden Klötzchen zu formieren:

Die vier- und fünfjährigen Kinder legten meist zunächst einige gleichfarbige Klötzchen zusammen, dann einige mit gleicher Form, viereckige oder dreieckige. Bei den sechs- bis siebenjährigen Schulkindern fanden sich immer mehr, die allein nach einem Merkmal – meist die Größe – die Bauklötze ordneten. Erst die älteren Schulkinder berücksichtigten bei ihrer Gruppenbildung zwei oder sogar alle drei Merkmale gleichzeitig. Sie sortierten also zum Beispiel alle großen, grünen, viereckigen Klötzchen in eine Gruppe ein.

Diese Ergebnisse veranlassten Lev Vygotski, drei Phasen der kindlichen Begriffsbildung zu unterscheiden:
- Thematische Begriffsbildung – im Beispiel: rot/grün, groß/klein, eckig/rund
- Bildung von Kettenbegriffen – im Beispiel: Größe, Form oder Farbe werden abwechselnd nacheinander verwendet
- echte Begriffsbildung – im Beispiel: die Größe wird durchgängig einem Sortiervorgang zugrunde gelegt.

Ob sich die Begriffsbildung jüngerer von der älterer Kinder wirklich fundamental und qualitativ unterscheidet, muss beim Lichte neuerer Untersuchungsergebnisse jedoch ernsthaft in Frage gestellt werden. Dass bereits Einjährige über taxonomische Begriffe verfügen, macht die Studie von Nancy P. Bauer und Jean M. Mandler (1989) wahrscheinlich:

Den Kleinen wurden jeweils drei Figuren präsentiert, ihre Aufmerksamkeit dann auf die mittlere Figur, zum Beispiel einen Affen, gelenkt. Sie wurden gefragt, ob sie eine andere Figur sähen, die genauso wäre, wie die mittlere. Bei den anderen beiden Figuren handelte es sich um eine Banane und einen Bären. Die große Mehrheit, 85 Prozent der Kinder, wählte bei dieser Instruktion den Bären aus, verwendete also eine taxonomische Beziehung: »Affen und Bären sind Tiere« – und keine thematische Beziehung: »Affen essen gerne Bananen«.

Wenn Kinder im Kindergarten- und Vorschulalter häufiger als Grundschulkinder eine Begriffsbildung nach thematischen Zusammenhängen verwenden, ist dies vielleicht auch Ausdruck ihrer Interessen und Anschauungen: Warum soll ein Vierjähriger, wenn er die Wahl hat, nicht Hund und Knochen zu einer Gruppe zusammenfügen, anstatt Hund und Katze? In der Lebenswelt des Kindes bekommt der Hund regelmäßig einen Knochen zum Fressen, während Hund und Katze sich anfauchen und aus dem Weg gehen – und deswegen eben nicht zusammengehören. Grundschulkinder und teilweise auch schon ältere Vorschulkinder werden dagegen manchmal regelrecht zur taxonomischen Begriffsbildung erzogen: Hierarchische Ordnungssysteme, mit deren Hilfe die gesamte Welt übersichtlich gemacht und in ein Gefüge von Unter- und Überordnung gegliedert wird, begegnen ihnen auf Schritt und Tritt und gehen ihnen schließlich so in Fleisch und Blut über, dass es ihnen gar nicht mehr einfällt, eine andere Art der begrifflichen – und möglicherweise kreativeren – Zuordnung zu gebrauchen.

5.3 Begriffsbildung durch eine Gruppe von (erlernbaren) Merkmalen

Aus Sicht der heutigen Wissenschaft ist es nicht mehr angemessen, Begriffe durch eindeutig definierende Merkmale zu bestimmen. Das mag sinnvoll sein bei einfachen Begriffen – ein Planet ist ein Himmelskörper, der sich um einen anderen dreht, ein Mond ist ein Himmelskörper, der sich um einen Planeten dreht – erweist sich jedoch als wenig zweckmäßig bei komplizierteren, zum Beispiel abstrakten Begriffen, wie etwa Herrschaft, Gefühl, Leumund. Vorgeschlagen wurde deshalb, Begriffe probabilistisch zu bestimmen, das heißt durch Verwendung von Merkmalen, die mit größerer oder geringerer Wahrscheinlichkeit zu ihrer Charakterisierung genannt werden.

Die Entwicklungspsychologinnen Eleanor Rosch und Carolyn B. Mervis (1975) haben hierzu einen weiterführenden Vorschlag gemacht. Sie empfehlen die Unterscheidung von *Schlüsselmerkmalen* mit hohem Gültigkeitsgrad – »sterblich« für den Begriff »Mensch« oder »kann schwimmen« für den Begriff »Fisch« – und *grundlegenden Kategorien*, zu denen jeweils eine übergeordnete und eine untergeordnete Ebene gehören: Beispielsweise kann »Mensch« als grundlegende Kategorie mit den Schlüsselmerkmalen »sterblich«, »aufrechter Gang«, »Vernunft« verstanden werden. Die passende übergeordnete Kategorie wäre »Lebewesen« oder auch »Säugetier«, in die untergeordnete Kategorie könnten verschiedene Menschenarten, wie Afrikaner, Europäer, Chinesen, Inder, eingeordnet werden.

Die beiden Forscherinnen konnten in einer Reihe von Untersuchungen belegen, dass Kleinkinder zunächst Kategorien der grundlegenden Ebene erwerben, bevor sie Kategorien der über- und untergeordneten Ebene dazulernen: Zum Beispiel ließ sich zeigen, dass sie sich erst die Kategorie »Hund« (Wau-Wau) aneignen und später dann Einzelfälle aus der zugehörigen Unter-Kategorie, wie »Dackel«, »Pudel«, »Boxer«, sowie die zugehörige Ober-Kategorie »Säugetiere« oder »Tiere«.

In dieser Systematik spielt neben der Unterscheidung von Schlüsselmerkmalen und grundlegender sowie über- und untergeordneter Ebene noch folgende Differenzierung eine Rolle: Neben den Schlüsselmerkmalen tragen noch weitere – weniger zentrale – Merkmale zur Präzisierung einer Kategorie bei; diese Merkmale stehen in mehr oder weniger enger Verbindung (»*Familienähnlichkeit*«) zueinander. So hat etwa ein Hund mit den Schlüsselmerkmalen »bellen« und »vierbeinig« meist einen Schwanz, spitze Eckzähne, ein nicht geschorenes Fell und oft ein Halsband, einen Namen, ein Herrchen/Frauchen usw.

Schließlich führen die beiden Forscherinnen noch den Begriff »*Prototypen*« ein und beziehen sich damit auf die Tatsache, dass es (fast immer) repräsentative, exemplarische Fälle innerhalb einer Kategorie gibt. Beispielsweise können Amsel, Drossel, Fink und Star als Prototypen der Kategorie »Vogel« bezeichnet werden, Pinguine, Kiwis oder Strauße dagegen nicht. Prototypen sind also Fälle, auf welche die Schlüsselmerkmale »flugfähig«, »flink« und »scheu« in hohem Ausmaß zutreffen.

Schon Kleinkinder haben ein Empfinden für Prototypen. Das gilt sogar für geometrische Anordnungen und Gebilde, unter denen sie typischen Fällen, wie Quadraten, Dreiecken, Würfeln, Pyramiden, Kugeln etc., den Vorzug geben vor unregelmäßigeren, asymmetrischen Mustern, Flächen und Körpern.

Im Kindergarten- und Vorschulalter lernen Kinder dann allmählich, ihre individuellen anschauungsnahen Grundlagenkategorien – so ist alles, was kullert und rollt, für Kleinkinder ein Ball – aufzugeben zugunsten verbindlicherer Kategorien, so genannter Standardgrundlagenkategorien, wie sie auch von Erwachsenen verwendet werden. Vermutet wird, dass hierbei die sich schärfende Wahrnehmung eine wichtige Rolle spielt.

Die Grundannahmen des Vorschlags von Eleanor Rosch und Carolyn B. Mervis, Begriffe durch Schlüsselmerkmale und weitere Merkmale, die mehr oder weniger eng miteinander verbunden sind, präziser zu bestimmen und Begriffe darüber hinaus immer im Verhältnis zu einer untergeordneten und einer übergeordneten Ebene zu betrachten, gelten zwar nicht als bewiesen; es sprechen jedoch eine Reihe von Forschungsergebnissen dafür, dass diese Annahmen Sinn machen. Im Hintergrund der Vorstellungen der beiden Autorinnen steht dabei ein Bild vom Kind, das – relativ passiv – auf der Grundlage der Erfahrungen, die es macht, neue Begriffe erwirbt, exemplarische (prototypische) Fälle kennen lernt und dazu gehörende Unter- und Überordnungsverhältnisse ausdifferenziert. Das Modell der beiden Psychologinnen ermöglicht es nicht anzugeben, in welcher Reihenfolge Merkmale zu einem Begriff erworben werden und in welchem Verhältnis sie zueinander stehen – sind sie rein zufällig miteinander verknüpft oder bestehen zwischen manchen nähere Verbindungen als zwischen anderen? »Familienähnlichkeit«, wie von Rosch und Mervin vorgeschlagen, bestimmt die Qualität des Verhältnisses nämlich nur sehr vage.

6

Entwicklung kausalen Denkens

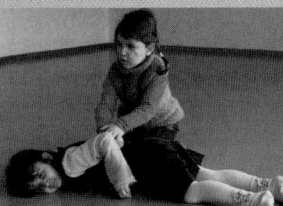

Vierjährige haben schon zahlreiche Erfahrungen mit vielen unterschiedlichen Ursachen und Wirkungen gemacht. In der unbelebten Natur mit den vier Grundelementen Wasser, Feuer, Luft und Erde: Wenn ein Gegenstand ins Wasser fällt, wird er nass; wenn man einen Stein ins Wasser wirft, geht er unter; wirft man dagegen ein Stück Holz ins Wasser, so schwimmt es an der Oberfläche. Wenn man ein Stück Holz ins Feuer wirft, verbrennt es; ein Stein dagegen nicht... In der belebten Natur, im Umgang mit Menschen und Tieren, haben sie zum Beispiel festgestellt, dass Verstöße gegen Verbote bestraft werden, Verletzungen Schmerzen bereiten, ein lauter Knall einen erschrecken und zusammenzucken lässt... Es sind ganz andere Arten von Erfahrungen mit kausalen Zusammenhängen, die sie in ihren Begegnungen mit Personen und anderen Lebewesen erworben haben.

6.1 Verstehen kausaler Prinzipien

Zu einem Verständnis kausaler Zusammenhänge gehört auch, dass sich Kinder in ihren kausalen Schlussfolgerungen an allgemein anerkannte, logische Prinzipien halten. Zu diesen Prinzipien gehören das Prioritätsprinzip, das Kovariationsprinzip, das Kontiguitätsprinzip und das Ähnlichkeitsprinzip.

6.1.1 Das Prioritätsprinzip: Ursachen gehen Wirkungen voraus

Das Prioritätsprinzip besagt, dass die Wirkung nicht vor der Ursache, sondern die Ursache immer vor der Wirkung – im Grenzfall gleichzeitig mit der Wirkung – stattfindet.

Mit einer einfallsreichen Versuchsanordnung untersuchten Merry Bullock und Rochel Gelman schon 1979, ob Drei- bis Fünfjährige das Prioritätsprinzip bei ihren kausalen Schlussfolgerungen berücksichtigen:

Die Versuchsleiterin zeigte den Kindern eine aus drei Teilen zusammengesetzte längliche Kiste. Aus der quadratischen Öffnung im mittleren Teil schnellte ein Kastenteufel in die Höhe, sobald eine Kugel in eine kleine Öffnung – eine im linken und eine im rechten Teil der Kiste – fallen gelassen wurde. Der Lauf der Kugel – jeweils schräg herunter Richtung Mittelteil – konnte durch eine Glasscheibe beobachtet werden, im mittleren Teil bestand keine Sicht mehr auf die Kugel. Ausgelöst wurde der Mechanismus, der den Teufel hoch schnellen ließ, nicht durch die Kugel, sondern durch ein versteckt angebrachtes Pedal, das von der Versuchsleiterin bedient wurde.

Als Erstes wurde geprüft, ob sich die Kinder sicher waren, dass eine Ursache immer der Wirkung vorangehen muss. Dazu wurde den Kindern vorgeführt, wie eine Puppe eine Kugel in die Öffnung im linken Teil der Kiste plumpsen ließ, worauf sofort der Teufel sichtbar wurde. Anschließend ließ eine andere Puppe in die Öffnung im rechten Teil der Kiste auch noch eine Kugel fallen. Fast alle älteren Kinder waren sich sicher – bei den Dreijährigen immerhin 75 Prozent, dass die erste Kugel den Teufel zum Hochschnellen gebracht hatte und nicht die zweite.

Im zweiten Versuchsabschnitt wurde der linke Teil der Kiste vom Rest der Apparatur ein paar Zentimeter abgerückt, so dass faktisch keine Verbindung mehr bestand. Wieder ließ eine Puppe eine Kugel in den jetzt abgetrennten Teil plumpsen und sofort kam der Teufel hoch. Anschließend steckte die andere Puppe auch noch eine Kugel in die Öffnung des rechten Kistenteils. Dieses Mal reagierten zwar viele Kinder verblüfft: »Da ist ein Trick bei, nicht wahr?«, »Ist das Zauberei?«; aber trotzdem war sich eine noch größere Mehrheit sicher, dass nur die zuerst fallen gelassene Kugel das Hochschnellen des Teufels bewirkt haben könne (vgl. Bullock und Gelman, a. a. O., sinngemäß nach Goswami, a. a. O., S. 177).

Dieses Untersuchungsergebnis darf aber nicht dahingehend verallgemeinert werden, dass Kinder generell der zeitlichen Nähe bei der Verursachung von Effekten ein größeres Gewicht beimessen als der räumlichen Nähe. Es konnte nämlich gezeigt werden, dass Kinder zwischen vier und sechs Jahren – vor die Alternative gestellt – einmal den Faktor zeitliche Nähe, in einer anderen Versuchsanordnung aber den Faktor räumliche Nähe als tatsächlichen Verursacher benennen. Sie lassen sich in einer konkreten Situation bei ihrer Einschätzung anscheinend von der faktisch wahrgenommenen »Nähe« der kausal wirkenden Mechanismen zum Effekt leiten.

6.1.2 Kovariation: Was hat den Effekt tatsächlich verursacht?

Das Kovariationsprinzip tritt in Kraft, wenn nicht eindeutig zu erkennen ist, welcher von mehreren vorhandenen Faktoren nun wirklich verantwortlich für das Zustandekommen eines Effektes ist.

Einfache Versuchsanordnungen, mit denen geprüft werden kann, ob Kinder das Kovariationsprinzip verstanden haben, bestehen zumeist aus einer Apparatur, bei der mehrere Möglichkeiten zur Auslösung eines Effektes vorgegeben sind. Den Kindern wird ein Kasten vorgeführt, an dem sich mehrere Hebel befinden und sie sollen angeben, welcher Hebel bewirkt, dass eine Birne auf dem Kasten zu leuchten beginnt. Schon Dreijährige haben kein Problem, den richtigen Hebel herauszufinden.

Aber selbst Fünfjährige kommen an ihre Grenzen, wenn die angebotenen Kovariationen komplizierter werden. Das konnten Robert S. Siegler und Robert M. Liebert schon 1974 mit Hilfe ihrer Untersuchung untermauern:

Den Kindern wurden zwei große Metallkästen gezeigt, die untereinander und mit einer großen Glühbirne verkabelt waren. Ein Kasten, der »Computer«, war mit vielen kleinen blinkenden Lichtern ausgestattet; an der Frontseite des anderen Kastens, dem »Programmiergerät«, befand sich ein Schlitz zum Einführen von Lochkarten. Die Kinder sollten angeben, wodurch die Birne zum Leuchten gebracht werden konnte. Vorher wurden sie in vier Gruppen aufgeteilt. Der ersten Gruppe wurde gezeigt, dass die große Birne sofort nach Einführung einer Lochkarte zu leuchten begann. Bei der zweiten Gruppe begann die Birne nicht sofort, sondern erst nach fünf Sekunden zu leuchten. Bei der dritten Gruppe begann die Birne sofort zu leuchten, das aber nicht regelmäßig, sondern nur in 50 Prozent der Fälle. Bei der vierten Gruppe schließlich begann die Birne erst nach fünf Sekunden zu leuchten und das nur in 50 Prozent der Fälle.

Siegler und Liebert, deren Versuchsgruppe zwischen fünf und acht Jahre alt war, konnten zeigen, dass sich die Kinder in erster Linie an der zeitlichen Nähe des Verursachers zum Effekt orientierten. Alle Kinder der ersten und die Mehrheit der dritten Gruppe gaben an, dass die in den Schlitz gesteckte Lochkarte das Leuchten ausgelöst hätte. Aber nur für die älteren Kinder der zweiten und vierten Gruppe bestand auch noch ein kausaler Zusammenhang zwischen dem Einführen der Lochkarte und dem zeitlich verzögerten – regelmäßigen oder 50%igen – Aufleuchten. Nicht von der Hand zu weisen ist, dass möglicherweise auch die jüngeren Kinder der Gruppe 2 und 4 auf das Vorliegen eines kausalen Zusammenhangs geschlossen hätten, wenn ihnen die verzögerten und unregelmäßigen Kovariationen noch einige Male mehr präsentiert worden wären.

6.1.3 Kontiguität: Ursache und Wirkung müssen zeitlich und räumlich nah zusammen liegen

Es entspricht unserem gesunden Menschenverstand, dass Ursachen und Wirkungen zeitlich und/oder räumlich nahe zusammen liegen. Wenn sich jedoch eine natürliche, physikalische Erklärung für die aufgetretene Verzögerung findet, gibt es im Allgemeinen keine Probleme, der Ursache eine kausale Wirkung zu unterstellen.

Morton J. Mendelson und Thomas R. Shultz (1976) arbeiteten mit einer einfallsreichen Versuchsanordnung, um das kindliche Verständnis von Kontiguität zu prüfen.

Den vier bis sieben Jahre alten Kindern wurde ein zur Hälfte grün, zur Hälfte orangefarben gestrichener Kasten auf einem Ständer präsentiert. Dieser Kasten war mit einem anderen Kasten, in dem sich eine Glocke befand und der auf dem Fußboden stand, durch ein langes Gummirohr verbunden. Der grün-orange Kasten hatte an beiden Seiten ein Loch. Wurde in das Loch auf der grünen Seite eine Kugel getan, ertönte nach einer Verzögerung von fünf Sekunden die Glocke im anderen Kasten. Wurde eine Kugel in die orangefarbene Seite gelegt, ertönte die Glocke nicht. Diese war jedoch wieder zu hören, wenn zunächst eine Kugel auf der grünen Seite und nach fünf Sekunden eine weitere Kugel auf der orangefarbenen Seite eingeworfen wurde. Die Kinder konnten dabei jeweils sehen, wie die Kugeln durch den Schlauch in den Kasten mit der Glocke rollten und waren mehrheitlich der Meinung, dass die Kugel, die auf der grünen Seite eingesteckt wurde, verantwortlich für das Erklingen der Glocke war.

Eine Veränderung der Versuchsanordnung führte aber zu einem anderen Ergebnis: Nachdem der Schlauch entfernt und der Kasten mit der Glocke direkt unter den zweifarbigen Kasten gestellt wor-

den war, war für die meisten Kinder die Kugel, die auf der orangefarbenen Seite eingesteckt worden war, verantwortlich für das
Glockenklingen und nicht mehr die Kugel der grünen Seite – und
das, obwohl in der Hälfte der Fälle nach Einwurf der Kugel auf der
orangefarbenen Seite gar kein Glockenklingen zu hören war. Die
Autoren selbst erklären diesen Sachverhalt so: Das Nicht-mehr-
Vorhanden-Sein der physikalischen Erklärung (Schlauch, durch
den die Kugeln in den Kasten mit der Glocke rollen) führt gleichsam automatisch dazu, dass die Kinder die Kontiguität, das heißt
das zeitlich-räumlich nahe Beieinandersein von Ursache und Wirkung (die direkt übereinander stehenden beiden Kästen), als wichtigere Information für die Herstellung eines Kausalzusammen-
hangs ansehen.

6.1.4 Ähnlichkeiten zwischen Ursachen und Effekten

Wenn weder Kovariation noch Kontiguität vorliegen, es also keine Anhaltspunkte gibt, auf deren Grundlage auf das Vorliegen eines kausalen Zusammenhangs geschlossen werden könnte, ziehen
wir im Alltag oft rein äußerliche Ähnlichkeiten zwischen Ursachen
und Effekten in Betracht. Auch vierjährige Kinder gehen bereits in
dieser Weise vor. Werden sie konfrontiert mit einem lauten und einem leisen Klingelgeräusch und sollen angeben, welcher von zwei
Klingelknöpfen – der größere oder der kleinere – welches Klingelgeräusch verursacht hat, greift das Ähnlichkeitsprinzip: kleiner
Knopf = leiser Klang, großer Knopf = lauter Klang.

Anders sieht es aber aus, wenn neben der Ähnlichkeit noch die
Kontiguität in Betracht gezogen werden kann. Kinder zwischen
vier und sechs Jahren zeigen zwar eine gewisse Irritation, wenn das
Ähnlichkeitsprinzip in Frage gestellt wird, das Drücken des großen Knopfes beispielsweise nur ein ganz leises Klingeln zur Folge
hat, während der kleine Knopf ein ganz lautes Klingeln bewirkt.

Einen höheren Stellenwert hat für sie in einem solchen Fall aber die zeitliche Kontiguität, wenn das Klingeln also unmittelbar auf den Knopfdruck ertönt. Schwieriger ist es für Kinder dieses Alters sich zwischen dem Kovariations- oder dem Ähnlichkeitsprinzip zu entscheiden. Häufiger gehen sie in uneindeutigen Situationen, in denen also mehrere Verursacher für einen Effekt in Frage kommen, nach der Ähnlichkeit vor und wählen den Verursacher aus, der in ihrer Wahrnehmung dem Effekt äußerlich am ähnlichsten ist. Im Laufe der Grundschuljahre ändert sich diese Neigung und die Kinder ziehen immer häufiger auch mögliche Verursacher in Betracht, die zum Effekt keine unmittelbare zeitliche oder räumliche Nähe aufweisen und ihm auch nicht ähnlich sind. Sie richten ihr Augenmerk immer stärker auf das beständige Zusammenvorkommen von Verursacher und Effekt, auch wenn zeitliche und räumliche Nähe nur mittelbar gegeben sind.

Für Kindergarten- und Vorschulkinder spielen in erster Linie raumzeitliche Nähe und daneben auch Ähnlichkeit beim Erkennen bzw. Zuweisen von kausalen Zusammenhängen eine Rolle. Der Spannungsbogen, die Konzentration und Geduld, die nötig sind, um komplexere Kausalbeziehungen zu überschauen, werden erst zwischen dem siebten und elften Lebensjahr im Gefolge der neurophysiologischen Reifungsvorgänge und als Produkt der allgemeinen kognitiven Entwicklung aufgebaut.

6.2 Die Suche nach einem verlorenen Gegenstand

Stellen Sie sich vor, Sie haben eine Reihe von Einkäufen in verschiedenen Geschäften getätigt und bemerken plötzlich den Verlust Ihrer Scheckkarte, die Sie zum Bezahlen einiger größerer – aber nicht aller – Einkäufe verwendet hatten. Wie gehen Sie – als kausal und logisch denkender Mensch – vor, um möglichst schnell wieder in den Besitz der Scheckkarte zu gelangen?

Richtig. Sie versuchen sich zu erinnern, in welchem Geschäft Sie zuletzt mit der Karte bezahlt haben und fragen dort zuerst nach. Gesetzt der Fall, die Scheckkarte wurde dort nicht gefunden, so würde sich anbieten, den Weg von diesem Geschäft bis zu der Stelle, an der Sie den Verlust der Karte bemerkten, noch einmal abzuschreiten. Oder empfiehlt es sich eher, das Pferd von hinten aufzuzäumen und den Weg von der Stelle, an der Sie den Verlust registrierten, noch einmal zurückzugehen? Das ist vielleicht dann ratsam, wenn Sie vermuten, dass Sie die Karte erst ganz kurz, bevor Sie den Verlust bemerkten, verloren haben. Vielleicht beim Suchen nach einem Geldstück für die Tageszeitung, die Sie aus dem Zeitungsautomaten ziehen wollten …

Auch Kinder erleben diese Situation: Etwas verlieren und hoffentlich nach zielgerichtetem Suchen schnell wieder finden gehört zu unserer aller Lebenswelt. Diese Einsicht veranlasste einige Entwicklungspsychologen, in ihren Untersuchungen an den Kinderalltag angepasste Suchaufgaben einzusetzen, um zu prüfen, ob und in welchem Umfang Kinder verschiedener Altersstufen ein Verständnis für kausal miteinander verknüpfte Ereignisse besitzen und zur Aufgabenlösung verwenden.

Die auf dem Spielplatz verlorene Kamera

Erwähnenswert ist die Studie von Henry M. Wellman und MitarbeiterInnen (1979; sinngemäß nach Goswami, a. a. O., S. 187 ff.):

Kinder zwischen drei und fünf Jahren durften mit dem Versuchsleiter nacheinander an acht verschiedenen Geräten eines Spielplatzes spielen. Beim dritten Gerät wurde ein Foto gemacht. (Kommentar des Versuchsleiters »Da sieht man Dich in Aktion«). Beim siebten Spielgerät bemerkte der Versuchsleiter, als er ein weiteres Foto machen wollte, dass ihm sein Fotoapparat abhanden gekommen war und bat das Kind ihm beim Suchen zu helfen. Ziel der Studie war es, herauszufinden, wie die Kinder bei der Suche nach der Kamera vorgehen, ob sie beispielsweise auf dem ganzen Spielplatz und an allen Geräten oder nur zwischen dem dritten und siebten Gerät Ausschau halten würden.

In einer Kontrolluntersuchung mit anderen Kindern wurde die Versuchsanordnung dahingehend abgewandelt, dass der Versuchsleiter den Verlust seines Taschenrechners beklagte; das jedoch erst, nachdem auch mit dem letzten Gerät auf dem Spielplatz gespielt worden war. Unter dieser Bedingung wäre es ja angemessen gewesen, auf dem gesamten Spielplatz und an allen Geräten nach dem Rechner zu schauen.

Erstaunlicherweise unterschied sich das Suchverhalten der Dreijährigen kaum von dem der Vier- und Fünfjährigen. Auch die jüngeren Kinder suchten nicht auf dem ganzen Spielplatz, sondern nur zwischen dem dritten und siebten Gerät. Viele der jüngeren Kinder verbrachten aber über die Hälfte ihrer Suchzeit im Bereich des dritten Gerätes; also dort, wo sie die Kamera zuletzt gesehen hatten. Dies wirft die Frage auf, ob sich diese Kinder überhaupt im Klaren darüber waren, dass die Kamera genauso gut beim siebten Gerät oder einem der verbleibenden drei Geräte verloren gegan-

gen sein konnte. Bei den ihnen zur Verfügung gestellten Informationen hätten die Kinder nämlich genau von dieser Annahme – der
gleichen Wahrscheinlichkeit für jedes Gerät – ausgehen müssen.

In einigen nachfolgenden Untersuchungen versuchten andere Forscher diese Unklarheiten durch Verwendung etwas abgewandelter Versuchsanordnungen zu beseitigen. In den Ergebnissen finden
sich starke Anhaltspunkte dafür, dass erst Vierjährige die kausalen
Verknüpfungen und Reihenfolgeeffekte bei Such- und Versteckauf-
gaben richtig verstehen und bei ihrer konkreten Suche dann dementsprechend auch berücksichtigen.

6.3 Auf dem Weg zum wissenschaftlichen Denken?

Einige in den 90er Jahren durchgeführte Untersuchungen liefern
Anhaltspunkte dafür, dass Kinder schon wesentlich früher als vermutet über etwas schlichtere Formen wissenschaftlichen Denkens
verfügen. Beate Sodian und MitarbeiterInnen (1991) beispielsweise konnten in ihrer Untersuchung zeigen, dass – unter einfachen,
ihrem Alltag angepassten Bedingungen – bereits Sechsjährige verstehen, was mit dem Überprüfen einer Hypothese erreicht werden
soll und welche Strategien zur Hypothesenüberprüfung taugen:

Die sechs- und achtjährigen Kinder, die an der Studie teilnahmen,
hörten eine Geschichte von zwei Brüdern, in deren Haus eine
Maus ihr Unwesen trieb. Die Brüder waren sich nicht einig, ob es
sich um eine große Maus (»Papamaus«) oder nur um eine kleine (»Babymaus«) handelte und wollten herausfinden, wer Recht
hatte. Dazu bauten sie zwei Kisten, eine große mit einem großen
Mauseloch und eine kleine mit einem kleinen Loch, durch welches nur die Babymaus schlüpfen konnte. Als Köder, um die Mäu-

se anzulocken, wollten sie ein Stück Käse verwenden. Die Kinder wurden dann gefragt, welche von den beiden Kisten nun aufgestellt werden sollte, um herauszufinden, ob sich eine große oder eine kleine Maus im Haus befand.

Die Mehrheit – auch von den jüngeren Kindern – wählte die Kiste mit dem kleinen Loch. Typisch war dafür die folgende Begründung: »Am besten nehmen sie das Haus mit der kleinen Öffnung, und wenn der Käse weg ist, wissen wir, dass es die kleine Maus ist, und wenn er noch da ist, die große.« (Sodian et al., a. a. O., S. 758, zit. nach Goswami 2001, S. 196).

Vorstellbar ist, dass sogar noch jüngere Kinder – wenn sie behutsam geführt werden – auf die richtige Lösung und Begründung kommen.

Dass tatsächlich schon Vier- und Fünfjährige eine Annahme angemessen überprüfen können, indem sie richtig voraussagen, welcher von zwei potentiellen Verursachern der zutreffende ist, konnten Ted Ruffman und MitarbeiterInnen (1993) nachweisen:

Die Kinder wurden gefragt, welche Art von Lebensmitteln eher Zahnausfall verursachen würde: grüne oder rote? Zur Beantwortung wurde den Kleinen folgende Informationsbasis zur Verfügung gestellt: Bilder von zehn Jungen; die Jungen aßen gerade, fünf von ihnen grüne und fünf von ihnen rote Lebensmittel. Die Jungen, die grüne Lebensmittel zu sich nahmen, hatten gesunde Zähne; die Jungen, welche rote Lebensmittel aßen, hatten Zahnlücken. Die Frage, welche Lebensmittel Zahnausfall verursachen, beantworteten ausnahmslos alle Kinder richtig. Daran anschließend wurde den Kindern ein großes Bild präsentiert, auf dem die Köpfe von zehn Kindern zu sehen waren, von denen die Hälfte gute, die Hälfte schlechte Zähne hatte. Vor den Mündern der Kinder mit den gesunden Zähnen befanden sich jeweils grüne Lebensmittel, vor den Mündern mit den Zahnlücken rote Lebensmittel. Damit wurden den Kindern noch einmal die kompletten Kovariationsinformationen zur Verfügung gestellt. Anschließend arrangierte der Versuchsleiter die Lebensmittel um: Vor allen Mündern mit guten Zähnen lagen rote Lebensmittel, vor allen Mündern mit schlechten Zähnen grüne. Dann kam eine Puppe namens Sally zum Einsatz, die von der vorangegangenen Manipulation nichts mitbekommen hatte. Die Kinder wurden gefragt, was Sally nun glauben würde, welches der beiden Lebensmittel zu Zahnausfall führe. Nur von den Fünfjährigen gab eine Mehrheit die richtige Antwort, dass Sally nämlich annehmen müsse, dass grüne Lebensmittel schlechte Zähne verursachen.

Werden die Kovariationsinformationen noch unübersichtlicher gestaltet – z. B. stützen nur drei Fälle die erste Annahme, sieben Fälle die zweite Annahme, vier weitere Fälle eine dritte Annahme: Lebensmittel, die sich weder gut noch schlecht auf die Zähne auswirken, – dann kommen auch sechsjährige und ältere Kinder nicht mehr zu recht.

6.4 Auch im Kinderalltag: Mehrere Ursachen – eine Wirkung!

»Wenn ich mich beeile, kann ich es dann noch schaffen vorm Pfannkuchenessen?« fragt die fünfjährige Lisa, die von der in der Nachbarschaft wohnenden Freundin noch schnell ihre Lieblingskassette zurückholen möchte, ihre Mutter. Mit ihrer Frage drückt sie aus, dass sie ein – zumindest – intuitives Verständnis hat von den Zusammenhängen zwischen den drei wichtigen physikalischen Dimensionen: Zeit, Geschwindigkeit und Entfernung. Sie weiß, dass sie schneller wieder zurück ist, wenn sie rennt und länger brauchen wird, wenn sie langsam geht oder ihre Freundin nicht zu Haus ist und sie in deren Zimmer noch nach der Kassette suchen muss. Dennoch überlässt sie die Beantwortung der Frage ihrer Mutter, weil nur die weiß, wie lange es ungefähr noch dauern wird, bis die Pfannkuchen fertig sind.

Auch in der psychologischen Forschung stand die Entwicklung des kindlichen Verständnisses der Zusammenhänge von Zeit, Geschwindigkeit und Entfernung viele Jahrzehnte immer wieder im Mittelpunkt des Interesses. Wieder war es Jean Piaget, der als Erster bahnbrechende Untersuchungen zu diesem Thema durchführte (vgl. die Zusammenfassungen in Piaget 1974). Piaget fand heraus, dass sich die meisten Kinder mit ungefähr fünf bis sechs Jahren schon relativ klar darüber sind, dass Zeitdauer und Entfernung einerseits und Geschwindigkeit und Entfernung andererseits miteinander gekoppelt sind. Sie können sich größtenteils auch bereits anschaulich vorstellen, wie ein Auto schnell oder langsam fährt oder eine kleine bzw. große Entfernung zurücklegt. Sie haben aber nur eine vage Vorstellung von den unabdingbaren wechselseitigen Abhängigkeiten zwischen den Dimensionen Geschwindigkeit, Entfernung und Zeit. Für sie legt ein Auto, das sehr schnell fährt, sozusagen automatisch eine größere Entfernung zurück als ein langsam fahrendes Auto, das dann aber viel länger unterwegs ist. Auf der anderen Seite ist aus ihrer Sicht das Auto, das die längere Strecke fährt, auch länger unterwegs als das Auto, das die kürzere Strecke fährt, auch wenn beide Autos gleich lange Zeit, aber mit unterschiedlicher Geschwindigkeit, fahren. Kinder in diesem Alter tun sich also anscheinend noch sehr schwer, die miteinander verbundenen Abhängigkeiten von Geschwindigkeit, Entfernung und Zeit(dauer) gleichzeitig im Auge zu behalten.

Manche Sechsjährige und die meisten Sieben- und Achtjährigen haben dann begriffen, dass jeweils zwei Dimensionen, z. B. Zeitdauer und Entfernung oder Zeitdauer und Geschwindigkeit, voneinander abhängen, sind jedoch noch nicht in der Lage, die jeweils dritte Dimension auch noch in Rechnung zu stellen. In diesem Alter akzeptieren sie alle nur denkbaren wechselseitigen Abhängigkeiten zwischen den drei Dimensionen, auch wenn diese faktisch überhaupt nicht möglich sind. Erst ungefähr vom achten Lebensjahr an erwerben die Kinder allmählich ein Verständnis dafür, dass alle drei Dimensionen wechselseitig in bestimmter Weise miteinander verbunden sind.

6.5 Wissen ist eine Sache, Handeln eine ganz andere!

Obwohl sich die Forscher in den letzten Jahrzehnten zunehmend stärker bemüht haben ökologisch valide, das heißt an die natürliche Lebenswelt angepasste, Versuchsanordnungen zu verwenden, wurde in nahezu allen Studien lediglich das Wissen der Kinder und nicht ihr Handeln im Alltag erfasst.

Dabei kann durchaus angenommen werden, dass Kinder schon viel früher intuitiv und ganzheitlich die komplizierten Zusammenhänge zwischen Geschwindigkeit, Entfernung und Zeit begreifen, diese sich selbst und anderen jedoch nicht expressis verbis erklären können, obschon sie in ihrem Alltag so handeln, dass es deutlich wird, dass sie die Abhängigkeiten verstanden haben. Für viele andere Kompetenzen, auf denen das Alltagshandeln aufbaut, gilt ähnliches: Die Kinder verfügen über die entsprechenden Fähigkeiten schon lange bevor sie in der Lage sind darüber nachzudenken und sprachlich auszudrücken, auf welches Wissen sie dabei zurückgreifen.

6.5.1 Das Tempo von Schildkröte, Meerschweinchen und Katze

Friedrich Wilkening bemühte sich in seinen Untersuchungen (z. B. 1982) Arrangements zu verwenden, die möglichst nah am kindlichen Alltag angesiedelt sind.

Physikalisch berechnet sich die Geschwindigkeit aus der Division von Entfernung durch Zeit(dauer) und die Entfernung dementsprechend aus der Geschwindigkeit multipliziert mit der Zeit(dauer). Wilkening wollte nun konkret feststellen, inwieweit Kinder im Alter von fünf und zehn Jahren bereits in der Lage sind, diese physikalischen Abhängigkeiten bei speziellen Aufgabenstellungen zu berücksichtigen:

Den Kindern wurde eine kleine Modellbrücke präsentiert, auf der sich nebeneinander eine Schildkröte, ein Meerschweinchen und eine Katze befanden. Dann trat ein Spielzeughund in Aktion: Er begann zu bellen und die Tiere flohen – jedes mit seinem eigenen Tempo. Aufgabe der Kinder war es, einzuschätzen, wie weit die drei Tiere innerhalb von zwei, fünf bzw. acht Sekunden – so lange bellte der Hund jeweils – vorankommen würden. Unmittelbar nachdem der Hund zu bellen aufhörte, konnten die Kinder ihr Urteil abgeben: Sie durften die drei Tiere an die Stelle voranrücken, bis zu der sie nach ihrer Schätzung gekommen sein dürften. Es ging also bei dieser Aufgabe darum, dass die Kinder die ihnen zur Verfügung gestellten Informationen über Zeit und Geschwindigkeit – Schildkröten bewegen sich nur langsam vorwärts, Meerschweinchen deutlich schneller und Katzen sehr viel schneller – verwendeten, um Entfernungen einzuschätzen.

Um zu einem richtigen Ergebnis zu kommen, mussten sie – zumindest implizit und ihnen vielleicht gar nicht bewusst – auf die Regel: »Entfernung ist Zeit mal Geschwindigkeit« zurückgreifen. Und das machten sogar schon die Fünfjährigen richtig!

Die jüngeren Kinder hatten aber dann ihre Schwierigkeiten, wenn die Aufgabenstellung etwas verändert wurde: Wenn sie beispielsweise angeben sollten, wie lange der Hund jeweils gebellt haben musste, wenn ihnen gezeigt wurde, wie weit Schildkröte, Meerschweinchen und Katze bei ihrer Flucht vorangekommen waren, gingen sie anscheinend nach einer Subtraktionsregel vor, anstatt die oben beschriebene Divisionsregel zu verwenden. Das heißt, sie konnten durchaus zutreffend in Rechnung stellen, dass der Hund bei den drei Tieren jeweils unterschiedlich lange gebellt haben musste, waren aber noch nicht in der Lage, die Entfernungen proportional richtig zu schätzen.

In seiner Interpretation der Untersuchungsergebnisse weist Friedrich Wilkening darauf hin, dass auch Erwachsene – vor vergleichbare Aufgaben gestellt – oft noch ähnliche Fehler machen, d. h. die korrekte physikalische Regel ebenfalls nicht verwenden. Wichtiger ist aus seiner Sicht der Befund, dass schon Fünfjährige zu annähernd richtigen Schätzungen kommen.

Schon die Fünfjährigen stellen damit unter Beweis, dass sie bereits über ein – zumindest implizites – Verständnis der komplizierten kausalen Wechselwirkungen zwischen Zeit, Entfernung und Geschwindigkeit verfügen, das sich in ihren Urteilen manifestiert.

6.5.2 Diskrepanzen zwischen theoretischem Wissen und Handlungswissen

In einer anderen Untersuchung von Horst Krist und MitarbeiterInnen (1993) wurde versucht, das implizite Handlungswissen direkt zu erfassen:

In der Aufgabe, die Sechs- und Zehnjährigen – sowie einer Gruppe erwachsener Versuchspersonen – gestellt wurde, sollte ein Tennisball über eine horizontale Flugbahn so geworfen werden, dass er ein am Boden befindliches Ziel erreichte. Die horizontale Wurfbewegung konnte nur dadurch hergestellt werden, dass mit dem Arm über ein waagrecht angebrachtes Wurfbrett gefahren werden musste, bevor der Ball losgelassen wurde. Durch die Schnelligkeit dieses mit dem Arm-über-das-Brett-Fahrens konnte die Wurfgeschwindigkeit gesteuert werden. Während einer Versuchsreihe wurde die Höhe des waagrechten Wurfbrettes mehrere Male verändert. Um das Ziel zu treffen, musste bei einem niedrig fixierten Wurfbrett eine stärkere Wurfbewegung ausgeführt werden, um dem Ball eine größere Geschwindigkeit zu geben als bei einem höher fixierten Wurfbrett.

Intuitiv richtig machten das schon die sechs Jahre alten Kinder, obwohl aber nicht wenige von ihnen, wenn sie vorher oder nachher gefragt wurden, meinten, dass bei einem höher angebrachten Wurftisch fester geworfen werden müsste als bei einem niedrig fixierten Tisch – also genau das Gegenteil davon, was sie bei der Ausführung der Würfe faktisch taten. Erst bei erwachsenen Versuchspersonen stimmte das – erfragte – Beurteilungswissen mit dem praktisch realisierten Handlungswissen überein.

Kinder handeln also oft klüger, als auf der Basis ihres vorhandenen Wissens angenommen werden kann!

Friedrich Wilkening (1991) und Mitarbeiter vertreten angesichts dieser Befundlage die Meinung, dass das praktische, nicht bewusstseinsfähige und sich unmittelbar in Handlungen manifestierende Wissen entstanden ist aus frühkindlichen – »senso-motorischen«, wie Piaget sie nannte – Verhaltensmustern, bei denen Wahrnehmung und Motorik noch unmittelbar miteinander verknüpft waren. Das implizite Handlungswissen bildet vermutlich die Grundlage und den Ausgangspunkt für die sich im Laufe der mittleren Kindheit entwickelnde »naive Theorie der Physik« (→ Kap. 7.1.1).

6.5.3 Unklare Ursachen kommen häufiger vor

Im Alltag von Kindern kommt es nicht so oft vor, dass eine klar überschaubare Ursache eine einzelne Wirkung nach sich zieht. Dagegen passiert es viel häufiger, dass mehrere mögliche Ursachen in Betracht gezogen werden müssen, um sich einen zustande gekommenen Effekt plausibel zu machen.

»Schubst Du mich an?«, fragen Kinder ihre Väter auf dem Spielplatz, wenn sie mit der Schaukel möglichst hoch kommen wollen. Kundige Schaukelbenutzer wissen nämlich, dass sie den Anfangsschwung verstärken können, indem sie das ihre dazu tun – nämlich die Beine nach vorn schwingen, wenn die Schaukel in der Vorwärtsbewegung ist und die Beine nach hinten nehmen, wenn sich die Schaukel zurück bewegt. Kinder im Vorschulalter können wahrscheinlich noch etwas näher beschreiben, wie das mit dem Höher-Schaukeln vor sich geht, wenn sie danach gefragt werden.

6.5.4 Von der Wirkung die Ursache erschließen

In unserer Welt gehen die Ursachen den Wirkungen voraus; und die meisten Forschungsbefunde untermauern, dass Kinder beim Lernen diese kausale Richtung bevorzugen. Doch gibt es auch Situationen im Kinderalltag, in denen es darauf ankommt von einer Wirkung auf die Ursache zurück zu schließen: Wenn ein Kind vom Kindergarten heim kommt und in seinem Zimmer herrscht ein einziges Tohuwabohu, obwohl es am Morgen noch schön aufgeräumt war, schließt es messerscharf, dass das nur der kleine Bruder gewesen sein kann, der sich unbemerkt Zutritt verschafft hat.

Mit der Frage, ob sich gerade kleine Kinder nicht doch leichter tun, von den Wirkungen zurück auf die Ursachen zu schließen als umgekehrt, beschäftigten sich in der Forschung vor allem Alexandra L. Cutting und ihre MitarbeiterInnen (z.B. Cutting, Charlesworth und Goswami 1991; Cutting 1996). Sie verwendeten Versuchsanordnungen, vermittels derer die Fähigkeit der Kinder zwischen Schein und Wirklichkeit zu unterscheiden, geprüft werden konnte:

Kindern im vierten Lebensjahr wurden ein grüner und ein gelber Buntstift gezeigt. Unter einen blauen Farbfilter gelegt, sahen beide Stifte grün aus. Den Kindern wurde zunächst gesagt, dass man mit gelben Stiften gelbe Autos und mit grünen Stiften grüne Autos malen könne. Dann wurden sie gefragt, wobei auf die unter dem Farbfilter liegenden beiden Buntstifte verwiesen wurde, was man mit diesen zwei Stiften malen könne, ein gelbes und ein grünes Auto oder zwei grüne Autos? Mit dieser Formulierung wurden die Kinder aufgefordert, von den Ursachen – den Buntstiftfarben – auf die möglichen Wirkungen zu schließen, also ihr vorwärts gerichtetes kausales Denken unter Beweis zu stellen.

Mit einer anderen Art der Fragenformulierung konnte man erreichen, dass die Kinder von den Wirkungen zurück auf die Ursachen schließen mussten. Die Kinder wurden gefragt, mit welchem Stift man einen grünen Laster malen könne: »Mit diesem?« – dabei wurde auf einen der beiden Stifte unter dem Farbfilter gezeigt – »Oder mit diesem?«

Mit dieser Versuchsanordnung und einer anderen, leicht abgewandelten, ließ sich durchgängig belegen, dass sich die Kinder mit dem nach Rückwärts gerichteten kausalen Denken leichter taten.

Ob es für Kinder in diesem Alter generell einfacher ist, »rückwärts«, also von der Wirkung auf die Ursache, zu schließen, darf jedoch angezweifelt werden. Wahrscheinlich gibt es auch im Alltag bestimmte Situationen und Aufgabenstellungen, bei denen Kinder aller Altersstufen – und gegebenenfalls auch Erwachsene – es problemlos schaffen, von der Wirkung zurück auf die Ursache zu schließen.

Schließlich gibt es auch im wirklichen Leben eine weite Palette von Ereignissen und Vorfällen, in denen es gar nicht anders möglich ist, als von Wirkungen – seien es nun »Resultate« wie zerbrochene Fensterscheiben, verlorene Schlüssel, »Effekte« wie Spuren im Schnee, Brandgeruch im Garten oder »Spuren« wie Blumensträuße und Geschenke auf dem Tisch, Schmutzrand im Waschbecken – zurück zu schließen auf spezifische Ursachen, Auslöser oder Anlässe. Der Regelfall dürfte dies aber nicht sein, denn kombinatorisches, schlussfolgerndes oder Problemlösungsdenken, das in solchen Situationen erforderlich ist, deckt nur einen kleinen Bereich kognitiver Aktivitäten ab. Wesentlich häufiger dürften dagegen »normale« vorwärts gerichtete kausale Denkprozesse ablaufen – diese spielen jedenfalls eine zentrale Rolle in den allermeisten Situationen, in denen Kinder im Alltag Neues erfahren und etwas dazu lernen.

Zusammenfassung

Zwischen dem fünften und siebten Lebensjahr finden beträchtliche Veränderungen statt: Während es Drei- und Vierjährigen noch große Schwierigkeiten bereitet, die Prinzipien kausalen Denkens angemessen zu berücksichtigen, tun sich Sechsjährige in dieser Hinsicht schon viel leichter. Lediglich das Kovariationsprinzip stellt sie häufig vor Probleme. Das geht aber auch Erwachsenen noch oft so, von deren kausalen Denkleistungen Sechsjährige gar nicht mehr so weit entfernt sind.

7

Mit einer Theorie im »Hinterkopf«

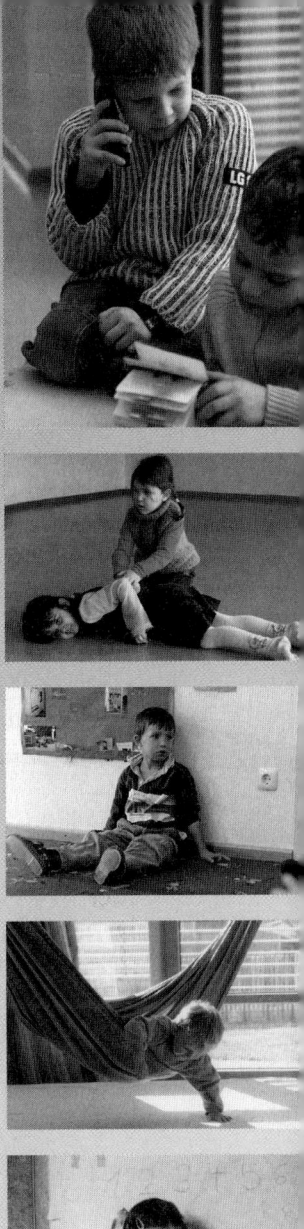

Schon das wenige Monate alte Baby »weiß«, dass unbelebte Objekte sich nicht von allein bewegen und ist überrascht, wenn eine kleine Kugel liegen bleibt, nachdem sie von einer großen Kugel angestoßen wurde. Manche Forscher glauben, hier könnte es sich um ein tief wurzelndes, möglicherweise sogar schon bei der Geburt vorhandenes, *»naives theoretisches Wissen« über physikalische Vorgänge* – also über Ursache-Wirkungs-Zusammenhänge in unserer gegenständlichen Welt – handeln, das im Verlaufe der menschlichen Evolution erworben wurde.

Im Laufe der frühen Kindheit differenzieren sich die Annahmen, mit denen das Kind seiner Objektwelt gegenübersteht und entgegentritt, erfahrungsabhängig immer weiter aus. Schon mit ungefähr anderthalb Jahren verfügt es auch über Annahmen, die sich auf die »innere Welt« von Menschen erstrecken. Diese werden von manchen Psychologen – etwas hochtrabend – als *»naive psychologische Theorie«* oder »theory of mind« bezeichnet. Sie tritt in der Folgezeit an die Seite der naiven Theorie der Physik. Im Laufe des dritten Lebensjahres bildet sich allmählich ein weiteres Bündel an Annahmen aus, das sich auf Lebewesen – Tiere und Pflanzen – erstreckt und von der Forschung *»naive Theorie der Biologie«* genannt wird.

Die Annahmen zu diesen drei Theorien werden in den folgenden Lebensjahren immer weiter ausdifferenziert und unterscheiden sich inhaltlich deutlich voneinander, was im Folgenden an Hand einer Reihe von Beispielen illustriert werden soll:

7.1 Kindliche Theorien über die Welt

7.1.1 »Naive Theorie der Physik«

Im Alter von vier bis fünf Jahren gibt es für Kinder Dinge, die schwer sind und daher nur von Erwachsenen gehoben werden können – und Dinge, die leicht sind und von Kindern getragen werden können. Sie kennen auch Dinge, die nichts wiegen, wie Luft, eine Feder oder Styroporkügelchen. Ihr Konzept von Gewicht fußt auf der anschaulich erfühlbaren Schwere eines Objektes. Wenn sie das unterschiedliche Gewicht zweier gleichgroßer Objekte, zum Beispiel eines Eisenwürfels und eines Schaumstoffwürfels, zur Kenntnis nehmen müssen, kommen sie – noch – nicht auf die Idee, sich mit der unterschiedlichen Beschaffenheit (Dichte) der Objekte zu befassen. Sie gehen auch nicht davon aus, dass ein Objekt beliebig oft halbiert werden kann und doch immer noch etwas davon übrig bleibt, sondern nehmen vielmehr an, dass irgendwann nichts mehr übrig ist. Das vermuten übrigens sogar noch bis zu zehn Jahre alte Grundschulkinder.

Im Alter bis zu sechs Jahren glauben Kinder auch noch, dass eine Kiste, die bis zum Rand mit Mehl gefüllt ist, gleichzeitig dieselbe Menge Luft enthalten könne – denn: Luft sei ja »nichts«.

> Innerhalb der naiven physikalischen Theorie des Kindes von ungefähr vier Jahren sind »Dichte« und »Gewicht« keine notwendigen Merkmale von Materie; in seiner physikalischen Welt gibt es viele Dinge, die nichts wiegen; eine Vorstellung von Dingen mit unterschiedlicher Dichte besitzt es noch nicht.

Verständnis für physikalische Kausalität

Sie erinnern sich an unsere Aussagen in Kapitel 5? Ursache-Wirkungs-Zusammenhänge erfassen Kinder intuitiv schon im Kleinkindalter, jedoch sind sie erst im Alter von ungefähr vier Jahren in der Lage, genauere Voraussagen auf dem Hintergrund von kausalen Effekten zu treffen.

Das konnte Merry Bullock (z. B. 1984) in einigen aufschlussreichen Untersuchungen überzeugend demonstrieren: Drei- und Vierjährige konnten Bilder von einfachen Ursache-Wirkungs-Beziehungen in die richtige Reihenfolge bringen, wenn sie zum Beispiel die Fotos einer Tasse, eines Hammers und einer zerschmetterten Tasse gezeigt bekamen: Sie nehmen zuerst das Foto mit der unzerbrochenen Tasse, dann das mit dem Hammer und zum Schluss das mit der zerschmetterten Tasse.

Dreijährige schaffen es noch nicht, korrekt vorauszusagen, in welche Richtung sich eines von zwei Autos bewegen wird, die anscheinend durch ein unsichtbares Seil miteinander verbunden sind. Den meisten Vierjährigen gelingt es dagegen schon, richtig anzugeben, dass sich das vordere Auto rückwärts bewegen wird, wenn das hintere Auto vorwärts fährt.

Die meisten Forscher gehen heute davon aus, dass es vor allem die Erfahrungen im Umgang mit den Gegenständen ihrer Umwelt sind, welche Kindergarten- und Vorschulkinder in die Lage versetzen, immer differenziertere und tiefere Einsichten in Kausalmechanismen der verschiedensten Art zu gewinnen. So lernen sie zu verstehen, dass eine Ursache-Wirkung-Beziehung voraussetzt, dass sich Gegenstände in räumlicher und zeitlicher Nähe befinden und dass die Ursache zeitlich immer der Wirkung vorausgehen muss bzw. die Wirkung immer der Ursache – wenn auch zuweilen mit gewisser Verzögerung – nachfolgt.

Die Grenzen ihrer physikalischen Erfahrungswelt treten zutage, wenn sie Fragen beantworten sollen wie: »Warum weht der Wind?« oder »Warum scheint die Sonne nicht nachts?« Hier geben auch jüngere Grundschulkinder oft noch animistische oder magische Antworten: »Damit die Wolken vorankommen.« – oder »Weil sich die Sonne auch einmal ausruhen muss.«

Fragen, die dagegen ihren Erfahrungshorizont nicht sprengen, werden auf der Grundlage ihres naiven physikalischen Wissens beantwortet: »Warum rollt das Fahrrad?« Antwort: »Weil es runde Reifen hat.«

Hartnäckigkeit falscher physikalischer Annahmen

Die Berechtigung von einer naiven kindlichen »Theorie« der Physik zu sprechen, wird deutlich, wenn man sich vor Augen führt, wie sehr Kinder geneigt sind, hartnäckig an ihren physikalischen Annahmen festzuhalten. Diese Annahmen – untereinander verbunden – scheinen wohl tatsächlich so etwas wie einen theoretischen Rahmen zu bilden, der auch angesichts einer erdrückenden alternativen Beweislage aufrechterhalten wird.

Festhalten am geozentrischen Weltbild

Dass die Erde eine Kugel ist und sich um die Sonne dreht – also das heliozentrische Weltbild – ist vier- bis sechsjährigen Kindern kaum verständlich zu machen. Sie halten, geleitet von ihrer Anschauung, daran fest, dass die Erde flach ist und deshalb eine Scheibe oder etwas Ähnliches sein muss, über der die Sonne und der Mond abwechselnd auf- und untergehen.

Wenn die Erwachsenen davon ausgehen, dass die Erde rund ist und um die Sonne kreist, dann macht es den Kindern keine Schwierigkeiten, sich vorzustellen, dass es eine Erdkugel der Erwachsenen gibt, die sich irgendwo anders befindet. »Ihre« Erde, auf der sie leben, kann niemals rund sein, weil sonst ja die Menschen, die auf der anderen Seite der Kugel sind, herunterfallen würden. Etwas ältere Kinder können sich auch vorstellen, dass sich die flache Erde in einer sozusagen hohlen Halbkugel befindet, an der Sonne, Mond und Sterne aufgehängt sind.

Ihre Vorstellung von Schwerkraft ist wahrnehmungsgebunden: Alles Schwere fällt nach unten, alles Leichte wie Federn oder Staubkörnchen kann schweben oder fliegen. Sie können sich noch nicht vorstellen, dass zwischen Himmelskörpern mit großer und kleiner Masse unterschiedliche Anziehungskräfte bestehen – und schon gar nicht, dass sich unsere Erde mit ungeheuer großer Geschwindigkeit auf einer Bahn um die Sonne bewegt; eine Geschwindigkeit, die gerade so schnell ist, dass die dabei entstehende Fliehkraft genauso groß ist wie die Anziehungskraft, welche die Sonne auf die Erde ausübt.

Für Kinder dieser Altersstufe sind die komplizierten Wechselwirkungen von Masse, Schwerkraft, Trägheit und Geschwindigkeit ähnlich schwierig nachzuvollziehen, wie die von Stephen Hawking (Das Universum in der Nussschale, München: dtv 2004) recht anschaulich beschriebenen Verhältnisse an den Rändern von Schwarzen Löchern für durchschnittlich gebildete Erwachsene.

Auch in anderen Bereichen der Physik, etwa wenn es um die Beziehungen von Gewicht und Dichte zu Materie geht, halten Vier- bis Sechsjährige durchgängig an ihren bewährten Vorstellungen fest. Innerhalb dieser Vorstellung sind Gewicht und Dichte keine wesentlichen Merkmale von Materie. Sie können sich durchaus auch Materie vorstellen, die nichts wiegt – ein kleines Reiskorn, eine winzige Styroporkugel oder eine Feder … Dass es unterschiedlich dichte Materie geben könnte, kommt ihnen gar nicht in den Sinn angesichts der unleugbaren Tatsache, dass die Oberfläche dieser Dinge fest ist.

Veränderung durch kontinuierlichen Wissenszuwachs oder durch plötzliche Umstrukturierung?

Diese Frage wird in der Forschung noch kontrovers diskutiert. ErzieherInnen und GrundschullehrerInnen erfahren tagtäglich, wie beharrlich Kinder an ihren bewährten Vorstellungen festhalten und sich allen Argumenten, die ihr physikalisches Weltbild in Frage stellen, hartnäckig widersetzen. Erschüttern lassen sich ihre Vorstellungen eigentlich nur, wenn sie sich mit augenscheinlichen, objektiv sichtbaren Beweisen auseinandersetzen müssen. Wenn ihnen zum Beispiel vorgeführt wird, dass aus einem großen Glaszylinder – hör- und sichtbar – die ganze Luft herausgepumpt werden kann und dann in diesem Zylinder, wenn man ihn umdreht, eine Feder genauso schnell hinunterfällt wie eine Eisenkugel, dann dämmert es ihnen vielleicht, dass Luft nicht »Nichts« sein kann, sondern etwas ist, das einer leichten Feder Widerstand entgegensetzt.

Kindliche Theorien über die Welt...

Beim gegenwärtigen Wissensstand spricht wohl etwas mehr für die Annahme eines qualitativen Wandels, also einer – mehr oder weniger abrupt verlaufenden – Umstrukturierung, aus der dann eine neue naive, der Realität angemessenere physikalische Theorie entsteht. Manche Umstrukturierung dürfte »von außen« auch gar nicht weiter auffallen und dem Beobachter – oder der Bezugsperson des Kindes – zunächst verborgen bleiben, weil der Prozess wenig dramatisch und unspektakulär verläuft und auf den ersten Blick wie eine Wissensbereicherung und -ergänzung aussieht.

Dementsprechend ließe sich kognitive Entwicklung auch verständlich machen als Vorherrschen bestimmter Denkmuster über eine gewisse Zeitspanne hinweg, die dann jedoch allmählich an Häufigkeit abnehmen, während gleichzeitig andere Denkmuster immer häufiger vorkommen, langsam die Oberhand gewinnen und ihrerseits dann wieder für einen gewissen Zeitraum vorherrschen, bis sie allmählich abgelöst werden von den darauf folgenden Denkmustern, die zunächst nur vereinzelt, bald aber relativ regelmäßig verwendet werden und schließlich dominieren.

Raum, Zeit und Zahl – Unterbereiche der »naiven Physik«

Besonders von in der Piaget-Tradition stehenden Forschern wurde das kindliche Verständnis von Raum, Zeit und Zahl sehr gründlich untersucht. Diese Konzepte spielen nicht nur in der klassischen Physik eine große Rolle, sondern lassen sich auch als Unterbereiche der naiven physikalischen Theorie des Kindes auffassen:

Auflösung der egozentrischen Vorstellungen vom Raum

Kindergartenkinder lösen bereits die bekannte Drei-Berge-Aufgabe von Piaget erfolgreich: Sie sitzen vor einem aus Pappmaschee hergestellten Bergmassiv, dessen drei Gipfel sich teilweise gegenseitig verdecken und werden aufgefordert zu beschreiben, wie eine Person, die ihnen gegenüber, auf der anderen Seite des Bergmassivs sitzt, die drei Berge wahrnimmt. Viele Vierjährige verfügen bereits über die dazu erforderliche optische oder visuelle Perspektivenübernahme, das heißt, sie können sich von ihrem eigenen Standpunkt vor dem Bergmassiv in ihrer Vorstellung lösen und in der Vorstellung die Position der anderen Person hinter dem Bergmassiv einnehmen.

Einbezug von Orientierungspunkten

Kleinkindern, die es noch nicht schaffen, ihre eigene veränderte Position im Raum bei der Lokalisation von Objekten in Rechnung zu stellen, kann geholfen werden, indem ihnen Orientierungspunkte zur Verfügung gestellt werden. Das kann dadurch erfolgen, dass das wieder zu findende Objekt zum Beispiel neben eine rote Serviette oder vor einen blauen Korb gelegt wird.

Kindergarten- und Vorschulkinder brauchen dazu keine Hilfestellung mehr. Sie schaffen es von sich aus, geeignete markante Anhaltspunkte ausfindig zu machen, die ihnen die Orientierung im Raum und das Wiederfinden von Objekten ermöglichen.

Im Alter von ungefähr vier Jahren gelingt es manchen Kindern sogar schon, sich Einzelheiten eines Raumes vorzustellen, in dem sie sich aktuell gar nicht selbst aufhalten. Das konnten John J. Rieser und MitarbeiterInnen (1994) durch ihre Experimente belegen:

Kinder im Alter von vier bis neun Jahren wurden im Forschungslabor aufgefordert, sich ihren Gruppenraum im Kindergarten bzw. ihr Klassenzimmer ganz genau vorzustellen. Dann wurden sie gebeten, auf Gegenstände in diesem Raum – ein Bild, ein Regal, ein Fenster, eine Schranktür – mit dem Finger zu zeigen und zwar aus der Position, in der sich normalerweise immer die Erzieherin bzw. Lehrerin befindet. Den meisten Neunjährigen gelang das problemlos, von den Sechsjährigen schaffte es schon ungefähr die Hälfte fehlerfrei.

In anderen einschlägigen Untersuchungen fanden sich weitere Anhaltspunkte dafür, dass für die Entwicklung des räumlichen Vorstellungsvermögens das eigene, sich selbständig in Räumen Bewegen eine unverzichtbare Voraussetzung ist. Übrigens sind auch in unserem Gehirn die Areale, die für grobmotorische Aktivitäten und

Bewegungsmuster zuständig sind, besonders stark vernetzt mit der Region, in der das räumliche Vorstellungsvermögen lokalisiert ist.

Raumorientierung ohne anschauliche Orientierungspunkte

Die höchste Stufe des räumlichen Orientierungsvermögens ist dann erreicht, wenn Kinder weder – egozentrisch – von ihrer eigenen Position im Raum ausgehen, noch konkrete materiell gegebene Anhaltspunkte, wie »gegenüber der Säule«, »rechts unten im Regal«, benötigen, um sich zu orientieren; sie sind dann in der Lage, sich ein sozusagen abstraktes Bild von räumlichen Gegebenheiten zu machen, also Koordinaten, wie Länge, Breite, Höhe eines Zimmers, zu verwenden, um sich zurecht zu finden.

In der Studie von Judith M. Kearins (1981) wurde das räumliche Erinnerungsvermögen von fünf- bis sechsjährigen Aborigines-Kindern mit dem von gleichaltrigen weißen Großstadtkindern verglichen:

Allen Kindern wurden jeweils für 30 Sekunden 20 Alltagsobjekte präsentiert, die in fünf Reihen zu je vier Objekten angeordnet waren. Anschließend sollten die Kinder die Objekte wieder genau so aufbauen, wie sie sie vorher gesehen hatten. Die Aborigines-Kinder schnitten dabei signifikant besser ab als die Stadtkinder und verwendeten auch andere Strategien. Sie prägten sich die räumliche Lage und das Aussehen der Objekte ein, während die Stadtkinder die Namen der Objekte flüsterten oder laut vor sich hin sagten. Mit dieser Gedächtnisstrategie – verbale Wiederholung – gelang es ihnen nicht, Informationen zur räumlichen Lage angemessen abzuspeichern.

Nicht geklärt werden konnte, welche Informationen die Aborigines-Kinder nutzten, um sich Details zur räumlichen Lage einzelner Objekte einzuprägen. Aber die Vermutung liegt nahe, dass sie in ihrem Leben fernab der Zivilisation ein hoch differenziertes räumliches Orientierungssystem ausbilden, welches ihr Überleben in der Wüste sichert und ihnen so auch Vorteile bei der Bewältigung der Testaufgabe verschaffte.

Geht die Orientierung im Raum der Orientierung in der Zeit voraus?

Für Jean Piaget, den ersten Forscher, der das Zeitbewusstsein des Kindes systematisch untersuchte, bildet das Verständnis für Veränderungen, die sich daraus ergeben, dass sich Objekte verschieden schnell im Raum bewegen, eine Voraussetzung dafür, dass das Kind anfängt nachzudenken über »Zeit« und Vorstellungen über Zeitphänomene entwickelt.

Piaget führte schon in den 30er und 40er Jahren des vergangenen Jahrhunderts einfallsreiche Experimente mit Kindern im Kindergarten- und Schulalter durch, die bahnbrechend für ganze Forschergenerationen waren.

Die gegenwärtige entwicklungspsychologische Zeit-Forschung profitiert von entscheidenden Fortschritten, die in den letzten beiden Jahrzehnten in der Neurophysiologie und Chronobiologie gemacht wurden. Sie richtet ihr Augenmerk insbesondere auf Wechselwirkungen zwischen organischen Reifungsprozessen und Einflussnahmen von Seiten der Eltern, ErzieherInnen etc. Zeitgeber im Gehirn sind beteiligt an einer ganzen Reihe von Verhaltensmustern mit spezifischer Zeitstruktur. Bis heute wurden ein gutes Dutzend dieser Muster identifiziert, wie sich hinwenden oder abwenden, etwas äußern, jemanden heranlocken, etwas vermeiden, etwas vorgeben, die jeweils unterschiedliche Zeit – zwischen 10 und 45 Sekunden dauern – und über die schon der Säugling verfügt.

Im Kindergarten- und Vorschulalter spielt besonders die sprachliche – und gesamte kognitive – Entwicklung eine wichtige Rolle beim Aufbau immer differenzierterer Zeit-Konzepte: Schon im dritten Lebensjahr fängt das Kind allmählich an, zwischen Sprechzeit und Ereigniszeit zu unterscheiden. Es verwendet immer häufiger die sprachliche Vergangenheitsform, z. B. »Marie aua macht hat«, um auszudrücken, dass ein Ereignis bereits stattgefunden hat. Nur sehr eingeschränkt kann es dabei zwischen Ereignissen, die zeitlich weiter zurückliegen und Ereignissen, die sich erst kürzlich oder gerade eben ereignet haben, unterscheiden. Die Zukunft bleibt durchweg noch außen vor, zumindest was die korrekte sprachliche Umsetzung des Futurums betrifft.

Im Laufe des vierten Lebensjahres verwendet das Kind immer häufiger Temporaladverbien, zum Beispiel »früher«, »später« und temporale adverbiale Satzergänzungen wie »nach dem Mittagessen«, »vor dem Abendbrot«, was auf die weitere Ausdifferenzierung seines Zeitkontinuums hindeutet. Einen kleinen Test, den Lorraine Harner (1982) mit Zwei-, Drei- und Vierjährigen durchführte, bestanden nur die ältesten Kinder:

Alle Kinder durften an drei aufeinander folgenden Tagen mit unterschiedlichem Spielzeug spielen. Am zweiten Tag zeigte sie den Kindern die Sachen, mit dem sie am Tag zuvor gespielt hatten, das Spielzeug des aktuellen Tages und die Gegenstände, die für den folgenden Tag vorgesehen waren. Sie bat die Kinder dann, ihr das Spielzeug von gestern und das von morgen noch einmal zu zeigen. Korrekt schafften das nur die Vierjährigen.

Zu Beginn des fünften Lebensjahres mehren sich die Anhaltspunkte dafür, dass die Kinder – unter Verwendung von Temporalpräpositionen wie »vorher«, »nachher«, »danach« – immer genauer die zeitliche Reihenfolge von vergangenen und geplanten, zukünftigen Ereignissen angeben können. Auch sprachlich sind sie – unter Verwendung der Zeitform der vollendeten Gegenwart oder vollendeten Vergangenheit – nun in der Lage, zwischen Ereignissen mit

unterschiedlichem zeitlichen Abstand von ihrer aktuellen Sprechzeit zu unterscheiden. Wenn sie zum Beispiel gefragt werden, was
sie heute schon so alles gemacht haben, kommen Antworten wie:
»Vorhin habe ich draußen gespielt, dann habe ich nach meinem
Hund geschaut und dann habe ich der Mama geholfen« – ein Be-
leg dafür, dass sie bereits eine Form von »Stapelgedächtnis« aufgebaut haben, das spezifische, physiologische Reifungsprozesse voraussetzt und es ihnen ermöglicht, Erinnerungen in der richtigen
zeitlichen Reihenfolge abzurufen (vgl. Kasten 2001, S. 59).

Geschwindigkeit, Entfernung und Zeit – komplizierte Beziehungen

Dass man mehr Zeit braucht, um eine große Strecke zurückzule-
gen, wenn man langsam anstatt schnell geht, ist für uns Erwachsene so trivial, dass wir gar nicht weiter darüber nachdenken. Kinder
zwischen vier und sechs Jahren müssen die komplizierten Beziehungen zwischen Distanz, Geschwindigkeit und Zeit(dauer) jedoch erst lernen. Im späten Kindergartenalter, mit fünf bis sechs
Jahren, sind sich die meisten Kinder schon relativ klar darüber,
dass Zeitdauer und Entfernung einerseits und Geschwindigkeit
und Entfernung andererseits zusammenhängen. Sie können sich
größtenteils auch vorstellen, wie ein Auto schnell oder langsam
fährt und dabei eine kleine bzw. eine große Entfernung zurücklegt. Dagegen haben sie aber noch keine Vorstellung von den unabdingbaren Abhängigkeiten zwischen den physikalischen Größen Geschwindigkeit und Entfernung. Ein Auto, das sehr schnell
fährt, legt für sie – sozusagen automatisch – die größere Entfernung zurück; auch wenn es deutlich kürzere Zeit unterwegs ist als
das langsamere Auto. Und das Auto, das die längere Strecke fährt
ist, ist in ihrer Sicht auch länger unterwegs als das Auto, das die
kürzere Strecke zurücklegt. Auch wenn beide Autos gleich lange
Zeit – aber mit unterschiedlicher Geschwindigkeit – fahren.

In der Regel verstehen erst Sieben- bis Achtjährige allmählich, dass jeweils zwei physikalische Größen, z. B. Zeitdauer und Geschwindigkeit oder Zeitdauer und Entfernung, voneinander abhängen, können jedoch die dritte Dimension, besonders wenn diese in einer experimentellen Versuchsanordnung verändert wird, noch nicht als wichtige weitere Einflussgröße in Betracht ziehen. Auf dieser Entwicklungsstufe akzeptieren sie alle nur denkbaren wechselseitigen Abhängigkeiten zwischen den drei Größen, auch wenn diese physikalisch nicht möglich sind.

Zeitstrukturen des Kindergartens

Mit dem Eintritt in einen Kindergarten kommen viele Kinder zum ersten Mal in Berührung mit zeitlichen Regularien, die ihr Leben von nun an grundlegend verändern. Der Tagesablauf in den allermeisten Kindertagesstätten wird bestimmt von geplanten, zeitlich kontingentierten, aufeinander folgenden Ereignissen: Bringzeit, gemeinsames Essen, Stuhlkreis, Freispiel, Gruppenspiel, Abholzeit. Manche Kinder, die zu Haus ihre Zeit bislang selbst einteilen konnten, müssen sich an den neuen Lebensrhythmus erst gewöhnen. Und manchmal geschieht das nur sehr langsam.

Während ihres ersten Kindergartenjahres machen die meisten Kinder auch ihre ersten differenzierteren Erfahrungen im Umgang mit der Uhr und dem Kalender. Manche tragen schon stolz am Handgelenk eine bunte Armbanduhr, auf der einige von ihnen sogar schon stundengenau die Zeit ablesen können. Die meisten Fünfjährigen kennen die sieben Wochentage und die Namen der meisten Monate. Sie können angeben, wann sie abends zu Bett gehen und wann sie morgens aufstehen. Sie wissen, wie alt sie sind und in welchem Monat, manchmal auch an welchem Tag, sie ihren nächsten Geburtstag feiern.

Die Fähigkeit, auf die Minute genau von einer Uhr die richtige Zeit abzulesen, erwerben normalerweise erst die Sechs- bis Siebenjährigen, zuweilen mit Unterstützung der Lehrerin im ersten Grundschuljahr.

Entwicklung der Fähigkeit, Zeitintervalle richtig einzuschätzen

Schon Dreijährige besitzen ein ungefähres Gefühl für die Dauer von Ereignissen und können auch richtig angeben, ob zwei Ereignisse gleichzeitig oder nacheinander stattgefunden haben. Wenn ihnen zwei gleichlange Ereignisse nacheinander präsentiert werden, tun sie sich jedoch noch schwer, die Länge korrekt zu schätzen. In der Regel verbinden sie die Dauer mit dem Endpunkt, das heißt, für sie dauern alle Ereignisse, die später enden, auch länger. Erst mit vier oder fünf Jahren achten sie dann auch immer stärker darauf, wann ein Ereignis begonnen hat und gelangen fast immer zu richtigen Schätzungen, wenn sich Ereignisse in ihrer Länge deutlich voneinander unterschieden. Doch auch Sechsjährige schaffen es noch nicht, die Dauer von Zeitintervallen konstant richtig einzuschätzen, wenn sich die vorher präsentierten Intervalle zeitlich überlappt haben.

Langeweile, Ungeduld und Vorfreude

Schon vor Erreichen des Kindergartenalters haben Kinder Erwartungen, die sich insbesondere auf bevorstehende positive Ereignisse richten: Der Bescherung zu Weihnachten oder dem Geburtstagsfest sehen sie häufig mit Ungeduld entgegen und nerven ihre Eltern, wenn sie immer wieder fragen »Wann ist denn endlich Weihnachten?«

Anzeichen von Langeweile sind bei Kleinkindern noch nicht so häufig zu beobachten, wohl aber bei älteren Kindergarten- und Vorschulkindern. Gelangweilte Kinder haben sozusagen eine gestörte Beziehung zur Zeit: Sie erleben die Gegenwart als eintönig, wissen nichts mit sich anzufangen und sehnen sich nach Abwechslung, Anregung oder Ablenkung. Sie wünschen sich, dass dieses negativ getönte Gefühl schnell vorüber geht, doch je mehr sie dem Gefühl nachgeben, desto weniger können sie von sich aus zu seiner Beendigung tun. Das Gefühl der Langeweile klingt erst ab, wenn sie etwas gefunden haben – manchmal erst mit fremder Hilfe –, das sie interessiert und mit dem sie sich beschäftigen können.

Wenn Kinder spielen, vergessen sie in der Regel die Zeit. Das gilt jedenfalls für die meisten Spiele, ausgenommen vielleicht Wettspiele, bei denen Leistung und Erfolg eine Rolle spielen. Im intensiven Rollenspiel treten zeitbezogene Gefühle völlig in den Hintergrund; die Kinder gehen ganz in der Gegenwart auf und vergessen die Zeit. Zuweilen können sie so versunken spielen, dass sie – man könnte sagen – in die Wirklichkeit zurückgeholt werden müssen. Und das ist dann meist eine Wirklichkeit, die von Uhren, Terminen, Pflichten und Alltagsroutinen bestimmt wird ...

Umgang mit der »öffentlichen« Zeit

Das Kindergarten- und Vorschulalter ist der Altersabschnitt, in dessen Verlaufe die Kinder immer häufiger mit Zeitordnungen konfrontiert werden, die »in der Öffentlichkeit« gelten: Arbeitszeiten ihrer Eltern, Öffnungszeiten ihrer Kindertagesstätte und von Einrichtungen, die in ihrem Leben eine zunehmend größere Rolle spielen, z. B. Schwimmbad, Tiergarten, Stadtbücherei, Geschäftszeiten im Supermarkt und Sprechstunden in der Arztpraxis, Veranstaltungszeiten in Kino und Theater, Sendezeiten im Radio und Fernsehen. Die Kinder erfahren dadurch, dass ihr Alltag in großem Maße durch Zeitstrukturen bestimmt wird, an deren Zustandekommen sie nicht beteiligt sind.

Im Idealfall lernen sie, mit den von außen vorgegebenen Zeiten selbständig und planerisch umzugehen, werden also nicht und fühlen sich auch nicht »fremdbestimmt«. Sie wissen, wann »ihre«

Sendungen im Radio oder Fernsehen beginnen und können sich entscheiden, sie anzusehen/anzuhören oder nicht. Sie wissen, wie lange der Kiosk um die Ecke geöffnet ist, wann Mutter und/oder Vater von der Arbeit heimkommt und können sich darauf einstellen. Sie sind in der Lage zu planen, mit welcher Verkleidung sie nächste Woche zur Faschingsfeier gehen werden, wen sie am Sonntagnachmittag zum Spielen oder zu ihrer Geburtstagsfeier einladen werden oder ob sie mit ihrem Vater und der älteren Schwester den Zoo besuchen wollen.

Erwerb des Zahl-Konzeptes

Entwicklungspsychologen haben herausgefunden, dass das Verständnis für die Kardinalzahlen von 1 bis 4 von Anfang an vorhanden ist und nicht eigens gelernt zu werden braucht. Ganz anders sieht es jedoch mit der Entwicklung des Verständnisses von Zahlen aus, die größer sind als 4. Frühestens mit drei, in der Regel aber erst mit vier Jahren können Kinder unterscheiden, ob es sich bei einer Ansammlung von Objekten um 4, 5 oder 6 Exemplare handelt. Das richtige Zusammenzählen der Zahlen 2 + 2 schaffen Dreijährige im Allgemeinen noch nicht, wohl aber Vierjährige – jedenfalls dann, wenn sie schon zu zählen gelernt haben. Sie erfassen nämlich zunächst eine der beiden jeweils aus zwei Einzelobjekten zusammengesetzten Teilmengen dadurch, dass sie diese abzählen: »1«, »2«! Dann nehmen sie sich die zweite Teilmenge vor und zählen weiter: »3«, »4«. Die »4« betonen sie meist lauter, weil sie das Endergebnis ihres Abzählvorgangs darstellt. Mit dieser Technik kommen sie gut zurecht, solange die Summe ihrer Additionen nicht größer ist als 10.

2 + 2 zusammenzählen – kein Problem mehr für Vierjährige!

Am schwierigsten scheint es für Vierjährige zu sein, zu verstehen, dass es keine Rolle spielt, an welcher Stelle sie mit ihrem Zählvorgang beginnen, ob mit dem in der Mitte einer Menge liegenden Objekt oder mit einem ganz außen liegenden. Viele Fünfjährige und die meisten Sechsjährigen haben das dann bereits begriffen und können die Regel auch benennen: »Es ist egal, wo du anfängst! Hauptsache, du vergisst keine!«

Interkulturelle Unterschiede und ihre Gründe

Chinesische Fünfjährige können im Durchschnitt bereits bis 100 zählen; gleichaltrige deutsche oder englische Kinder kommen, wenn überhaupt, höchstens bis 40 oder 50. Fachleute erklären dieses Faktum nicht durch Unterschiede im Erziehungs- und Bildungssystem der Länder, sondern durch sprachliche Besonderheiten des jeweiligen Zahlensystems. Im Deutschen und Englischen werden die Zahlen von 11 bis 20 nach einem unregelmäßigen sprachlichen Muster gebildet: »elf«, »zwölf«, »dreizehn« usw.; im Chinesischen dagegen nach einem regelmäßigen sprachlichen Muster: »10–1« steht für 11, »10–2« für 12, »20–1« für 21, »30–3« für 33 usw.

Auch die im Durchschnitt besseren Leistungen japanischer SchülerInnen und StudentInnen im Fach Mathematik werden – zumindest teilweise – in Verbindung gebracht mit dem sprachlich und numerisch einfacheren Zahlensystem in Japan.

Erlernen der ordnenden Eigenschaft von Zahlen

Mit Fragen wie: »Was ist mehr? 5 oder 6 Orangen? Oder 7 oder 8 Orangen?« haben Vierjährige noch ihre Schwierigkeiten. Sie lernen erst allmählich durch Anwenden der Zähltechnik, dass die später in der Zahlenreihe vorkommende Zahl immer die größere Zahl ist und also auch die größere Menge an Orangen benennt. Sie tun sich leichter, solche Fragen richtig zu beantworten, wenn sich die Größen der Mengen, die miteinander verglichen werden sollen, deutlich voneinander unterscheiden: »Was ist mehr? 4 oder 7 Orangen?«

Die Anordnung der Objekte beeinflusst die Größenschätzung

Viele Vierjährige und manchmal auch noch Fünfjährige haben Schwierigkeiten, die Größe einer Menge von Objekten – von fünf an aufwärts – richtig anzugeben, wenn die Anordnung der Objekte verändert wird. So wird zum Beispiel eine Menge von sieben etwas weiter auseinander gerückten Punkten als größere Menge wahrgenommen, wenn sie verglichen wird mit einer Menge von sieben enger zusammengerückten Punkten. Bei Vierjährigen ist das Wahrnehmungsbild oft so dominant, dass sie von sich aus gar nicht auf die Idee kommen, die Objekte zu zählen.

Lernen einfacher Additionen

Wenn das Ergebnis nicht größer ist als 10, stellen Additionen für Kindergartenkinder kein unüberwindbares Hindernis dar. Dabei gilt die Regel: Je kleiner die Summanden, umso leichter fällt die korrekte Lösung.

Interessanterweise setzen schon Vierjährige unterschiedliche Strategien ein, wenn sie zwei Summanden zusammenzählen sollen:
• Handelt es sich um kleine Summanden (von 1 bis 3), rufen viele das richtige Ergebnis aus dem Gedächtnis ab, wo es bereits abgespeichert vorliegt.
• Manche Kinder verwenden die Finger, um die Summanden darzustellen. Wenn sie 3 und 2 addieren sollen, nehmen sie drei Finger einer Hand und noch einmal zwei Finger und erkennen auf einen Blick, dass das Ergebnis 5 ist – sie wissen, dass an jeder Hand fünf Finger sind.

- Zusätzlich zu den Fingern zählen andere Kinder laut oder mit sichtbaren Lippenbewegungen; diese Strategie führt am häufigsten zu korrekten Ergebnissen, insbesondere, wenn die Summe der Addition größer als 5 ist, also die Zahl der Finger an einer Hand übersteigt.
- Zuweilen wird auch gezählt, ohne dabei die Finger zu verwenden – eine Vorgehensweise, die bei Vierjährigen noch relativ oft zu falschen Lösungen führt. Bei Sechsjährigen erweist sich dagegen die Strategie des Weiter- oder Draufzählens häufig als zielführend.

Fast alle Kinder verwenden mehr als eine Strategie und sind anscheinend sogar in der Lage, zwischen Strategien zu wählen und sich für die zu entscheiden, die aus ihrer Sicht die geeignete für eine bestimmte Aufgabe ist.

7.1.2 »Naive psychologische Theorie«

Bewusstseinsinhalte sind wie fast alle psychischen Phänomene flüchtig und schwer fassbar. Wenn man sich ihnen nähern, sie beobachten und beschreiben will, verändern sie sich schon. Umso erstaunlicher ist es, dass sich schon Dreijährige sicher sind, dass es sie gibt und sie auch abgrenzen können von den Objekten der Außenwelt. Sie verfügen bereits über einen Wortschatz, mit dem sie mentale Phänomene wie Träume, Gedanken, Wissen benennen können. Für sie ist das Mentale ein Fluss von Gedanken, der immer da ist, wenn sie handeln, der ihr Handeln ständig begleitet.

Wenn sie gefragt werden, woran man unterscheiden kann, ob es sich um ein Ding der Außenwelt oder etwas aus der Innenwelt handelt, kommen Antworten wie: »Träume kann man nicht anfassen«, »Gedanken sind meine Gedanken, die habe ich und die sind unsichtbar«.

Veränderungen im Laufe des vierten Lebensjahres

Im Laufe des vierten Lebensjahres spielen sich umfassende Veränderungen im Bewusstsein der Kinder ab; einige Fachleute sprechen sogar von einem »qualitativen Wandel« (Mähler 1999, S. 59). Dreijährige gehen noch davon aus, dass zwischen dem, was sie von der Wirklichkeit wahrnehmen und der Wirklichkeit selbst eine 1:1-Beziehung besteht – alles, was draußen existiert, nehmen sie auch drinnen wahr. Ihr Wissen ist sozusagen eine Kopie der Realität – und dasselbe gilt auch für die Wahrnehmung der Wirklichkeit durch andere Menschen. Vierjährige dagegen fangen allmählich an zu begreifen, dass sich ihre Wahrnehmung der Welt von der anderer Menschen unterscheiden kann. Sie verstehen langsam, dass es sich bei ihren inneren Vorstellungen um mentale Inhalte handelt, und dass andere Personen Vorstellungen haben können, die von den ihren abweichen, was insbesondere dann der Fall ist, wenn sie über ein bestimmtes Wissen nicht verfügen.

Die Maxi-Geschichte trennt Dreijährige von Vierjährigen

Mit Hilfe einer mittlerweile klassischen Versuchsanordnung konnten Heinz Wimmer und Josef Perner (1983) die Defizite der Dreijährigen in der Realitätswahrnehmung überzeugend nachweisen (vgl. dazu auch Kasten 2004):

Wo liegt die Tafel Schokolade?

Drei-, vier- und fünfjährigen Versuchskindern wird sinngemäß folgende Geschichte erzählt: Nach dem Einkaufen hilft Maxi seiner Mutter auszupacken. Eine Tafel Schokolade legt er in den grünen Schrank und merkt sich das auch ganz genau, damit er später, wenn er vom Spielen heimkommt, sich ein Stück Schokolade holen kann. Während er draußen spielt, will seine Mutter einen Kuchen backen, zu dem sie Schokolade braucht. Sie holt die Tafel Schokolade, die Maxi in den grünen Schrank gelegt hat, und nimmt sich etwas davon für den Kuchen. Dann legt sie die Schokolade zurück. Aber nicht wieder in den grünen, sondern in den blauen Schrank, der neben dem grünen steht. Eine Stunde später kommt Maxi vom Spielen zurück und hat großen Appetit auf ein Stück Schokolade.

Die ganze Geschichte wird den Kindern mit Puppen und einem richtigen Puppenhaus vorgespielt. In der Küche des Puppenhauses stehen nur der grüne und der blaue Schrank. Den Kindern wird dann die Testfrage gestellt, wo Maxi denn nun die Schokolade suchen wird. Fast alle Dreijährigen antworten: »Im blauen Schrank.« Von den Vierjährigen dagegen meint knapp die Hälfte und von den Fünfjährigen über 80 Prozent korrekt: »Im grünen Schrank.«

Die beiden Autoren konnten mit ihrem Experiment zeigen, dass Dreijährige noch nicht in der Lage sind, zwischen dem Wissen, das sie selbst besitzen und dem Wissen, das Maxi hat, zu unterscheiden. Sie gehen davon aus, dass das, was sie wissen, alle wissen müssen und deshalb auch Maxi wissen muss. Sie haben noch nicht realisiert, dass Wissen abhängt vom Informationsstand, den jemand hat, und dass Menschen unterschiedlich viel wissen können. Ihnen ist noch nicht klar, dass Wissen nicht allgemein verfügbar ist, sondern erworben wird durch neue Informationen, die man aufnimmt. Selbst wenn Dreijährige vor der Testfrage ausdrücklich darauf hingewiesen werden, dass Maxi nicht gesehen hat, wie die Mutter die Schokolade vom grünen in den blauen Schrank legte, antworten sie, dass Maxi die Schokolade im blauen Schrank suchen wird. Fast alle Vierjährigen dagegen nützen diesen Hinweis und geben dann die richtige Antwort.

Vierjährige scheinen tatsächlich allmählich zu verstehen, dass *ihre* Vorstellungen von der Welt, ihre Informationen, die sie über die

Welt bzw. über Ereignisse in derselben haben, nicht mit denen von anderen Menschen übereinstimmen müssen. *Andere Personen* können im Besitz von mehr oder weniger Wissen sein und handeln auf der Grundlage des ihnen zur Verfügung stehenden Wissens.

Deshalb geben Vierjährige in folgendem kleinen Experiment, das Beate Sodian und MitarbeiterInnen (1991) durchführten, auch meist die richtige Antwort:

Die Kinder bekommen eine »Smartie«-Schachtel präsentiert und werden gefragt, was da wohl drin ist. Vierjährige – und natürlich auch Dreijährige – antworten: »Smarties«. Dann wird die Schachtel geöffnet und es zeigt sich, dass keine Smarties darin sind, sondern ein Bleistift. Anschließend werden sie gefragt, was ihr Freund, der draußen wartet, wohl antworten wird, wenn er gefragt wird, was sich in der Schachtel befindet. Vierjährige sagen korrekt: »Smarties«, während Dreijährige davon ausgehen, dass ihr Freund draußen das weiß, was sie wissen und »ein Bleistift« sagen wird. Viele Dreijährige behaupten sogar, dass sie schon immer gewusst hätten, dass sich in der Schachtel ein Bleistift befindet.

»Falscher Glaube«, zu geringe Informationsverarbeitungskapazität oder zu große Spontaneität?

Manche Entwicklungspsychologen beschreiben die markanten Unterschiede, die in solchen und ähnlichen Untersuchungen immer wieder zwischen Drei- und Vierjährigen nachgewiesen wurden, mit Hilfe der Begriffe »falscher Glaube« oder »falsche Überzeugung«: Dass jemand etwas Falsches glauben kann, weil er sich nicht im Besitz der Informationen befindet, über die sie verfügen, ist Dreijährigen noch nicht zu vermitteln. Ebenso können sie nicht nachvollziehen, dass jemand von etwas überzeugt ist, das nicht mit der Wirklichkeit übereinstimmt. Sie sind nicht imstande in Rechnung zu stellen, dass diese Person die Wirklichkeit anders wahrnehmen muss als sie selbst, weil ihr wichtige Informationen – hier über das, was sich wirklich in der Smartie-Schachtel befindet – nicht zur Verfügung stehen.

Eine andere Gruppe von Entwicklungspsychologen ist der Meinung, dass im vierten Lebensjahr die Informationsverarbeitungskapazitäten der Kinder beträchtlich wachsen und dass Vierjährige deswegen in Untersuchungen zum »falschen Glauben« – wie die Maxi-Geschichte oder den Test mit der Smartie-Schachtel – besser abschneiden. Sie können mit der Fülle an Informationen, die in jeder dieser Aufgaben enthalten ist, besser umgehen und das Wesentliche vom Unwesentlichen trennen.

Wieder andere Psychologen meinen, dass es mit der größeren Spontaneität der Dreijährigen zusammenhängen würde, die noch nicht in der Lage sind, sich zu bremsen und das zurückzuhalten, was sie selbst als richtig wahrnehmen.

Schließlich ist auch die Meinung anzutreffen, dass Dreijährige die psychologische Beziehung zwischen Wahrnehmung und Wissen noch nicht begriffen haben. Sie verstehen noch nicht, dass durch bloßes Hinschauen und Zuhören – also über die Sinneskanäle – neue Informationen aufgenommen werden, welche das vorhandene Wissen erweitern.

In die Überlegungen einbezogen werden sollten in jedem Fall zwei weitere Forschungsergebnisse:
• Dreijährige, die schon als Zweijährige von ihren Eltern angeregt wurden, über Gefühle zu sprechen, schnitten in Untersuchungen zu »falschen« Überzeugungen regelmäßig besser ab als andere, die solche Anregungen nicht erhielten.
• Kinder mit mehreren Geschwistern erzielten ebenfalls meist bessere Ergebnisse in Tests zu »falschen« Überzeugungen als Kinder ohne oder mit nur einem Geschwister.

Emotionale Sensibilisierung und reichhaltige soziale Erfahrungen scheinen sich also günstig auszuwirken und das Verständnis für das Vorkommen »falscher« Überzeugungen zu fördern.

Lügen, Mogeln, Täuschen

Wenn Dreijährige noch so »naiv« sind, dass sie nicht begreifen können, dass jemand etwas »Falsches« glaubt, das nicht mit der Wirklichkeit übereinstimmt, weil er nicht im Besitz der Informationen ist, über die sie selbst verfügen, dann dürften sie auch noch nicht in der Lage sein, jemanden bewusst und mit Absicht zu belügen. Und das ist tatsächlich der Fall und wird in vielen Untersuchungen belegt.

Bei den Vierjährigen ist es bereits eine Mehrheit, die Täuschungsstrategien, die ihnen beigebracht werden – beispielsweise, um in einem Schatzsuche-Spiel den Gegner auf eine falsche Spur zu bringen – so einsetzt, dass sie einen Nutzen davon hat. Wenn sie das Täuschen und Mogeln erst einmal beherrschen, scheint es ihnen auch zunehmend Vergnügen zu bereiten. Mit Hilfe minutiöser Auswertungen ihrer auf Videoband mitgeschnittenen Gesichtsmimik ließ sich das nachweisen, darüber hinaus auch das Nichtvorhandensein mimischer Anzeichen von Schuldgefühlen, die bei jüngeren Kindern durchweg noch erkennbar waren (vgl. Kaspar 2003)

Im Laufe des fünften Lebensjahres lernen Kinder dann, dass neues Wissen nicht nur durch direkte Wahrnehmung, sondern auch *durch Kommunikation* – z. B. dadurch, dass man jemandem zuhört – erworben werden kann. Das macht sie noch kompetenter im Umgang mit falschen Überzeugungen und Meinungen. Sie können jetzt immer besser nachvollziehen, dass jemand auf der Grundlage seiner Überzeugung eine – für sie – völlig unerwartete Handlung vollzieht. Und sie verstehen, dass dieser Jemand zu seiner Überzeugung etwa durch eine Nachricht, die er kurz zuvor erhalten hat oder eine Neuigkeit, die ihm mitgeteilt wurde, gelangt ist. Noch vor Vollendung ihres sechsten Lebensjahres verstehen etliche Kinder auch schon, dass »neues« Wissen, das zu einer Veränderung einer Überzeugung führt, auch erworben werden kann, ohne dass von außen neue Informationen aufgenommen wurden: »Neues« Wissen kann man ganz für sich und ohne Kontakt zur Außenwelt allein durch schlussfolgerndes oder problemlösendes Denken (s. u.) gewinnen.

Fortschritte beim Knobeln mit den Fingern

Ein Spiel, das im Laufe der Vorschuljahre zunehmend an Beliebtheit gewinnt, ist das Knobeln mit den Fingern: »Stein«, »Schere« und »Papier« werden mit den Fingern einer Hand symbolisiert; Stein gewinnt gegen Schere, Papier gegen Stein und Schere gegen Papier. Werden Vier- bis Fünfjährige gefragt, warum sie sich für das gewählte Symbol entscheiden haben, lauten ihre Antworten meist: »Weil ich gedacht habe, du nimmst jetzt ...« Bei einigen Sechsjährigen kommt es schon vor, dass sie antworten: »Ich habe gedacht, dass Du denken würdest, ich würde jetzt noch einmal ›Stein‹ nehmen.« Der Entwicklungsfortschritt, der sich in solchen und ähnlichen Antworten abzeichnet, wird von Fachleuten als »Rekursivitätsgewinn« bezeichnet. Diese Sechsjährigen ziehen nun auch in Betracht, wie ihre vorangegangene Entscheidung – z. B. für »Stein« – auf den Spielpartner wirken und welche Entscheidung dieser auf der Grundlage seiner Verarbeitung ihres vorangegangenen Spielzugs treffen könnte.

Bausteine der kindlichen »Theorie der Innenwelt«

Am deutlichsten werden die Fortschritte, die Kinder beim Aufbau ihrer Theorie der Innenwelt machen, wenn man sich vor Augen führt, wie Kinder der verschiedenen Altersstufen die Frage beantworten, *warum Menschen handeln*:

Werden Zwei- bis Dreijährige gefragt, so nennen sie in erster Linie Wünsche, Absichten und Bedürfnisse als Beweggründe für menschliches Handeln, zuweilen auch Affekte und Gefühle.

Schein und Wirklichkeit – Vierjährige verstehen den Unterschied

Vierjährige beziehen dann auch ein, dass Handlungen auf der Grundlage von vorhandenem Wissen erfolgen oder unterlassen werden und können dadurch erklären, dass jemand auf Grund einer »falschen« Überzeugung anders, als zu erwarten gewesen wäre, handelt. Vierjährige sind auch bereits in der Lage, zwischen Schein und Wirklichkeit zu unterscheiden: Eine Kerze, die wie ein Fliegenpilz aussieht und sich auch so anfühlt, bleibt für sie eine Kerze – Dreijährige sind sich da nicht so sicher.

Fünfjährige unterscheiden zwischen Absicht, Versehen und Zufall

Fünfjährige ziehen in immer differenzierterer Weise das Wissen, den Informationsstand und die persönlichen Motive in Betracht, wenn sie über die Beweggründe einer handelnden Person Auskunft geben sollen. Deshalb sind sie zumeist in der Lage anzugeben, ob eine Handlung absichtlich, versehentlich oder zufällig erfolgte. Drei- und Vierjährige haben in erster Linie das Handlungsergebnis im Auge und wenn dieses gut ist, dann ist für sie die Handlung gelungen und deshalb auch beabsichtigt. Fünfjährige können bereits unterscheiden zwischen ihrem Vorwissen und Dingen, die sie gerade neu gelernt haben. Sie sind in der Lage, ihre Erlebnisse und Erfahrungen im Gedächtnis in korrekter zeitlicher Reihenfolge abzuspeichern.

Sechsjährige wissen, wie Wissen entsteht

Sechsjährige verstehen teilweise sogar schon noch komplexere Zusammenhänge. Sie beziehen etwa die gesamte Situation mit ein, in der sich eine Handlung abspielt und können so nachvollziehen, wenn jemand aus Höflichkeit nicht das sagt, was er wirklich meint.

Sie selbst würden das aber niemals so machen! Sie begreifen allmählich auch, dass Wissen – und darauf aufbauend Meinungen, Einstellungen und Überzeugungen, die ihrerseits zu Beweggründen von Handlungen werden können – auf vielfältige Weise zustande kommt. Wissen entsteht nicht nur durch direkte Erfahrungen, die man im Umgang mit den Dingen seiner Umwelt macht, sondern kann einem auch vermittelt werden – z. B. in Gesprächen oder aus Büchern. Es kann schließlich auch durch eigene Schlussfolgerungen, die man auf der Basis bereits vorhandenen Wissen anstellt, gewonnen werden. Für Sechsjährige stellen Aufgaben, in denen die Handlung von Personen vorausgesagt werden muss, die von falschen Überzeugungen ausgehen, kein Problem mehr da.

Autismus – kein Verständnis für die Innenwelt?

Autistische Kinder und auch viele erwachsene Autisten, haben große Schwierigkeiten, Schein und Wirklichkeit zu unterscheiden und noch größere Probleme bei der Lösung von Aufgaben, bei denen es um falsche Überzeugungen geht. In IQ-Tests schneiden autistische Kinder in der Regel unterdurchschnittlich ab, aber auch Autisten mit durchschnittlichem oder hohem IQ können Aufgaben zu falschen Überzeugungen nicht lösen. Diese Besonderheit nehmen Forscher zum einen zum Anlass zu unterstellen, dass autistische Kinder keinen Zugang haben zur eigenen Innenwelt und auch keine Vorstellungen entwickeln über die geistigen Vorgänge, die sich in anderen Personen abspielen. Zum anderen gelangen sie zu der Annahme, dass sich die Mechanismen, die nötig sind, um sich selbst und die anderen innerlich besser zu verstehen, prinzipiell von den Mechanismen unterscheiden, die für die allgemeine Intelligenz zuständig sind. In neueren Veröffentlichungen von Hirnphysiologen finden sich – dazu passend – hin und wieder Hinweise darauf, dass besondere Areale in der Großhirnrinde aktiviert werden, wenn sich Kognitionen ausbilden, die sich auf das Verhalten anderer Personen beziehen.

Innere oder äußere Ursachen von Verhalten

Mit der interessanten Frage, ob zur Erklärung von Handlungen innere oder äußere Ursachen herangezogen werden, hat sich eine Untersuchung von Patricia H. Miller und Patricia A. Aloise (1989) beschäftigt. Sie kam zu folgendem Ergebnis: Von Drei- bis Vierjährigen werden entweder innere *oder* äußere Ursachen in Erwägung gezogen, Vier- bis Fünfjährige sind der Meinung, innere Ursachen seien wichtiger, für Fünf- bis Sechsjährige spielen die Befehle von Erwachsenen die wichtigste Rolle bei der Veranlassung von Handlungen und aus Sicht von jüngeren Grundschulkindern sind es wieder in erster Linie innere Ursachen, die Handlungen in Gang bringen. Dass gerade die Fünf- und Sechsjährigen den Anordnungen von Erwachsenen so große Bedeutung beimessen, könnte eventuell damit zusammenhängen, dass in den USA in diesem Alter der Wechsel von der Vorschule (preschool) in die Schule ansteht, wo eine wesentliche größere Disziplin gefordert wird, also Befehle der LehrerInnen zum Alltag der Kinder gehören.

Weitere Anzeichen für den qualitativen Wandel zwischen dem dritten und fünften Lebensjahr

In der Sprachentwicklung ist vor allem im dritten und vierten Lebensjahr ein sich häufender Gebrauch von Wörtern zu beobachten, die psychische (mentale) Dinge, Qualitäten und Vorgänge bezeichnen. Gefühle und affektive Zustände wie Ärger, Freude, Wut und Trauer werden benannt und Tätigkeitswörter verwendet, die sich auf geistige Aktivitäten beziehen wie denken, wollen, mögen. Vierjährige fangen an, über innere Zustände von anderen und von sich selbst zu reden. Mit Sprichwörtern und metaphorischen Redewendungen, die sich auf den innerpsychischen Bereich beziehen, haben häufig aber sogar Fünf- und Sechsjährige noch ihre Schwierigkeiten. Jedenfalls fanden Henry M. Wellman und Anne K. Hickling (1994, zit. nach Mähler 1999, S. 60) in ihrer Untersuchung dafür einige Anhaltspunkte. Kinder diesen Alters verstehen Metaphern, in denen es um Gefühle geht, wie »ihr Herz lachte« – »her heart was smiling« – richtig und können sie angemessen übersetzen: »Sie war fröhlich/hatte gute Laune/freute sich.« Das gelingt ihnen aber nur ganz vereinzelt bei Metaphern, die andere mentale Vorgänge umschreiben, wie »mein Geist war hungrig« – »my mind was hungry«. Noch schwieriger dürfte es ihnen wohl fallen, eine Redewendung wie »Ich könnte aus der Haut fahren!« richtig zu verstehen und mit eigenen Worten korrekt wiederzugebcn.

Zusammenfassung

Obwohl, von außen betrachtet, die vorangehend behandelten kognitiven Veränderungen zwischen dem vierten und sechsten Lebensjahr relativ kontinuierlich ablaufen und sich ganz allmählich vollziehen, so dass sich Sprünge oder abrupte Entwicklungsschübe kaum nachweisen lassen, scheint es berechtigt zu sein, von einem *qualitativen Wandel* zu sprechen. Während der Kindergarten- und Vorschuljahre wird den Kindern nämlich immer klarer, dass auch andere über eine Innenwelt verfügen, die sich von ihrer eigenen unterscheidet. Auf dieser wachsenden Erkenntnis aufbauend, differenzieren sie ihre eigenen Annahmen über Zusammenhänge zwischen mentalen Vorgängen und Handlungen aus und entwickeln ihre eigene »Theorie der Innenwelt« (theory of mind). Darüber hinaus gelingt es ihnen auch immer besser, die Innenwelt der anderen bei der Planung und während der Ausführung ihrer eigenen Handlungen in Rechnung zu stellen und angemessen zu berücksichtigen.

7.1.3 »Naive Theorie des Lebendigen«

Bis heute besteht Uneinigkeit unter Fachleuten, ab wann Kinder anfangen, eine »biologische« Theorie auszubilden, welche Annahmen diese enthält und wie diese Annahmen im Laufe der Zeit ausdifferenziert, ergänzt und verändert werden.

Jean Piaget (1926) war der Ansicht, dass Kindergarten- und Vorschulkinder zum animistischen Denken neigen, das heißt auch unbelebten Objekten, wie Sonne, Mond, und Naturphänomenen, wie Wind, Wetter, Wolken, Qualitäten des Lebendigen beimessen, weil diese sich von sich aus bewegen. In neueren Untersuchungen konnte Piagets Einschätzung nur teilweise bestätigt werden. Kinder dieser Altersstufe zeigen kein animistisches Denken, wenn es um unbelebte Objekte aus ihrem Nahraum geht: Dinge und Gegenstände, die ihnen täglich begegnen, die sie anfassen können und die ihnen vertraut sind, werden von ihnen nicht »verlebendigt«, auch wenn sie sich aus sich heraus bewegen. Eine Ausnahme, vor allem für jüngere Kindergartenkinder, bildet persönliches Spielzeug wie Puppen, Teddys oder Kuscheltiere. Solches Spielzeug, zu dem die Kinder eine starke gefühlsmäßige Beziehung unterhalten, wird – zumindest in der Phantasie – zum Leben erweckt und zum Anteil nehmenden Gefährten des Kindes.

Drei- und vierjährige Kinder kennen bereits eine ganze Reihe von Eigenschaften, die für Lebewesen charakteristisch sind, zum Beispiel sich bewegen, essen, trinken, atmen, schlafen, wachsen. Vertraut sind ihnen auch die diversen Körperteile von Lebewesen, wie Kopf, Arme, Beine, Hände, Füße, und die meisten Vierjährigen wissen auch über die wichtigsten Sinnesorgane Bescheid, können also angeben, dass die Augen zum Sehen, die Ohren zum Hören, die Nase zum Riechen und der Mund/die Zunge zum Schmecken da sind. Mit Hilfe ihres Wissens über die wesentlichen Merkmale des Lebendigen schaffen sie es sogar in einem Experiment (vgl.

Massey und Gelman 1988) zwischen Tieren, die ihnen gänzlich unbekannt bzw. frei erfunden waren, und unbelebten Dingen zu unterscheiden. Sie tun sich aber schwer – und das geht sogar noch jüngeren Schulkindern so –, Objekte, die nicht ihrem Nahraum entstammen und Eigenbewegung zeigen, z. B. die Gestirne, als nicht lebendig einzustufen.

Über die herausragende Rolle, die das Merkmal »Bewegung« für die Ausbildung der kindlichen Theorie des Lebendigen besitzt, ist in den vergangenen zwei Jahrzehnten viel geforscht worden. Es zeichnet sich ab, dass die Drei- und Vierjährigen in ihren Einschätzungen »lebendig« oder »nicht lebendig« relativ leicht zu verunsichern sind, wenn Bewegungsqualitäten manipuliert werden. Wenn Lebewesen also zum Beispiel unbeweglich und starr präsentiert werden oder unbelebte Objekte gezeigt werden, die sich spontan und in unerwarteten Bahnen bewegen, reagieren jüngere Kinder meist sehr irritiert. Für Fünf- und Sechsjährige zählt nicht mehr so sehr die Eigenbeweglichkeit an sich, sondern sie fällen ihre Urteile mit Hilfe eines differenzierteren Rasters, in dem verschiedene Bewegungstypen – z. B. spontan/gelenkt/hervorgerufen/mechanisch – unterschieden werden und auch die Beschaffenheit des Bewegungsapparates in Betracht gezogen wird. Wenn ein Objekt Räder oder Rollen zur Fortbewegung benutzt, ist es nicht lebendig, wohl aber, wenn es dazu seine Gliedmaßen oder andere Teile seines Körpers einsetzt. Auch der weitere Ablauf der Bewegung wird im Auge behalten: Gleichförmige, kontinuierliche Abläufe werden eher unbelebten Objekten zugeordnet, spontane Richtungswechsel, Beschleunigung oder Verlangsamung deuten eher auf Lebewesen hin.

Sind Pflanzen auch lebendig?

Viele Fünf- oder Sechsjährige tun sich oft schwer, diese Frage korrekt zu beantworten. Das hängt natürlich damit zusammen, dass Pflanzen das für jüngere Kinder wichtigste Merkmal von Lebendigkeit nicht besitzen: Sie können sich nicht spontan bewegen.

Zwar unterscheiden schon Dreijährige zwischen Pflanzen und Tieren. Diese bilden in ihrer Sicht aber zwei ganz unterschiedliche Kategorien, von denen nur die letzte – im Laufe der folgenden Lebensjahre – der übergeordneten Kategorie Lebewesen zugeordnet wird, zu der auch Menschen gehören. Erst Sechs- und Siebenjährige sind sich relativ sicher, dass Pflanzen nicht zu den unbelebten Objekten zählen, weil sie wachsen, wenn sie gegossen und gedüngt werden. Genauere Kenntnisse über weitere biologische Merkmale von Pflanzen – Stoffwechsel, Vermehrung, Vererbung – erwerben Kinder im Allgemeinen erst in der Grundschule.

Wie entsteht die naive biologische Theorie?

In älteren Veröffentlichungen wurde oft davon ausgegangen, dass sich die Annahmen, auf denen die kindliche Theorie des Lebendigen aufbaut, erst im mittleren Grundschulalter – auf der Basis biologischen Wissens, das ihnen in der Schule vermittelt wird – ausbilden. Neuere Studien scheinen dagegen zu belegen, dass schon Vierjährige begriffen haben, dass bestimmte biologische Merkmale – untersucht wurden zum Beispiel die Kennzeichen Atmung, Wachstum und Selbstheilung – wirklich nur bei Lebewesen und nicht bei unbelebten Objekten vorkommen.

Große Plausibilität besitzt die These, dass sich eine rein biologische Theorie tatsächlich erst im Laufe der Grundschuljahre herausbildet, dass es aber schon bei Kindergarten- und Vorschulkindern eine biologische Wissensdomäne gibt, die aber noch keine

Eigenständigkeit besitzt, sondern in weitgehend undifferenzierter, aber durchaus zusammenhängender Form innerhalb der psychologischen Theorie ein gewisses Eigenleben führt. Wenn man zum Beispiel Vierjährigen erzählt, dass ein unbekanntes Ding namens X etwas ist, das wächst, dann kommen sie von allein darauf, dass das Ding nicht aus Holz oder Eisen ist, nicht von Nägeln oder Schrauben zusammengehalten wird und die Fähigkeit besitzen dürfte, eine kleine Wunde an sich selbst heilen zu lassen (vgl. Backscheider 1994, zit. nach Sodian 2002, S. 465). In diesem Alter können Kinder also durchaus schon vom Vorliegen eines biologischen Merkmals auf das Vorhandensein weiterer zu diesem Bereich gehörender Merkmale schließen. Ein wirkliches und tieferes Verständnis, insbesondere für das Zusammenwirken mehrerer Merkmale, scheint sich aber wohl erst in der Vorschulzeit und im Verlaufe der ersten Schuljahre auszubilden.

Dafür spricht zum Beispiel auch die Entwicklung des Verständnisses für das biologische Phänomen der Vererbung:

Vererbung: Ursachen und Wirkungen im Reich des Lebendigen

Schon Dreijährige sind sich sicher, dass die Hautfarbe – schwarz und weiß – ein unveränderliches Merkmal ist, das die Mitglieder einer Familie teilen. Allerdings betrachten sie die Hautfarbe als Ausdruck des zu einer Familie Gehörens und nicht als vererbbares Merkmal der Zugehörigkeit zu einer Rasse. Vielen Vierjährigen ist dagegen schon klar, dass die Hautfarbe ein vererbtes Merkmal ist, schon bei der Geburt festliegt und sich das ganze Leben über erhalten wird. Die meisten Drei- und Vierjährigen gehen davon aus, dass Kinder ihren Eltern ähnlich sehen und eine Reihe von Eigenschaften mit diesen gemeinsam haben. Wenn ihnen eine Liste von Eigenschaften vorgelegt wird, gelingt es ihnen aber noch nicht, zwischen biologischen Merkmalen: Haar- und Augenfarbe, Form der Nase, Körpergröße und psychologischen Merkmalen, z. B. Eigenschaften wie fröhlich, traurig, zornig zu unterscheiden. Das dazu notwendige Wissen erwerben sie in der Regel erst in der Schule.

Claudia Mähler und Susann Ahrens (2003) konnten aber auch für den Altersbereich zwischen vier und sechs Jahren deutliche Entwicklungsfortschritte nachweisen: Vierjährige können zwischen Verwandtschafts- und Bekanntschaftsbeziehungen noch nicht sicher differenzieren; viele von ihnen bejahen zum Beispiel die Frage, ob Lisas Eltern auch die Eltern von Lisas bester Freundin sein können. Sechsjährigen dagegen ist der Unterschied zwischen Verwandtschaft und Bekanntschaft/Freundschaft weitgehend klar; sie schließen aus, dass Freundinnen miteinander verwandt sind – mit der Begründung, dass sie nicht aus dem Bauch derselben Mutter gekommen sind. Vierjährige sind noch der Ansicht, dass Verwandtschaftsbeziehungen so wie Freundschaftsbeziehungen beendet werden können. Wenn sich zwei Schwestern immer streiten und sich nicht mehr sehen oder eine in eine andere Stadt zieht, dann sind das keine Schwestern mehr – so etwa urteilen Vierjährige. Sechsjährige sind sich dagegen sicher, dass sie trotzdem noch Schwestern bleiben. Und sie sind sich auch sicher, dass zwei Freundinnen miteinander befreundet bleiben (können), wenn eine in eine andere Stadt zieht – aber nur, wenn sie sich ab und zu einmal treffen.

Die Fortschritte zwischen vier und sechs Jahren konnten auch Gregg E. A. Solomon, Susan C. Johnson, Deborah Zaitchik und Susan Care (1996) in einer kleinen Studie dokumentieren. Sie erzählten ihren Versuchskindern die Geschichte von einem Jungen, der als Sohn eines Hirten von einem König an Kindes statt aufgenommen und später Prinz wurde. Die Kinder sollten dann beurteilen, ob der Prinz hinsichtlich bestimmter Eigenschaften – vorgegeben wurden eine Reihe von körperlichen und eine Reihe von mentalen Eigenschaften – dem König oder dem Hirten ähnlicher wäre. Um richtige Antworten geben zu können, müssen die Kinder verstanden haben, dass durch das Aufwachsen in einer Adoptivfamilie mentale Eigenschaften bestimmt werden, nicht aber körperliche Merkmale. Letztere werden durch die leiblichen Eltern festgelegt. Erst bei Siebenjährigen scheint dieses Verständnis in Gänze vorzuliegen; jüngere Kinder geben mehr oder weniger häufig falsche Antworten.

Fasst man die Ergebnisse der wichtigsten Untersuchungen zum Verständnis von Vererbung und Adoption zusammen, so drängt sich folgende Interpretation auf: »Familie« ist für jüngere Kinder zunächst ein soziales Gebilde, in dem Eltern mit Kindern, die sich gegenseitig und untereinander mögen, zusammenleben. Im Laufe der Kindergarten- und Vorschuljahre entwickeln sie langsam ein Verständnis für die biologischen Wurzeln der Familie und von Verwandtschaft; psychologische und biologische Merkmale können allmählich immer sicherer voneinander abgegrenzt werden. Doch es dauert bis in die Grundschulzeit hinein, bis eine stimmige, in sich gefestigte Theorie des Lebendigen vorliegt.

Lücken in der kindlichen Theorie des Lebendigen

Viele Fachleute meinen, dass es erst dann berechtigt ist, vom Vorliegen einer eigenständigen naiven biologischen Theorie zu sprechen, wenn zentrale biologische Begriffe und Konzepte, neben Vererbung/Verwandtschaft zum Beispiel auch Fortpflanzung, Wachstum/Leben/Sterben, Ernährung, Stoffwechsel und andere Körper- und Organfunktionen zusammenhängend und angemessen, das heißt mit den Möglichkeiten und Begrenzungen des kindlichen Verstandes, erklärt werden können.

Bei Vierjährigen ist das ganz sicher noch nicht der Fall und auch nicht wenige Fünfjährige können etwa zwischen Körperfunktionen, die sich nicht willkürlich beeinflussen lassen, und körperlichen Aktivitäten, die man bestimmen bzw. selbst regulieren kann, nicht sicher unterscheiden. Manche Vierjährige sind sich zum Beispiel sehr sicher und manche Fünfjährige noch ziemlich sicher, ihren Herzschlag unterbrechen oder ihre Augenfarbe verändern zu können, so wie sie es – auf Kommando – schaffen, einmal schneller, einmal langsamer zu gehen oder auch zu rennen.

Ähnlich sieht es auch mit dem Verständnis der biologischen Begriffe Krankheit und Ansteckung aus: Noch Dreijährige halten es für möglich, dass sich jemand ansteckt, weil er eine böse Tat begangen hat, für die er durch die Krankheit bestraft wird. Für sie ist es auch nicht ausgeschlossen, dass sich unbelebte Objekte untereinander anstecken: Ein Ball bekommt Streifen, weil er mit einem anderen gestreiften Ball heftig zusammengestoßen ist. Sie halten es für möglich, dass Schmerzen ansteckend sind oder dass Verletzungen, die man sich bei einem Sturz zugezogen hat, anstecken. Zwischen dem vierten und sechsten Lebensjahr bildet sich dann allmählich ein Verständnis von ansteckender Krankheit aus, innerhalb dessen Ähnlichkeiten zwischen ansteckender und angesteckter Person und daneben auch die räumliche Nähe eine wichtige Rolle spielen. Dass es sich bei körperlichen Krankheiten um Phänomene handelt, die biologische und physiologische – und keine sozialen oder psychologischen (!) – Ursachen haben, begreifen die Kinder in Gänze erst in der Grundschule.

7.2 Resümee und Schlussfolgerungen

Im Alter zwischen vier und sechs Jahren erwerben Kinder in den unterschiedlichsten Situationen eine ungeheure Menge neuen Wissens. Das hängt natürlich vor allem damit zusammen, dass sich ihre Lebenswelten beträchtlich erweitern. Kindergarten, Spielplatz, Fernsehen, Kino, Theater und andere Medien spielen in ihrem Leben eine immer größere Rolle. Wissenspsychologen sahen sich schon früh vor die Herausforderung gestellt, Licht ins Dunkel zu bringen und nach Wegen Ausschau zu halten, wie sich die Vielfalt des neu erworbenen kindlichen Wissens sinnvoll untergliedern lässt. Auf die Idee, drei große Domänen des kindlichen Wissens, die physikalische, die psychologische und die biologische, zu unterscheiden, wurden sie sozusagen von den Kindern selbst gebracht. Die Kinder selbst machten deutlich, dass sie fast von Anfang an zwischen unbelebten, »toten« Sachen und Gegenständen auf der einen Seite und lebendigen Dingen wie Personen und Tieren auf der anderen Seite differenzieren können. Schon im Laufe des zweiten Lebensjahres entwickeln die Kinder ein Verständnis für den Unterschied zwischen der Außenwelt und der Innenwelt. Erstere enthält die anfassbaren Objekte und sichtbaren Vorgänge, dagegen ist die Innenwelt nur für einen selbst, aber nicht für andere sichtbar und man kann sie auch nicht anfassen. In ihr spielen sich die Vorstellungen, Gefühle und Gedanken ab, in ihr entstehen die Wünsche und Absichten und in ihr befindet sich auch das Gedächtnis, in dem die Erinnerungen sind. Im Laufe der Kindergarten- und Vorschuljahre bauen die Kinder ihre eigene kleine Theorie darüber auf, wie die Natur und die Dinge in der unbelebten Welt (naive physikalische Theorie) funktionieren. Diese besteht aus einer in sich stimmigen und aufeinander bezogenen Ansammlung von Annahmen, mit denen die Kinder alles erklären können, was sich in der Außenwelt so abspielt. Parallel dazu bilden sie auch ihre Theorie über die Innenwelt (naive psychologische Theorie), deren Annahmen es ihnen beispielsweise ermöglichen, besser zu verstehen, warum Menschen Sachverhalte unterschiedlich wahrnehmen und sich auf der Grundlage ihres jeweiligen Wissens verschieden verhalten. Die kindliche Theorie über das »Lebendige«, die »naive biologische Theorie«, entfaltet sich erst in den Grundschuljahren zu voller Blüte. Während der Kindergarten- und Vorschuljahre ist sie zum Teil noch verwoben mit der psychologischen Theorie.

Viele Forschungsbefunde sprechen dafür, dass Kinder schon sehr früh – in Ansätzen möglicherweise schon im frühesten Kleinkindalter – zwischen Lebendigem und Nichtlebendigem unterscheiden können. Vermutlich schon gegen Ende des zweiten Lebensjahres beginnen sie dann zu realisieren, das andere Menschen eine eigene Sicht der Dinge, eigene Gefühle, einen eigenen Informationsstand, kurz: eine eigene Innenwelt besitzen, die sich von der eigenen unterscheidet. Im Laufe des vierten Lebensjahres bereitet es ihnen zunehmend weniger Schwierigkeiten, auf der Grundlage ihres Wissens um die Innenwelt der Anderen korrekte Voraussagen auch über das zu erwartende Verhalten der Anderen zu treffen. Gegen Ende der Vorschulzeit zeigen etliche Kinder bereits Formen rekursiven Denkens, das heißt, sie beziehen in ihre eigene Handlungsplanung ein, wie ihr Verhalten auf ihr Gegenüber wirken und wie dieser sich daraufhin möglicherweise verhalten könnte.

Sicher scheint auch zu sein, dass die Kinder im Laufe der Kindergarten- und Vorschuljahre in den Bereichen Physik (unbelebte Welt), Psychologie (Innenwelt und Verhalten) und Biologie (lebendige Welt) *immer differenziertere bereichsspezifische* Annahmen ausbilden. Diese sind in sich weitgehend geschlossen, beziehen sich teilweise auch aufeinander und weisen – bei aller Naivität – durchaus theorieähnliche Charakteristika auf. Denn mit ihrer Hilfe können die Kinder die meisten Abläufe, Ereignisse und Phänomene, die in den genannten drei Domänen vorkommen, sich selbst und anderen auf einleuchtende Weise verständlich machen –, wenn auch ihre Erklärungen nicht unbedingt im Einklang mit gültigen wissenschaftlichen Erklärungen stehen, was aber auch bei vielen naiven Theorien, auf die Erwachsene zurückgreifen, häufig nicht der Fall ist.

8

Entwicklung des Problemlösens

8.1 Bestandteile des Problemlösungsprozesses

Ein Problem entsteht immer dann, wenn jemand etwas – ein Ziel – erreichen möchte, zunächst jedoch nicht weiß, wie das zu bewerkstelligen ist. Die Lösung des Problems kann auf vielfältige Art und Weise erfolgen, zum Beispiel durch Ausprobieren einer Vorgehensweise, sukzessive Verbesserung derselben und allmähliche Annäherung an das Ziel – »Lernen durch Versuch und Irrtum«. Das Problem kann aber auch gelöst werden durch »inneres Probehandeln« – in der Vorstellung werden einige Strategien zur Zielerreichung getestet; die am besten geeignet erscheinende Strategie wird dann verwendet. Schließlich ist eine Problemlösung auch möglich durch »Einsicht«: Hier wird das vorhandene, für die Zielerreichung relevante Wissen neu geordnet, neue Zusammenhänge werden erkannt, zum Beispiel dadurch, dass Querverbindungen hergestellt werden zwischen Informationen, die vorher unverbunden waren, oder dass Vernetzungen zwischen »altem« und neu erworbenem Wissen geschaffen werden.

Systematisch lassen sich die folgenden vier Komponenten eines Problemlösungsprozesses aufzeigen (vgl. dazu auch Oerter und Dreher 2002, S. 471):
• Ein Ziel wird konkretisiert und die Intention, das Ziel zu erreichen, ausgebildet.
• Sodann erfolgt eine Auseinandersetzung mit dem Problem oder Teilaspekten desselben in der Vorstellung.
• Anschließend werden Mittel und Vorgehensweisen zur Erreichung des Ziels, das heißt zur Problemlösung, bereitgestellt.
• Schließlich werden die Mittel im Rahmen eines planvollen, organisierten Vorgehens eingesetzt.

Manche Experten sind erst dann bereit, von Problemlösung zu sprechen, wenn die zur Zielerreichung eingesetzten Strategien und Vorgehensweisen bewusst ablaufen, das heißt nötigenfalls vom Problemlöser auch reflektiert und erläutert werden können. Es liegt auf der Hand, dass durch eine solche restriktive Begriffsbestimmung das Problemlösungsverhalten von Primaten und Kleinkindern ausgegrenzt wird. Anderen Fachleuten genügt es, wenn das Verhalten zur Zielerreichung beabsichtigt, kontrolliert und organisiert erscheint, um von Problemlösungsverhalten zu sprechen. Mit dieser weiten Definition finden wir eine breite Palette von Problemlösungsverhalten tatsächlich schon im Kleinkindalter.

8.2 Sich ein Bild vom Problem machen oder ein Modell bilden

Eine Problemlösung beginnt meist damit, dass man sich in seiner Vorstellung ein Bild darüber macht, worin das Problem eigentlich besteht. Dazu ist es notwendig, eine Bestandsaufnahme der wesentlichen Elemente des Problems vorzunehmen. Manche Fachleute bezeichnen diesen ersten Schritt auch – etwas hochtrabend – als Phase der Modellbildung und betonen, dass ein gelungenes Modell sowohl vereinfacht als auch zuspitzt und pointiert, das heißt das Wesentliche und Charakteristische herausarbeitet.

Gedankliche Modelle über die Form unserer Erde finden sich schon bei Kindergartenkindern. Die sukzessiven Veränderungen und Verbesserungen, die diese Modelle vom fünften bis zum elften Lebensjahr durchlaufen – von der Erde als Scheibe über die zweimal vorhandene Erde: die »wirkliche« Erde und die Kugelerde der Erwachsenen über die Hohlkugel und die oben und unten abgeflachte Kugel bis zur richtigen Kugel – untersuchten Stella Vosniadou und William Brewer.

Schwierigkeiten jüngerer Kinder bei der Modellbildung: Kodierungsprobleme

Vierjährige scheitern nicht selten an einem Problem, mit dem Sechsjährige keine Schwierigkeiten mehr haben, weil sie es nicht schaffen, »die Spreu vom Weizen zu trennen«. Die Jüngeren tun sich oft schwer bei dem, was die Fachleute eine angemessene Kodierung des Problems nennen. Ihnen gelingt es oft nicht, die Kernmerkmale des Problems von den unwesentlichen – weil nur ausschmückenden oder ablenkenden – Merkmalen zu trennen. Sie verzetteln sich in Belanglosigkeiten, die ihnen die Sicht auf den Kern des Problems versperren. Weil ihre kognitiven Strukturen weniger differenziert, hierarchisiert und bereichsspezifisch integriert, kurz: schlichter und grobmaschiger sind, als die älterer Kinder, tun sie sich auch schwerer, innerhalb eines Wissensbereiches relevante Informationen abzurufen und zwischen verschiedenen Wissensbereichen Verbindungen herzustellen und Gemeinsamkeiten und Unterschiede aufzuspüren.

Einsatz von Instrumenten und Werkzeugen zur Problemlösung

Manche Experten sehen es bereits als gelungene Problemlösung an, wenn jüngere Kinder ihre Eltern instrumentalisieren, zum Beispiel um an ein begehrtes Objekt zu kommen, dass sich außerhalb ihrer Reichweite befindet.

Im Kindergartenalter werden die Instrumente und Werkzeuge, welche Kinder auf dem Weg der Problemlösung einsetzen, nicht nur vielfältiger, sondern auch zunehmend abstrakter und symbolischer.

Durchgängig lässt sich zeigen, dass schon von Kleinkindern einfache mechanische Werkzeuge, die sich in ihrem Blickfeld befinden, als Mittel zur Zielerreichung und damit zur Problemlösung

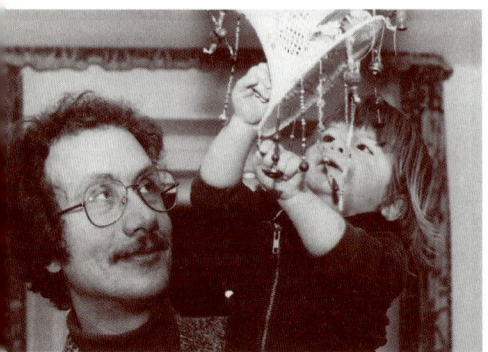

Der Papa wird als Instrument zum Hochheben eingesetzt, um mit den begehrten Perlen an der Lampe spielen zu können.

regelmäßig eingesetzt werden. Kindergartenkindern müssen brauchbare Werkzeuge nicht mehr unbedingt »vor die Nase« gelegt werden – sie besorgen sich solche, auch wenn es zuweilen Umwege und einen langen Atem erfordert. Das geeignete Instrument befindet sich etwa weder in ihrem Zimmer noch in der Wohnung, sondern bei einem Freund, den sie erst am Nachmittag wieder sehen …

Symbolische Darstellungen oder Abbildungen – wie Landkarten, Verkehrszeichen, Messinstrumente wie Lineale, Waagen – können im Allgemeinen erst im Laufe des vierten und fünften Lebensjahres als Hilfsmittel bei Problemlösungen eingesetzt werden. Noch später, zuweilen schon im Vorschulalter, meist aber erst im Grundschulalter, schaffen es Kinder dann auch, sich eigene Werkzeuge herzustellen, die ihnen weiterhelfen:

Ein Werkzeug zur Taschengeldaufbesserung

Ein sehr effizientes Werkzeug, das ihm wichtige Dienste leistete und jahrelang zur Aufbesserung seines äußerst spärlich bemessenen Taschengeldes beitrug, stellte der Verfasser dieses Buches im zarten Alter von sechs Jahren eigenhändig her: Ein Hufeisenmagnet wurde an einem langen Bindfaden befestigt und als Angel eingesetzt, um aus Kellerschächten verloren gegangene Kupfer- und Messingmünzen herauszuziehen; als besonders ergiebig erwiesen sich die Schächte, die den Eingangstüren zu stark frequentierten Geschäften vorgelagert waren. Auch höchst seltene Fünfzigpfennigstücke, die sich der Anziehungskraft des Magneten widersetzten, gingen in den Besitz des Anglers über, als dieser ein verbessertes Instrument einsetzte: Ein kleines Gewicht, an dessen Boden etwas Klebstoff geschmiert worden war, wurde auf das im Halbdunkel des Schachtes wartende Geldstück niedergelassen …

8.3 Analoges Denken – ein probates Mittel bei vielen Problemlösungen

Von »analogen« Situationen spricht man, wenn zwischen zwei Situationen eine Reihe von Entsprechungen, Übereinstimmungen oder Gemeinsamkeiten bestehen. Kinder setzen analoges Denken ein, wenn sie in einer neuen Situation auf Erfahrungen zurückgreifen, die sie in einer früheren Situation gewonnen haben. Dabei werden sie geleitet von den Gemeinsamkeiten, die zwischen alter und neuer Situation bestehen. Es bedarf keiner weiteren Erläuterung, dass jüngere Kinder, die noch nicht so viele Erfahrungen in unterschiedlichen Situationen gesammelt haben, auch über weniger Ausgangsmaterial verfügen, auf das sie zurückgreifen können, um Analogien herzustellen.

Bei Kindern von drei Jahren an aufwärts werden vor allem so genannte Item-Analogie-Aufgaben eingesetzt, um ihre Fähigkeit zum analogen Schließen zu prüfen:

Auf der Grundlage ihnen vorgelegter Bildtafeln, auf denen zum Beispiel ein Vogel und ein Nest oder ein Kätzchen und ein Korb dargestellt sind, sollen die Kinder angeben, was nun am besten zu einem Hund passt, wenn sie die anderen Tafeln betrachten. Um diese Aufgabe richtig zu lösen, müssen sie in der Lage sein, die zwischen Vogel und Nest bzw. Katze und Korb bestehende Beziehung – oder »Relation« – zu erkennen und zu übertragen = »Transfer« auf Hund. Die gesuchte Antwort ist natürlich »Hütte«. Über diesen speziellen Typ analogen Schließens, der im Fachjargon »relationales Denken« genannt wird, verfügen viele Kinder schon im vierten Lebensjahr.

Bei Usha Goswami und Ann L. Brown (1990; in Anlehnung an Goswami, a. a. O., S. 296–297) findet sich ein schönes Beispiel für die Findigkeit, die schon Vierjährige zeigen, wenn es um das Herstellen von Analogien geht:

Dem vierjährigen Lukas wurden ein Vogel und ein Nest – mit darin befindlichen Eiern! – gezeigt und dazu ein Hund. Lukas ergänzte wie folgt: »Der Vogel legt Eier in sein Nest [...] – Hund – der Hund legt Babys, und die Babys sind, äh, die Babys heißen Junge« (Goswami, a. a. O., S. 297). Der kleine Junge verwendete also die Analogie »Nachkommen (oder Junge) haben«, um die Aufgabe zu lösen. Als richtige Lösung war von den Konstrukteuren der Aufgabe eigentlich »Hütte« vorgesehen. Dem Jungen wurden dann vier Bildtafeln mit weiteren Lösungsvorschlägen gezeigt – neben »Hütte« noch Bilder mit einem Knochen, einem anderen Hund und einer Katze –, die der Junge jedoch kaum eines Blickes würdigte, weil er sich sehr sicher war, die richtige Lösung bereits genannt zu haben. Erst auf Insistieren des Versuchsleiters sah sich Lukas die vier anderen Lösungsalternativen an und entschied sich dann für »Hütte«.

Das Beispiel macht deutlich, dass Kinder bereits im Kindergartenalter sehr flexibel und kreativ Analogien herausfinden und einsetzen können.

Analoges Denken kann schon in Kindergarten und Vorschule gefördert werden

Eine klassische Analogieaufgabe gerade für die Altersgruppe der Vier- bis Sechsjährigen, die in mehreren Untersuchungen verwendet und bereits 1984 von Keith J. Holyoak und MitarbeiterInnen erstmals erprobt wurde, ist das Flaschengeist-Problem:

Flaschengeist und Osterhase

Um einige wertvolle Edelsteine von einem Ort zu einem anderen he-rüberzubringen, rollt ein Flaschengeist seinen Zauberteppich zusam-men und lässt die Diamanten durch die Rolle hindurch rutschen. Die für die Untersuchung gewonnenen Kinder hatten Gelegenheit, die Geschichte mit einer Flaschengeist-Puppe, einem großen Blatt Pa-pier, das gerollt werden konnte, und gläsernen Steinen nachzuspie-len. Dabei wurden den Kindern durch ein paar zielorientierte Fragen Hilfestellungen gegeben: »Wer hat ein Problem?«, »Welches Hinder-nis besteht?«, »Was musste der Flaschengeist machen?« oder »Wie löst der Flaschengeist sein Problem?«

So vorbereitet, konnten sie sich dann – wieder mit Hilfe von entspre-chendem Spielzeug – mit der »Osterhasen-Aufgabe« beschäftigen, die darin bestand, einem verspäteten Osterhasen beizustehen. Des-sen Freund, der sich auf der anderen Seite des Flusses befand, bot bereitwillig seine Hilfe beim Eieraustragen an. Dazu mussten aber die Eier auf seine Seite des Flusses transportiert werden. Die Lösung besteht darin, dem Osterhasen – in Analogie zur Flaschengeist-Auf-gabe – zu raten, seine Decke zusammenzurollen und durch die ent-stehende Röhre die Eier über den Fluss rutschen zu lassen. Fast drei Viertel der vier- bis fünfjährigen Kinder, denen vorweg mit zielori-entierten Fragen auf die Sprünge geholfen wurde, kamen auf die richtige Lösung. Aus einer Kontrollgruppe von Kindern, die sich vor-her ohne Hilfestellung mit der Flaschengeist-Aufgabe befasst hatte, schaffte gerade ein Fünftel die richtige Lösung.

Hinweise auf Fördermöglichkeiten

Es scheint also bei Kindern in diesem Alter besonders wichtig zu sein, ihren Blick für Analogien zu schärfen und ihre Aufmerksam-keit entsprechend zu lenken. Aus frühpädagogischer Sicht emp-fiehlt es sich, schon im Kindergarten- und Vorschulalter analoges Denken zu stützen und zu fördern. Das kann zum Beispiel dadurch geschehen, dass von Seiten der ErzieherInnen direkt auf Entspre-chungen und Ähnlichkeiten, so genannten relationalen Übereinstimmungen zwischen verschiedenen Ereignissen und Vorgängen hingewiesen wird. Diese Vorgehensweise empfiehlt sich vor allem, wenn etwas Neues – ein neues Thema, ein neuer Gegenstand, ein neues Projekt – im kleinen Kreis behandelt werden soll. Wenn es beispielsweise um das Thema »Messinstrumente, die im Alltag Verwendung finden« – von Uhren über Thermometer zu Geschwindigkeits- und Blutdruckmessgeräten – geht, könnte die Aufmerksamkeit der Kinder auf die zwischen vielen Arten von Messinstrumenten bestehende relationale Übereinstimmung »Zeiger, der anzeigt, wenn sich etwas verändert« gelenkt werden.

Noch kindgemäßer dürfte eine Vorgehensweise sein, die sich am bereits vorhandenen Wissen der Kinder orientiert und entsprechendes, ergänzendes und weiterführendes Material anbietet, das es den Kindern ermöglicht, selbst neue Analogien zu entdecken: Wenn Kinder zum Beispiel bereits ein Vorwissen darüber erworben haben, dass es sehr viele verschiedene Möglichkeiten gibt, Dinge, Ereignisse, Erlebnisse, Tatsachen, die ihnen im Alltag begegnen, festzuhalten – beispielsweise dadurch, dass man sie aufschreibt, malt, aufzeichnet, fotografiert oder filmt –, könnten sie behutsam angeregt werden, von sich aus zu entdecken, dass zwischen Papier, Zeichenblock, Disketten, Kassetten, CDs, Filmpatronen usw. relationale Ähnlichkeiten bestehen (alles sind Daten- oder Informationsträger); desgleichen können auch zwischen Schreib- und Malstift, Kassettenrekorder, Diskettenlaufwerk, Fotoapparat, CD-Player (alles sind Geräte zur Aufzeichnung von Daten und Informationen) relationale Ähnlichkeiten hergestellt werden.

Jüngeren Kindergartenkindern sollte die Möglichkeit geboten werden, sich in spielerischer Form mit den angebotenen Materialien ausführlich zu beschäftigen und dadurch möglicherweise eigenständig – oder auch mit kleinen Hilfestellungen – Gemeinsamkeiten und Ähnlichkeiten (»relationale Übereinstimmung«) zwischen den verschiedenen Informationsträgern und Geräten zur Informationsaufzeichnung zu entdecken. Nachdem sich die Kinder gegenseitig mit Buntstiften auf Malpapier verewigt haben, ließe sich zum Beispiel noch eine Digital- oder Sofortbildkamera zum Einsatz bringen, vermittels derer allen beteiligten Kindern in Sekundenschnelle ihre Konterfeis präsentiert werden können.

Einfache Formen analogen Denkens können bereits angeregt werden, wenn Kinder sich im kleinen Gruppenkreis mit Dingen und Gegenständen ihrer Umwelt etwas näher befassen, die zu einer bestimmten Oberkategorie gehören: z. B. Tiere, Pflanzen, Möbel oder – etwas spezifischer – Säugetiere/Nutztiere/Raubtiere, Obst/ Kernobst/Beerenobst, Sitzmöbel/Polstermöbel/Aufbewahrungsmöbel. Ziel entsprechender kleiner Fördereinheiten könnte es sein, die Kinder Ausschau halten zu lassen nach Gemeinsamkeiten und Ähnlichkeiten zwischen so unterschiedlichen Obstsorten wie Kiwi und Stachelbeere, oder Tieren wie Maus und Elefant.

Dass schon kleine Kinder auf sehr kreative Weise Analogien bilden, auf deren Grundlage sie ihre Welt ein Stückchen besser verstehen lernen, illustriert das folgende anekdotische Fallbeispiel:

Alles Plastik, gelt?

Eine Vierjährige aus dem Freundeskreis des Verfassers wuchs in einem Elternhaus auf, in dem Gebrauchsgegenstände aus Plastik, insbesondere wenn es sich um Spielzeug handelte, verpönt waren. Solche Dinge kaufte man nicht und benutzte sie auch nicht – sie waren, das wurde den Kindern immer wieder eingetrichtert, schädlich für die Umwelt, weil es sehr schwierig wäre, sie ordentlich zu entsorgen, wenn sie nicht mehr funktionieren würden. Eines Abends stand die Kleine neben ihrer Mutter am Rand des zum Haus gehörenden großen Swimmingpools, in dem sich wunderbar klar der Vollmond und die Sterne spiegelten. Sie blickte zum Abendhimmel hoch und anschließend wieder zum Spiegelbild und sagte dann zu ihrer Mutter: »Alles Plastik, gelt«, wobei sie auf das Spiegelbild deutete und die – zunächst etwas verblüffte – Mutter zustimmend nickte. Die Vierjährige zog also eine Parallele zwischen dem »nicht echten« Vollmond im Wasser und den, in ihrer Wertewelt, ebenfalls »nicht echten« Dingen aus Plastik...

Auch das Verständnis von Metaphern erfordert in der Regel analoges Denken. Dass sich erst ungefähr vom vierten Lebensjahr an allmählich ein Verständnis für Metaphern aller Art ausbildet, kann sicher mit der Tatsache in Verbindung gebracht werden, dass um diese Zeit herum auch langsam der Unterschied zwischen Schein und Wirklichkeit, Innenwelt und Außenwelt, eigener und fremder Sicht der Dinge entdeckt wird.

Wenn jüngere Kinder Redensarten und Sprichwörter hören, wie »Wer anderen eine Grube gräbt, fällt selbst hinein« oder »Lügen haben kurze Beine«, verstehen sie die wörtliche Bedeutung, stellen sich also anschaulich eine Lüge als kleine Person mit besonders kurzen Beinen vor und fragen vielleicht »Warum?«, weil sie nicht den dahinter stehenden Sinn verstehen. Hier hilft eine kleine Erläuterung: Mit kurzen Beinen kann man nicht schnell laufen und wird von den Anderen schnell eingeholt. Und genauso geht es dem Lügner; er wird schnell eingeholt, zur Rede gestellt und muss sich dann vor allen Anderen schämen, dass er gelogen hat...

Um den Sinn dieses Sprichwortes richtig zu verstehen, muss eine doppelte Brücke geschlagen werden: von »kurze Beine haben« über »nicht schnell laufen können« zu »schnell ertappt werden«. Eine recht anspruchsvolle Aufgabe, die durchaus kreatives analoges Denken erfordert, an der auch viele Kindergarten- und Vorschulkinder scheitern, wenn sie keine Hilfestellung erhalten.

Analoges Denken – ein mächtiges Werkzeug beim Problemlösen

Durch das Herstellen von Analogien werden zwischen vorhandenen Wissensbereichen Querverbindungen geschaffen. Durch solche Brückenschläge und Verknüpfungen rücken ursprünglich voneinander getrennte Bereiche – räumlich gesprochen – näher zusammen. In der Kognitionspsychologie spricht man von der Vernetzung und Integration kognitiver Strukturen.

Eine Analogie vom Feinsten: Kekulés Schlangen-Traum

Ein bekanntes Beispiel aus der Wissenschaftsgeschichte, das die Macht analogischen Denkens illustriert, nämlich Kekulés »Schlangen-Traum«, wird auch heute noch hin und wieder zitiert. Dem Chemiker Friedrich August Kekulé von Stradonitz (1829–1896) soll, so will es die Historie, im Jahr 1864 im Wachtraum eine sich selbst in den Schwanz beißende Schlange erschienen sein. In der ringförmigen Gestalt der Schlange erkannte Kekulé intuitiv die sechseckige, chemisch sehr stabile, molekulare Struktur des Benzols, einer chemischen Verbindung, die z. B. im Straßenverkehr bei der Verbrennung von Benzin entsteht. Seine kreative Analogie gab der organischen Kohlenwasserstoffchemie, auf der unter anderem die Herstellung von Kunststoffen aller Art aus Erdölprodukten aufbaut, entscheidende neue Impulse.

Für Kindergarten- und Vorschulkinder können kreative Analogien wertvolle Dienste leisten, zum Beispiel dazu beitragen, dass die lange Zeit getrennt voneinander existierenden Wissensbereiche »Tiere« und »Pflanzen« näher zusammengebracht, allmählich miteinander vernetzt und schließlich – meist aber erst im Verlaufe der ersten Grundschuljahre – zu einem umfassenden Bereich »Lebewesen« integriert werden. Das Erkennen von solchen »relationalen Übereinstimmungen« kann als ein bedeutsames Instrument zur Vermehrung vorhandenen Wissens betrachtet werden und spielt auch eine wichtige Rolle bei der Lösung vieler Problemstellungen.

8.4 Weitere Formen logischen Denkens, auf die bei Problemlösungen zurückgegriffen wird

Analoges Denken nimmt innerhalb der Logik als wissenschaftliche – mathematische und philosophische – Disziplin eine eher randständige Position ein. Stärkere Beachtung finden das *deduktive* und *induktive* Denken, auf deren Bedeutung in der kognitiven Entwicklung und insbesondere beim kindlichen Problemlösen etwas näher eingegangen wird.

Deduktive Logik und deduktives Schließen – der Paradefall logischen Denkens

Uns allen vertraut ist der klassische Syllogismus, mit dem wir in der Schule an den Bereich der Logik herangeführt wurden: Alle Menschen sind sterblich (Prämisse 1). X ist ein Mensch (Prämisse 2). Also ist X sterblich (lat. Conclusio, dt. Schlussfolgerung). Die Schlussfolgerung »Also ist X sterblich« erscheint uns kinderleicht, fast trivial und tatsächlich kommen darauf schon viele Vierjährige, wenn die Aufgabe kindgemäß präsentiert wird. Doch wie sieht es aus, wenn ihnen Aufgaben gestellt werden, die Prämissen enthalten, welche nicht den Tatsachen oder der Wahrheit entsprechen? Beispielsweise: Alle Hühner machen miau. Berta ist ein Huhn. Miaut Berta?

Ein Huhn, das miaut – unwahr aber logisch!

Mit solchen und ähnlichen Aufgaben zum logischen (syllogistischen) Schließen wurden in einer Reihe von Untersuchungen, die Maria Garcia Dias und Paul L. Harris (z. B. 1988, 1990) durchführten, vier-, fünf- und sechsjährige Kinder konfrontiert. Die von den beiden Autoren verwendeten Aufgaben ließen sich drei Gruppen zuordnen:

Sie enthielten entweder

- den Kindern bekannte, aus vertrauten Lebensbereichen stammende Prämissen: »Alle Hunde bellen« – oder
- den Kindern – höchstwahrscheinlich – unbekannte Prämissen, z. B.: »Alle Kojoten heulen« – oder
- faktisch unzutreffende Prämissen vom Typ: »Alle Hühner machen miau.«

Die wichtigsten Ergebnisse kurz zusammengefasst: Wenn die Aufgaben nicht in einem spielerischen Kontext präsentiert werden, also zum Beispiel mit kleinen Tierfiguren, deren Laute nachgeahmt werden, schaffen es auch von den Sechsjährigen nur wenige Kinder, die Syllogismen mit unbekannten oder unzutreffenden Prämissen richtig zu lösen. Wenn die Aufgaben aber vorgespielt und mit Geräuschen untermalt werden, gelingt es sogar schon vierjährigen Kindern, Syllogismen mit unbekannten bzw. unzutreffenden Prämissen korrekt zu beantworten. Die Aufgaben mit bekannten Prämissen bereiteten auch den jüngeren Kindern in der Regel keine Probleme, wobei unterstellt werden kann, dass zu ihrer Lösung nicht unbedingt eine Fähigkeit zum deduktiven Schließen gebraucht wird, sondern möglicherweise nur auf vorhandenes Wissen zurückgegriffen wird.

Schon Vierjährige »knacken« schwierige Syllogismen

In der jüngeren Forschung finden sich sogar einige Belege dafür, dass bereits vierjährige Kinder ohne jede spielerische Anleitung und Anreicherung »absurde«, weil faktisch nicht zutreffende Syllogismen richtig lösen können, wenn sie nur nachdrücklich darum gebeten werden. Das konnten jedenfalls Hilary J. Leevers und Paul L. Harris (1999) in ihrer Untersuchung zeigen, die ihre Vierjährigen lediglich aufforderten, über die Aufgabe etwas nachzudenken, bevor sie ihre Antwort gaben. Mit diesem Hinweis ausgestattet beschäftigten sich die Kinder etwas gründlicher mit der Aufgabe, taten sie also nicht von vornherein als »Blödsinn« ab und kamen dann tatsächlich mehrheitlich auf die richtige Antwort. Ein vierjähriges Mädchen beispielsweise stellte bei der Bearbeitung der Aufgabe: »Alle Marienkäfer haben Streifen auf dem Rücken. Jenny sieht einen Marienkäfer. Hat er Punkte auf dem Rücken?« fest, dass es nicht stimme, dass alle Maikäfer Streifen auf dem Rücken haben, beugte sich aber sozusagen dem Druck der in der Prämisse aufgestellten Behauptung und antwortete richtig, dass Jennys Marienkäfer deswegen auch keine Punkte habe. Die Fähigkeit zum syllogistischen Schließen scheint also vermutlich schon im Alter von vier Jahren ansatzweise ausgebildet zu sein.

Beispiele aus dem Alltag für deduktive Schlussfolgerungen

Im Alltag von Kindern spielen sich gar nicht so selten Ereignisse ab, die mithilfe logischen, deduktiven, »detektivischen« Schließens besser verstanden werden können. Beispielsweise lernen schon die Vierjährigen, dass Spuren im Schnee auf unterschiedliche Ereignisse zurückzuführen sind: Vögel hinterlassen winzig kleine, flache Abdrücke, Katzen kleinere als Hunde, Kinder kleinere als Erwachsene, deren Tritte tiefere Spuren verursachen… Wenn in der Nacht frischer Schnee gefallen ist, können viele Vierjährige, wenn sie die Spuren im Garten betrachten, korrekte Rückschlüsse auf die Urheber derselben anstellen. Sie verwenden dabei im Prinzip einen »konditionalen Syllogismus« mit folgendem Aufbau:
- **Prämisse 1:** Immer wenn Tiere über frisch gefallenen Schnee laufen, dann hinterlassen sie Spuren.
- **Prämisse 2:** Es sind vier verschiedene Spuren im in der Nacht frisch gefallenen Schnee zu sehen.
- **Schlussfolgerung:** Heute Nacht sind vier verschiedene Tiere über den Schnee gelaufen.

Durch solche oder ähnliche Schlussfolgerungen – vom Typ »immer wenn…, dann« bzw. »nur wenn…, dann« stellen die Kinder

Verknüpfungen oder Abhängigkeiten her zwischen verschiedenen Ereignissen und lernen dadurch – summarisch gesprochen –, ihre Welt immer besser zu verstehen: Immer wenn die Vögel laut kreischen, schleicht eine Katze durch die Büsche… Immer wenn es blitzt, folgt darauf ein Donner… Nur wenn es Sonntagvormittag ist, läuft im Fernsehen die »Sendung mit der Maus«… Nur wenn ich mich beeile, schaffe ich es noch, meinem Freund Bescheid zu sagen…

Innerhalb der konditionalen Schlussfolgerungen lassen sich zwei Arten voneinander abgrenzen, »Implikationen«: Wenn X ein Arzt ist, dann trägt er einen weißen Kittel – und »Äquivalenzen«: Wenn ein Tier ein Säugetier ist, dann bringt es lebende Junge auf die Welt. Letztere haben eine größere Reichweite, denn sie erlauben eine Aussage über alle Säugetiere, wohingegen implizierende Schlussfolgerungen begrenzter sind: Die oben genannte Wenn-dann-Beziehung erlaubt weder einen Schluss auf die Kleidung aller Ärzte, noch einen Schluss auf alle Personen, die weiße Kittel tragen. In der Forschung finden sich Anhaltspunkte dafür, dass sich jüngere Kinder mit implizierenden Schlussfolgerungen schwerer tun als mit äquivalenten.

Drei Arten deduktiven Schließens

Im Prinzip – und aus Sicht der Logik betrachtet – lassen sich innerhalb des deduktiven Schließens drei Arten von Schlussfolgerungen voneinander abgrenzen: neben dem eben erwähnten »konditionalen« Schließen das weiter oben schon behandelte »kategoriale« Schlussfolgern sowie das »lineare« Schlussfolgern. Letzteres kommt vor allem zum Einsatz, wenn Probleme gelöst werden sollen, in denen zwischen mehreren Elementen oder Objekten eine Rangplatz- oder Reihenfolge hergestellt werden soll. Ein einfaches Beispiel: Elke ist kleiner als Erwin. Elke ist größer als Esther. Wer ist am größten?

Schon Vierjährige kommen mit solchen linearen Schlussfolgerungen recht gut zu recht und setzen sie zur Lösung ein, solange

- die Problemstellung anschaulich und unter Bezugnahme auf Alltagserfahrungen von Kindern dieser Alterstufe erfolgt – zum Beispiel: Mama ist kleiner als Papa. Mama ist größer als ihr Kind. Wer ist am größten? – und
- es um nicht mehr als drei Objekte geht, deren Beziehungen untereinander verglichen werden müssen.

8.5 Induktives Schließen – Regeln entdecken durch genaues Hinschauen

Während bei deduktiven Schlussfolgerungen von allgemeinen Sätzen, Annahmen oder Aussagen, die im Idealfall den Charakter von – universellen – Axiomen oder – allgemein gültigen – Naturgesetzen haben, auf besondere Einzelfälle geschlossen wird, geht es bei induktiven Schlussfolgerungen genau andersherum. Von Einzelfällen und zwischen ihnen vorliegenden Gemeinsamkeiten und Übereinstimmungen wird auf eine dahinter stehende Regel geschlossen.

Ein Beispiel für induktives Schließen

Ein Vorschulkind beobachtet im Frühling des Öfteren Vögel beim Nestbau und gelangt zu der Überzeugung, dass alle Vögel im Frühling Nester bauen. Diese Überzeugung ist – wie wir wissen – natürlich falsch, denn es gibt Ausnahmen, zum Beispiel Vögel, die keine Nester bauen bzw. ihre alten Nester vom Vorjahr wieder benutzen. Analoges gilt für alle anderen, nur denkbaren induktiven Schlussfolgerungen, gleichgültig in welchem Bereich sie stattfinden und auf wie viele beobachtete Fälle sie sich stützen. Auf der Grundlage induktiver Schlüsse können keine allgemein gültigen Zusammenhänge oder »Gesetze« erschlossen werden. Dafür tragen induktive Schlüsse aber zur Wissensvermehrung bei, wenn auch zuweilen auf unsichere Weise, während deduktive Schlüsse lediglich einen vorhandenen Wissensbereich absichern und ausdifferenzieren. Im Leben der Vier- bis Sechsjährigen, die tagtäglich Neues erfahren, neue Begegnungen haben und neue Kontakte knüpfen, nehmen Probleme, die sie mithilfe induktiver Schlüsse lösen, sicher einen breiteren Raum ein als Aufgabenstellungen, die durch deduktives Schließen zu beantworten sind. Letztere spielen dann in der Vorschulzeit und in der Schule, wenn neue Wissensgebiete systematisch behandelt und erschlossen werden, eine immer größere Rolle.

Sind wirklich alle Menschen sterblich? – Die Grenzen deduktiven Schließens

Auch das beliebte und sehr häufig in der Logik verwendete Beispiel für Deduktionen: »Alle Menschen sind sterblich ...« erweist sich letztlich als fragwürdig, denn seine induktive Umkehrung: »Alle – bis dato – beobachteten, da heißt in demografische Erhebungen einbezogene Menschen waren sterblich. X wurde in einer demographischen Erhebung erfasst. Also ist X sterblich«, ist unzulässig, auch wenn eine geradezu erdrückende Beweisflut dafür spricht. Die Tatsache, dass bis heute kein unsterblicher Mensch wissenschaftlich dokumentiert worden ist, erlaubt streng genommen noch nicht die Schlussfolgerung auf die Sterblichkeit aller Menschen.

Hier wird der wesentliche Unterschied zwischen deduktiven und induktiven Schlüssen deutlich: Deduktive Schlüsse sind – so sagt die Logik: notwendig wahr, wenn die Prämissen, auf die sie sich beziehen, wahr sind (!), aber begrenzt in ihrer Anwendungsbreite. Sie lassen sich nur auf den Bereich anwenden, der inhaltlich durch die Prämissen bestimmt wird – in der Logik nennt man das »gehalterhaltend«. Demgegenüber sind induktive Schlüsse nicht notwendig wahr, dafür aber »gehaltvermehrend«, was sich an unserem »Nestbau-Beispiel« gut illustrieren lässt. Je mehr Einzelfälle in die Beobachtung einbezogen werden, umso mehr Ausnahmen von der – zunächst und voreilig – aufgestellten Regel: »Alle Vögel bauen Nester«, lassen sich entdecken. Je mehr Einzelfälle in die Beobachtung einbezogen werden, umso sicherer werden sozusagen die Schlussfolgerungen und umso größer die Wahrscheinlichkeit, dass sie zutreffen.

Kindergarten- und Vorschulkinder können bereits problemlos induktive Schlüsse ziehen; dies wurde in etlichen Studien nachgewiesen. Es scheint aber so zu sein, dass die Vier- bis Sechsjährigen den oben erläuterten wesentlichen Unterschied zwischen deduktiven und induktiven Schlussfolgerungen noch nicht verstehen. Anhaltspunkte dafür fanden Kathleen M. Galotti, Lloyd K. Komatsu und Sara Voelz in ihrer Untersuchung, in der sie Kindern dieser Altersstufe gleichzeitig die deduktive und die induktive Variante einer Problemstellung vorlegten (vgl. Siegler, a. a. O., S. 361):

Deduktive und induktive Problemstellung

Deduktive Problemstellung	Induktive Problemstellung
Alle Poggops tragen blaue Stiefel.	Tombor ist ein Poggop.
Tombor ist ein Poggop.	Tombor trägt blaue Stiefel.
Trägt Tombor blaue Stiefel?	Tragen alle Poggops blaue Stiefel?
Richtige Antwort: JA	Richtige Antwort: NEIN

Für die Vier- bis Sechsjährigen besteht anscheinend zwischen der deduktiven und der induktiven Aufgabe kein Unterschied; sie antworten in beiden Fällen mit »Ja«. Zehnjährige Schulkinder unterschieden sich in ihrem Antwortverhalten deutlich von den jüngeren Kindern: Sie überlegten bei allen induktiven Problemstellungen länger, hielten die deduktiven Schlussfolgerungen häufiger für zutreffend und waren sich auch insgesamt sicherer, dass ihre Antworten richtig sein würden.

Das Kind mit dem Bad ausschütten – oder die Tendenz zum voreiligen Verallgemeinern

Angesichts der Tatsache, dass Kinder schon sehr früh sowohl in deduktiver als auch in induktiver Richtung schließen können, ist es eigentlich erstaunlich, dass sie lange Jahre brauchen, bis sie verstehen, dass sich deduktives und induktives Schließen grundsätzlich voneinander unterscheiden. Etliche Untersuchungen untermauern, dass Kinder auch zu Beginn der Grundschulzeit noch ihre Neigung beibehalten, die Folgerungen, die sie aus induktiven Schlüssen ziehen, genau so zu behandeln, wie die Folgerungen, die sie aus deduktiven Schlüssen ziehen. Bei Kindern dieser Altersstufen – von vier bis ungefähr neun Jahren – lässt sich eine ausgeprägte Tendenz zu *voreiligen Verallgemeinerungen* feststellen. Sie neigen nicht nur dazu, vorschnell vom Teil – oder besser: von einem Bruchstück – aufs Ganze zu schließen.

Sehr schön konnte diese – für jüngere Kinder typische – Neigung untermauert werden durch die Untersuchung von Anne Louise Fay und David Klahr (1996), in der vor den Augen der Kinder nacheinander vier Kartons geöffnet wurden. Jedes Mal, wenn ein neuer Karton an der Reihe war, wurden die Kinder gefragt, ob sie nun ganz sicher sagen könnten, in welchem Karton rote Spielklötze wären. Von den Fünfjährigen entschied sich die Mehrheit immer für den Karton, in dem sie als erstes rote Klötzchen entdeckten und blieb bei ihrer Entscheidung, auch wenn sie ausdrücklich gefragt wurde, ob nicht auch in den anderen, noch nicht geöffneten Kartons noch rote Spielklötze sein könnten.

Dass Vorschulkinder noch eine ganze Reihe von Jahren brauchen, um den Unterschied zwischen »sicherem« deduktiven und »unsicherem« induktiven Schließen richtig zu verstehen, führen Entwicklungspsychologen (z. B. Halford 1993) auf verschiedene Gründe zurück: An erster Stelle wird die begrenzte Informationsverarbeitungskapazität des Kurzzeit- oder Arbeitsgedächtnisses angeführt, die es Kindern erschwert gleichzeitig mehr als eine Beziehung – jeweils zwischen zwei Faktoren oder Variablen – im Kopf zu behalten und nötigenfalls auch miteinander zu vergleichen. Daneben werden auch physiologische Faktoren – noch nicht abgeschlossene Reifungsprozesse im Gehirn – ins Feld geführt.

8.6 Transitivitätsprobleme – eine hohe Hürde auch noch für die Sechsjährigen?

Demonstrieren lässt sich dies sehr schön an Problemen, die seit Piaget »Transitivitätsprobleme« genannt werden und in denen es im Prinzip darum geht, mindestens drei Objekte, zwischen denen eine Kleiner-größer-noch-größer-Beziehung besteht und die deshalb in eine Rangplatz-Reihenfolge gebracht werden können, gleichzeitig miteinander zu vergleichen. Solche Aufgaben bereiten nicht nur Vier- und Fünfjährigen, sondern in der Regel auch noch jüngeren Grundschulkindern Schwierigkeiten. Nur wenn die Aufgaben in anschauliche Zusammenhänge eingekleidet werden, die in alltäglichen Lebenssituationen der Kinder vorkommen, kommen sie damit besser zurecht.

Nachdem den Kindern beispielsweise die Geschichte von »Goldlocke und den drei Bären« (vgl. Goswami 1995 b) vorgelesen worden war – eine Geschichte, in der Papibär, Mamibär und Babybär mitspielen und in der die Eigenschaften und Merkmale von Papibär immer die größten, die von Babybär immer die kleinsten sind –, schaffen sie es, die Beziehungen von kleiner, etwas größer und noch größer, die sie kennen gelernt haben, zu übertragen: auf andere Dinge und Zusammenhänge, wie Bauklötzchen, oder Gebrauchsgegenstände, wie Besteck, Geschirr, Handtücher ...

Manche Fachleute meinen, dass mit solchen Aufgabenstellungen kein wirkliches Verständnis für transitive Zusammenhänge nachgewiesen werden könne – aus dem einfachen Grund, dass sich die Kinder jeweils einprägen könnten, welches Ding das große und welches das kleine gewesen sei, sich also bloß auf ihr Gedächtnis stützen, ohne echte Vergleiche nach der Größe durchzuführen oder gar eine Rangreihe zu bilden.

In den meisten Untersuchungen, in denen mehr als drei Elemente, die in transitiven Beziehungen zueinander standen, verwendet wurden, gelang es jüngeren Kindern tatsächlich relativ selten, die Elemente in der richtigen Reihenfolge zu ordnen. Dabei spielte es kaum eine Rolle, welches Material in welchem Setting eingesetzt wurde, ob z. B. farbige Holzstäbchen oder Bauklötzchen unterschiedlicher Länge bzw. Größe oder – wie in der Busschlangen-Aufgabe (Ding 1995) – Fotos von in der Warteschlange stehenden Paaren von Personen (»B« steht vor »A«, »C« hinter »D« und »A« vor »C« – in welcher Reihenfolge stehen die vier Personen in der Schlange?). Wenn sie in manchen Untersuchungen besser als erwartet abschneiden, kann in der Regel nicht ausgeschlossen werden, dass sie eine andere Lösungsstrategie benutzen – vom bloßen Raten bis zum sich Einprägen von Merkmalen wie Größe, Farbe oder Position im Raum – und keine echten transitiven Schlüsse ziehen.

8.7 Invarianz verstehen – oder: Piagets Erhaltungsprinzip begreifen

Transitives Schließen ist möglicherweise auch notwendig und ein Grund dafür, dass viele Vier- bis Sechsjährige bei Piagets Aufgaben zur Erhaltung einer Menge in der Regel noch nicht erfolgreich abschneiden. Das ist jedenfalls die Vermutung von David Elkind und Eva Schoenfeld (1972), die auf folgender Überlegung aufbaut:

Wenn den Versuchskindern zunächst zwei identische Mengen – z. B. zwei gleiche, mit derselben Flüssigkeitsmenge gefüllte Gläser oder zwei Reihen von Knöpfen, die jeweils im gleichen Abstand voneinander liegen – gezeigt werden, von denen eine dann »transformiert« wird in eine andere »Gestalt«, etwa durch Umgießen der Flüssigkeit in ein schmales, besonders hohes Glas oder durch Auseinanderrücken der Knöpfe in einer der beiden Reihen, und sie anschließend gefragt werden, ob die Wassermenge in beiden Gläsern bzw. die Anzahl der Knöpfe in beiden Reihen gleich geblieben ist, dann müssen die Kinder, um diese Aufgaben erfolgreich zu lösen, drei aufeinander folgende Schritte einer transitiven Schlussfolgerung korrekt durchführen: Sie müssen zunächst die Ausgangsmengen A und B miteinander vergleichen, sodann müssen sie die unveränderte Menge A mit der in eine andere Gestalt transformierten Menge B1 vergleichen und zum Schluss noch die transformierte Menge B1 mit der ursprünglichen, jetzt nur noch in einem Vorstellungsbild vorhandenen Menge B vergleichen. Anscheinend eine zu hohe Anforderung für Kindergarten- und Vorschulkinder!

Die beiden AutorInnen äußern im Anschluss an ihre Überlegung den Verdacht, dass mit Piagets Versuchsanordnung eigentlich nicht die Fähigkeit zur Erhaltung von Identität = *Gleichheit*, sondern die Fähigkeit zur Erhaltung von Äquivalenz = *Gleichwertigkeit* geprüft wird.

Andere Fachleute machen die den Kindern unvertraute Versuchssituation und insbesondere die Art der Kommunikation zwischen dem Versuchsleiter und dem jeweiligen Kind dafür verantwortlich, dass die Kinder – wider besseren Wissens – die falsche Antwort geben. Das Autoritätsgefälle zwischen der erwachsenen Person und dem vierjährigen Kind und die Art des Fragens tun ein Übriges dazu.

Elkind und Schoenfeld (1972) konnten mit einer deutlich ver-
änderten Versuchsanordnung, in der den Versuchskindern *jeweils
nur eine Menge* präsentiert wurde: Flüssigkeit in einem Glas, die
vor den Augen der Kinder in ein anders geformtes Glas umgegossen wird bzw. Münzen in einer Reihe, deren Abstand zueinander
vergrößert wird, so dass eine längere Reihe resultiert, sogar belegen, dass schon Vierjährige erfolgreich abschneiden. Das war aber
nicht der Fall, wenn derselbe Versuch *mit jeweils zwei Mengen*
durchgeführt wurde. Sechsjährige Kinder kamen dagegen zumeist
schon mit der erschwerten Versuchsbedingung zurecht.

Permanenz und Invarianz – Parallelen zwischen zwei kognitiven Kompetenzen, die sich Kinder aneignen

Zwischen der bereits im Kleinkindalter erworbenen Fähigkeit zur
Objekt- und Personpermanenz und dem Invarianzverständnis, das
sich erst deutlich später, im Laufe des sechsten oder siebten Lebensjahres entwickelt, bestehen gewisse inhaltliche Parallelen: In
beiden Fällen geht es um die Erhaltung von Dingen bzw. Mengen
oder Personen. Wenn Kleinkinder begriffen haben, dass Objekte oder Menschen auch dann vorhanden oder erhalten bleiben,
wenn sie vorübergehend aus ihrem Blickfeld verschwinden, verfügen sie über ein Verständnis von Permanenz. Wenn etwas ältere Kinder anfangen zu begreifen, dass sich Mengen auch nach diversen Transformationen (Umgestaltungen oder Umformungen)
zwar optisch, aber nicht quantitativ oder substantiell verändern
– also erhalten bleiben –, bilden sie ein Verständnis für Invari-
anz aus, das sich untergliedern lässt in ein Verständnis für Identität oder Gleichheit und eines für Äquivalenz oder Gleichartigkeit/
Gleichwertigkeit.

Wahrnehmung der Invarianz von Personen

Manche Vierjährige, tun sich schwer, den eigenen Vater wieder zu erkennen, wenn sie ihm zum ersten Mal an seinem Arbeitsplatz und in seiner Berufskleidung, z. B. in einer Polizeiuniform oder im Operationskittel, begegnen. Sie lassen sich auch durch Maskierungen und Verkleidungen, in denen ihnen vertraute Personen gegenübertreten – der Nachbar als Nikolaus verkleidet oder die Schwester der Mutter im Faschingskostüm – viel leichter täuschen, als Kinder, die ein paar Jahre älter sind.

Möglicherweise lässt sich auch dieser Tatbestand erklären mit dem noch nicht ausgebildeten Invarianzverständnis der Kleinen, d. h. ihrer noch nicht ausgebildeten Fähigkeit, auf wesentliche, unveränderbare Merkmale wie Kopfform, Körpergröße, Augen- oder Haarfarbe ihres Gegenübers zu achten und dadurch Äquivalenzen zwischen den unterschiedlichen Erscheinungsbildern der Person wahrzunehmen. Die Wahrnehmung jüngerer Kinder haftet ganzheitlich an hervorstechenden, ins Auge fallenden Äußerlichkeiten und gliedert das Wahrnehmungsbild nicht weiter auf. Deshalb gelingt es ihnen nicht, Gemeinsamkeiten aufzudecken zwischen der im Gedächtnis gespeicherten Vorstellung von der Person und ihrer aktuellen Wahrnehmung derselben.

Gezielte Förderung kann Erstaunliches bewirken

In einigen Untersuchungen (z. B. Goswami, Pauen & Wilkening 1996) konnte sogar gezeigt werden, dass gezielte, vorher absolvierte Übungen dazu beitragen, das Verständnis von Vierjährigen für Klasseneinschlussaufgaben deutlich zu verbessern. Die drei Autoren gingen davon aus, dass die Erwähnung von Kollektivbegriffen in der Frage – wie zum Beispiel: Herde, Strauß, Stapel usw. –, es den Kindern insbesondere dann erleichtert die jeweilige Aufgabe zu lösen, wenn sie von sich aus Parallelen zu ihnen vertrauten

Kollektivbegriffen ziehen können. Ein Kollektivbegriff, mit dem schon sehr junge Kinder etwas anfangen können, ist der Begriff »Familie«, in dem unter einer Oberkategorie zwei Unterkategorien, nämlich »Eltern« und »Kinder«, zusammengefasst werden.

In ihrer Studie ließen die Autoren vier- und fünfjährige Kinder, die es durchgängig nicht geschafft hatten, Klasseneinschlussaufgaben richtig zu lösen, die ihnen in Piagets Frageform – »Sind hier mehr rote Blumen oder mehr Blumen?« – präsentiert worden waren, gezielt mit in Spielzeugform dargebotenen Familientypen hantieren. Sie erhielten zum Beispiel eine Mäusefamilie, zwei größere Spielzeugmäuse als Eltern und drei kleinere Mäuse als Kinder, oder eine aus fünf Jo-Jos, zwei größeren und drei kleineren bestehende Jo-Jo-Familie, und wurden dann gebeten, aus einem Haufen von Spielzeugtieren – kleinen

Gezielte Förderung kann Erstaunliches bewirken...

und großen Enten, Krokodilen, Marienkäfern – oder anderen Spielsachen wie Autos, Bällen, Kreiseln, ähnliche Familien zusammenzustellen. Anschließend wurden ihnen vier Klasseneinschlussaufgaben gestellt, und zwar mit Bauklötzen, Fröschen, Luftballons und Schafen, wobei bei der Fragenformulierung die passenden Kollektivbegriffe Stapel, Gruppe, Bund und Herde verwendet wurden.

Mit Hilfe dieser spielerischen Vorbereitung schaffte es die Hälfte der Kinder, mindestens drei von vier Aufgaben richtig zu beantworten; das gelang in einer Kontrollgruppe mit Kindern, die keine spielerische Unterweisung erhalten hatten, nur einem Fünftel (in Anlehnung an Goswami, a. a. O., S. 331) – ein erstaunlicher Übungsgewinn!

Der Weg zum Erfolg: an vorhandenen Wissensstrukturen ansetzen

Die meisten Fachleute stimmen darin überein, dass logisches Denken auf breiter Basis gefördert werden kann, wenn es gelingt, die Kinder dazu anzuregen, ihr bereits vorhandenes relationales und organisationales Wissen (= Wissen über Beziehungen und Organisationsmöglichkeiten zwischen und innerhalb von unterschiedlichen Wissensbereichen) auf andere, neue Bereiche, mit denen sie konfrontiert werden, zu übertragen. Auf diese Weise kann es gelingen, Querverbindungen herzustellen zwischen Eigenschaften, Inhalten und Merkmalen, die auf der »kognitiven Landkarte« (engl. map) des Kindes ursprünglich sehr weit voneinander entfernt waren. In Anknüpfung an einen Vorschlag von Graeme S. Halford (1993) wird dieser Vorgang der Bildung von Brücken oder Analogien als »Mapping« (sinngemäß: eine Karte anlegen) bezeichnet.

Sowohl Kindergarten- als auch jüngeren Grundschulkindern dürfte es kaum gelingen, von sich aus Beziehungen herzustellen zwischen »äußeren« – objektiv beobachtbaren Vergleichskriterien wie: groß – größer – noch größer und »inneren« – nur subjektiv vorhandenen Eigenschaften wie: klug – klüger – noch klüger, wenn sie nicht direkt dazu animiert bzw. darin unterwiesen werden. Alle Anregungen und Anleitungen dürften jedoch auf fruchtbaren Boden fallen und dazu beitragen, dass die Kinder auch von sich aus und selbständig Analogien bilden; nach und nach auch zwischen Wissensbereichen, die zuvor nicht miteinander verbunden waren. Diese Annahme wird gestützt durch die Veröffentlichungen einiger anderer Autoren, unter denen insbesondere Halford (a. a. O.) Erwähnung verdient, für den Analogien und das *analoge Schließen* herausragende Bedeutung für die *gesamte kognitive Entwicklung* besitzen.

Wer Vier- bis Sechsjährige angemessen kognitiv fördern will, tut gut daran, die Aufmerksamkeit der Kinder bei allen möglichen, sich bietenden Gelegenheiten auf Ähnlichkeiten, Gemeinsamkeiten und Parallelen – auch auf solche, die sich Kindern nicht auf den ersten Blick erschließen – zwischen vorher unverbundenen Wissensbereichen zu lenken.

8.8 Planen – eine weitere empfehlenswerte Strategie zum Problemlösen

»Kinder handeln spontan, planen ist nicht ihre Sache.« Dieser Auffassung begegnet man auf Schritt und Schritt beim Durchblättern älterer psychologischer und pädagogischer Fach- und Sachbücher. Sind Kinder wirklich so eingebunden im »Hier und Jetzt«, dass Planen – und sich damit auf etwas in der Zukunft Liegendes beziehen – ihrem Naturell nicht entspricht?

Gründe, warum Kinder ungern planen

Fachleute ziehen ganz verschiedene Gründe in Betracht, wenn sie erklären wollen, warum Kinder selten planen (vgl. Siegler, a. a. O., S. 344).

* Kindern fällt es schwer zu planen, weil sie ihre Neigung spontan zu handeln oft noch nicht unterdrücken können. Um Handlungsimpulse zu bremsen, müssen erst bestimmte Regionen im Großhirn ausreifen, die hemmende, kontrollierende und regulierende Funktionen ausüben. Die zugehörigen Reifungsprozesse spielen sich im Allgemeinen erst im Laufe des vierten Lebensjahres ab.

- Kinder erleben Planen oftmals als Zeitverschwendung und unnötige Kraftvergeudung, besonders dann, wenn sie öfter die Erfahrung gemacht haben, dass ihnen das Planen bei einer Problemlösung auch nicht weitergeholfen hat.
- Kinder überschätzen sich nicht selten selbst und sind oft sehr optimistisch, dass sie eine ihnen gestellte Aufgabe auch ohne umständliches Planen lösen können.
- Wenn Planen eine Abstimmung oder Kooperation mit anderen Personen erfordert, sind die Kleinen oft überfordert, weil ihnen – teilweise zumindest – noch die entsprechenden sozialen Kompetenzen dafür fehlen.
- Manchmal planen Kinder auch absichtlich nicht, weil sie davon ausgehen, dass sie nötigenfalls Hilfe von den Eltern oder älteren Geschwistern erhalten.

Die Türme von Hanoi – nur richtiges Planen führt zum Ziel

Weithin bekannt geworden ist die klassische Denksportaufgabe »Türme von Hanoi«, die schon 1883 von dem Mathematikprofessor Eduoard Lucas unter dem Pseudonym M. Claus veröffentlicht wurde. Bei dieser Aufgabe geht es darum, dass auf einem Stab aufeinander gelegte Scheiben – mindestens drei an der Zahl –, deren Durchmesser von unten nach oben abnimmt, in dieser Reihenfolge auf einen anderen Stab gelegt werden müssen. Für die Umlegprozedur stehen nur der Zielstab und ein weiterer Stab zur Verfügung. *Und es gilt die Regel:* Es darf immer nur eine Scheibe bewegt und nie eine größere auf eine kleinere Scheibe gelegt werden!

Es sind tatsächlich nicht weniger als sieben Schritte erforderlich, um die drei Scheiben in der richtigen Reihenfolge auf dem Zielstab zu platzieren! Versuchen Sie es doch selbst einmal – etwa unter: www.sachsen-freizeit.de/games/hanoi/hanoi.html

Umwege zu machen beim Planen fällt jüngeren Kindern schwer

Dreijährige Kinder schaffen in der Regel nur die ersten beiden Schritte, Vierjährige kommen im Durchschnitt auf vier Schritte. Auch Fünf- bis Sechsjährigen gelingt es meist noch nicht, die Drei-Scheiben-Aufgabe komplett zu lösen – bei fünf bis sechs richtigen Schritten liegen sie im Durchschnitt.

Schauen wir uns die konkreten Strategien an, die jüngere Kinder einsetzen, so fällt sofort ins Auge, dass es ihnen schwer fällt, den mittleren Stab als Zwischenstation zu verwenden. Sie bemühen sich fast immer, das Ziel ohne Umwege zu erreichen, legen also zum Beispiel einfach die Scheiben – in umgekehrter Reihenfolge – auf den Zielstab und ignorieren, dass sie damit gegen die Regel verstoßen. Kinder im Vorschulalter dagegen beziehen die Zwischenstation regelmäßig ein, was belegt, dass sie auch Zwischenschritte planen, die aber häufig, weil sie nicht weit genug reichen, nicht zielführend sind.

Die Unfähigkeit drei- und meist auch noch vierjähriger Kinder, einen Umweg in Kauf zu nehmen, um ein Ziel zu erreichen, wurde auch in einigen anderen entwicklungspsychologischen Untersuchungen belegt. In Fachkreisen bekannt geworden ist die Studie von David Klahr (1985), dem renommierten USamerikanischen Kognitionspsychologen, der Fünfjährigen Bilderrätsel in gestaffelter Schwierigkeit vorlegte, in denen jeweils drei Tiere ein Ziel erreichen mussten, der Hund seinen Knochen, die Katze ihren Fisch und die Maus ihr Stück Käse. Um das Ziel zu erreichen, mussten einmal mehr, einmal weniger Hindernisse umgangen und Umwege in Kauf genommen werden. Beispielsweise war es bei einer der schwierigeren Aufgaben nötig, ein Tier, das bereits sein Futter erreicht hatte, noch einmal ein Stück zurückgehen zu lassen, um damit einem anderen Tier den Weg zum Ziel frei zu machen. Als ganz besonders schwierig erwies es sich, ein Tier, das nur noch einen Schritte vom Futterplatz entfernt war, verweilen zu lassen zugunsten eines anderen, erfolgreichen Schrittes mit einem anderen Tier. Weiter zeigte sich, dass die absolute Anzahl an Schritten, die zur Zielerreichung nötig waren, keine so wesentliche Rolle spielte.

Auf der Grundlage einer differenzierten Auswertung der von den Kindern bei den verschiedenen Aufgaben eingesetzten Vorgehensweisen gelangte Klahr zu der Überzeugung, dass es bereits Vierjährige schaffen, mehr als einen Schritt im Voraus zu planen. Sie vergleichen dabei beständig, inwieweit der gerade erfolgte Schritt und der als nächstes geplante dazu führen, dem Ziel ein Stück näher zu kommen – und stellen damit unter Beweis, dass sie zumindest ansatzweise über planerische Kompetenzen verfügen, die an eine Ziel-Mittel-Analyse erinnern.

Planen von Routen – eine weitere praktische Problemlösungsstrategie

Im Zeitalter der satellitengesteuerten Navigationssysteme und automatisierten Routenplanung durch EDV-Programme haben wir es immer seltener nötig, selbst nachzudenken, um den kürzesten oder schnellsten Weg zu einem Ziel herauszufinden. Trotzdem tauchen im Alltag immer wieder Anlässe auf, in denen wir nicht umhin können, uns eigenständig mit den Schritten zu befassen, die notwendig sind, um ein Ziel zu erreichen: Denken Sie nur an den ortsunkundigen Passanten, der Sie bittet, ihm den schnellsten Weg zum Hauptbahnhof zu beschreiben oder an sich selbst, wenn Sie von Ihren Kindern aufgefordert werden, für sie eine Schnitzeljagd vorzubereiten.

Fünf- und Sechsjährige verfügen schon über erstaunliche Kompetenzen, wenn es darum geht, den kürzesten oder den schnellsten Weg zu einem Ziel herauszufinden – besonders dann, wenn es sich um ein für sie attraktives Ziel handelt. Im Vergleich mit Vier-jährigen sind sie deutlich umsichtiger, machen also weniger Feh-ler und korrigieren diese auch schneller. Im Vergleich mit Sieben-bis Zehnjährigen schneiden sie jedoch deutlich schlechter ab. Das konnten William Gardner und Barbara Rogoff (1990) in ihrer Stu-die zeigen:

Vier- bis Siebenjährige und Sieben- bis Zehnjährige unterscheiden sich in ihrem Planungsverhalten nicht, wenn sie unter Zeitdruck und der Auflage, falsche Wege zu vermeiden, vorgehen müssen. Sie planen jeweils einen Teil der Route im Voraus, und die weitere Streckenfolge erst dann, wenn sie an eine Abzweigung kommen. Sieben- bis Zehnjährige, die ohne Zeitdruck den richtigen Weg he-rausfinden können, legen jedoch signifikant häufiger als die jünge-ren Kinder eine Komplettplanung für die gesamte Strecke vor und machen dadurch deutlich weniger Fehler.

8.9 Problemlösen in der Gruppe? Auf die Zusammenarbeit kommt es an!

In Kleingruppen in Kindergarten und Vorschule werden in jünge-rer Zeit auch in Deutschland immer häufiger »Projekte« durchge-führt, in denen es in der Regel darum geht, eine Aufgabenstellung oder ein kleines Problem *gemeinsam* zu lösen.

Im Rahmen eines bewährten naturwissenschaftlichen Projektes, das den Kindern u. a. näher bringen soll, dass Luft nicht »Nichts« ist, dürfen die teilnehmenden, meist schon fünf bis sechs Jahre al-ten Kinder drei Teelichte anzünden, über die anschließend je ein unterschiedlich großes Glas gestülpt wird. Die Kinder nehmen zur Kenntnis – und manche staunen dabei –, dass die Flamme unter dem kleinsten Glas sehr schnell erlischt, während sie unter dem größten Glas noch viel länger brennt. Sie versuchen dann gemeinsam, meist sind dabei Vermittlungen und kleine Hilfestellungen von Seiten der ErzieherInnen nötig, eine Erklärung für die unterschiedlich langen Brennzeiten zu finden.

Aus zahlreichen Forschungsbefunden wissen wir, dass jüngeren Kindern eine echte Kooperation, bei der jeder seinen Teil zur gemeinsamen Problemlösung beiträgt, noch sehr schwer fällt. Das hat eine Reihe von Gründen und wird in der Hauptsache damit in Verbindung gebracht, dass die Kleinen erst mit ungefähr vier Jahren anfangen zu lernen, auf den anderen angemessener einzugehen, indem sie sich ein Stück in seine Lage versetzen. Der dazu erforderliche Perspektivenwechsel – im Fachjargon spricht man auch von Rollenübernahme – ermöglicht es ihnen nachzuvollziehen, was ihr Gegenüber bereits weiß oder eben noch nicht weiß. Mit Perspektivenwechsel, Rollenübernahme und anderen sozial-kognitiven Kompetenzen und ihrer herausragenden Bedeutung für die gesamte soziale Entwicklung des Kindes werden wir uns im nächsten Kapitel noch ausführlicher befassen.

Auf die Zusammenarbeit kommt es an!

»Teamarbeit« kann sich als sehr hilfreich bei der Lösung von Problemen erweisen. Speziell durch eine »Brainstorm«-Technik – Ideen von Gruppenmitgliedern werden von allen Teilnehmern aufgegriffen und spontan mit weiteren passenden Ideen verknüpft –, ist es möglich, sehr schnell zahlreiche neue Assoziationen zu bilden, Verästelungen und Differenzierungen vorzunehmen und so die »kognitive Landkarte« im Problembereich qualitativ zu bereichern. Im Kindergarten- und Vorschulalter ist der Nutzen von Gruppenarbeit jedoch noch beschränkt und in erster Linie in der von Erwachsenen moderierten Kleingruppen-Projektarbeit mit älteren Kindern brauchbar.

9

Rollenübernahme
– ein Schlüsselkonzept
innerhalb der
sozialen Kognition

Der Begriff »Rollenübernahme« leitet sich vom englischen »role taking« ab und wurde in den 60er Jahren wahrscheinlich erstmals von John Flavell verwendet, um »(...) den Prozess der Übernahme der Perspektive (...) eines anderen, indem man sich in seine Lage versetzt« (1968, S. 43; dt. Ausgabe 1975), zu umschreiben.

»Rollenübernahme« – manche deutschsprachige Autoren verwenden auch den Begriff »Perspektivenübernahme« bedeutungsgleich: z. B. Silbereisen & Ahnert 2002) – bezieht sich dementsprechend also nicht, wie es der Wortsinn nahe legt, auf die Fähigkeit des Menschen, die »Rolle« eines anderen zu übernehmen; gemeint ist vielmehr die viel umfassendere Fähigkeit, sich ein zutreffendes Bild von der Lage, das heißt der inneren Befindlichkeit und äußeren Verfassung, anderer Menschen zu machen.

9.1 Hohe Rollenübernahmefähigkeit – beliebt bei anderen Kindern!

Zahlreiche Forschungsbefunde belegen, dass bereits die meisten Vierjährigen in gewissem Umfang über Rollenübernahmefähigkeiten verfügen: Kinder mit hoher Rollenübernahmefähigkeit treten öfter mit anderen Kindern in Kontakt, kommunizieren, spielen und ziehen – im Kindergarten – häufig auch Kinder als Partner den erwachsenen Bezugspersonen vor.

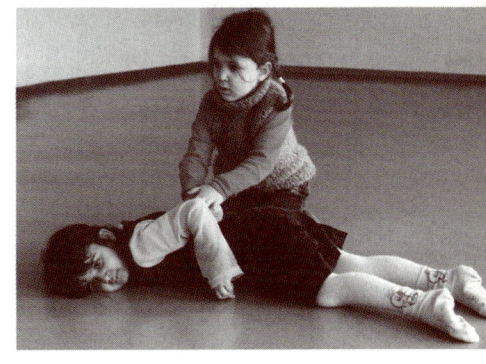

Mit dieser guten Kommunikationsfähigkeit hängt sicher auch zusammen, dass diese Kinder häufig besonders beliebt in ihrer Kindergar-

Rollenübernahme – ein Schlüsselkonzept

tengruppe sind. Zu beobachten ist auch, dass solche Kinder besonders gut kooperieren können und sich nicht selten besonders sozial verhalten. Ihnen scheint es leicht zu fallen, anderen beizustehen und zu helfen, ihnen etwas abzugeben und sie zu verteidigen oder in Schutz zu nehmen und zu trösten. Im Fachjargon werden solche sozialen Aktivitäten als »prosozial« bezeichnet. Auf der anderen Seite finden sich auch Anhaltspunkte dafür, dass Kinder mit weniger ausgeprägten Rollenübernahmefähigkeiten relativ häufig in ihrer Kindergartengruppe sozial schlechter angepasst sind; das heißt, sich teilweise zurückziehen und isolieren oder sich auch aggressiv verhalten.

Was ist eigentlich genau unter Rollenübernahme zu verstehen?

Wir benötigen sehr präzise Beschreibungen, um entscheiden zu können, welche inneren Prozesse und gleichzeitig ablaufenden äußeren Verhaltensweisen unter dem Begriff Rollenübernahme zusammengefasst werden können. Mit der Umschreibung von Rollenübernahme als »Sich-in-den-anderen-Hineinversetzen« kommt man ein Stück weiter.

Beispielsweise liegt Rollenübernahme gemäß dieser Umschreibung vor,

- wenn der Ortskundige einem Fremden erklärt, wie er am besten vom Bahnhof zum Flugplatz kommt,
- wenn ein Sehender einem Blinden ein Gemälde beschreibt,
- wenn man versucht, die Gedanken seines Gegenübers zu erraten,
- wenn die Tante für ihre Nichte ein passendes Geschenk aussucht,
- wenn ein Pokerspieler versucht, seine Mitspieler zu bluffen,
- wenn die große Schwester versucht, ihren weinenden kleinen Bruder zu trösten,
- wenn ein älteres Kind einem jüngeren Kind bei seinem ersten Memory-Spiel die Regeln verständlich zu machen versucht,

- wenn eine(r) ErzieherIn versucht, auf die Bedürfnisse einzelner Kinder im Spielkreis einzugehen.

Bei all diesen Beispielen dürfte Rollenübernahme im Spiel sein, weil eine Person jeweils versucht, sich in eine andere Person hineinzuversetzen: Einmal handelt es sich eher um ein »Sicheinfühlen«, dann eher um ein »Sich-hinein-Denken« und wiederum eher um ein »Mit-den-Augen-des-anderen-zu-sehen«.

Allerdings erweist sich diese Aufgliederung bei genauerer Betrachtung als zu vorschnell. Praktisch lassen sich kaum Beispiele auffinden, in denen nur eine Art von Rollenübernahme vorliegt. Zumeist steht wie oben beschrieben eine Komponente im Vordergrund. Doch in Wirklichkeit sind fast ausnahmslos mehrere/alle Rollenübernahmekomponenten beteiligt.

Empathie – eine Begriffsklärung

Empathie bedeutet *nicht*, sich Gedanken darüber zu machen, was der andere fühlt, sondern sich auch gefühlsmäßig in dessen Lage zu versetzen und dadurch ebenso zu fühlen wie dieser. Darauf aufbauend kann es zu einem Mitfühlen mit dem anderen kommen (engl. sympathy) und zu einem unangenehmen, negativ getönten Gefühl des persönlich Betroffenseins (engl. personal distress). Häufig bildet Empathie die Grundlage für soziales, hilfreiches Handeln.

9.2 Ganzheitliche, umfassende Rollenübernahme: Wie wird der andere handeln?

Um voraussehen zu können, wie ein anderer handeln wird, ist es notwendig, dass man sowohl dessen Wissensstand als auch seine Gefühls- und Stimmungslage, gelegentlich auch seine optische Perspektive, richtig nachvollzieht. Man muss sich dabei auch vergegenwärtigen, welche Bedürfnisse der andere hat, welche Absichten er möglicherweise verfolgt. Es geht also darum, sich darüber klar zu werden, was in einer anderen Person insgesamt vorgeht, wie ihr Verhältnis zu einem selbst beschaffen ist und in welcher Lage sie sich gerade befindet. Mit anderen Worten: Diese umfassende Rollenübernahme erfordert die komplette Aktivierung aller vorangehend skizzierten Rollenübernahmearten bzw. setzt sich aus ihnen zusammen. Sie bildet sozusagen den krönenden Abschluss – auch in der kindlichen Entwicklung der Rollenübernahmekompetenzen.

9.3 Wie können Eltern oder ErzieherInnen beurteilen, ob Rollenübernahme gelungen ist?

Nach der vorangegangenen Ausdifferenzierung einzelner Aspekte des Rollenübernahmeverhaltens kann nun weitergefragt werden – nach Merkmalen, mit deren Hilfe die »Qualität« von Rollenübernahmevorgängen bestimmbar wird. Solche Merkmale sind vor allem aus pädagogischer Sicht von Bedeutung, da es ja durchaus sinnvoll zu sein scheint, Kinder darin zu unterstützen, sich in die Lage anderer Menschen zu versetzen, deren Gefühle und Befindlichkeit(en) nachzuvollziehen und sie dadurch möglichst gut zu verstehen.

Als Möglichkeit, die besonders für PädagogInnen von Bedeutung ist, bietet sich an, bei der Beurteilung von Rollenübernahme lediglich vom Erleben der beteiligten Kinder auszugehen und auf eine »objektive« Beurteilung weitgehend zu verzichten. Der Gütemaßstab wird also vom Empfinden der an einem Rollenübernahmeprozess beteiligten Kinder bestimmt.

Rollenübernahme kann dann als »gelungen« bezeichnet werden, wenn ein Kind, das sich in einer bestimmten Situation in anderes Kind versetzt, den Eindruck hat, es weiß ausreichend, was das andere Kind will, denkt und fühlt – und das andere Kind sich dabei auch als »verstanden« erlebt.

Dieser Eindruck einer gelungenen Rollenübernahme ist natürlich stark von der jeweiligen Situation abhängig. In einer Vielzahl von Alltagssituationen werden wir uns gewohnheitsgemäß mit dem gerade verfügbaren Wissen über den Anderen zufrieden geben und trotzdem ausreichend gegenseitiges Verständnis feststellen. In uneindeutigen, konflikthaften oder stressbesetzten Situationen dagegen ist es häufiger erforderlich, sich intensiver mit den Absichten und Gefühlen des Anderen auseinander zu setzen. Die betroffenen Personen haben hier womöglich ein größeres Bedürfnis, in ihrer Lage angemessen verstanden zu werden.

Ob Rollenübernahme – von außen betrachtet – tatsächlich gelungen ist, lässt sich also daran abschätzen, wie die Kommunikation zwischen den Beteiligten abläuft. Kommt es zu einer Verständigung zwischen ihnen, kann davon ausgegangen werden, dass es mit der wechselseitigen Rollenübernahme geklappt hat.

Rollenübernahme bildet eine notwendige Voraussetzung für alle Arten von sozialem Handeln, in dem es darum geht, sich die Bedürfnisse und Empfindungen anderer Menschen vor Augen zu führen. Sie ist darüber hinaus auch eine notwendige Voraussetzung für das Bewältigen zahlreicher Lebenssituationen, in denen es wichtig ist, sich über Strategien und Absichten anderer klar zu werden.

Zu betonen bleibt, dass alle vorangehend vorgenommenen Differenzierungen zwar für das Sichverständigen und Kommunizieren von Kindern untereinander und für das Verständnis von Erwachsenen als Erziehungsberechtigten für die Entwicklung dieser sozialen Kompetenzen unverzichtbar sind. Im alltäglichen Umgang miteinander laufen die meisten der beschriebenen Vorgänge jedoch unterschwellig und weitgehend automatisiert ab und treten nur in besonderen – z. B. konflikthaften – Situationen oder in wissenschaftlichen Versuchsanordnungen an die Oberfläche.

Knobeln mit Münzen – Training von reflexiver Rollenübernahme

Im Alltag stellt man sich häufig die Frage, was der Andere wohl glaubt, was man selbst im Augenblick denkt oder fühlt. Eine derartige Rollenübernahme bezieht sich auf die Rollenübernahmevorgänge beim Anderen in Bezug auf die eigene Person. Diese rückbezüglichen Rollenübernahmeprozesse laufen oft auf mehreren Ebenen und sind miteinander verschachtelt. Veranschaulichen lässt sich dies am Beispiel des Knobelns, oder beim Verstecken einer Münze in einer Hand, die der andere erraten muss: »Ich hatte vorhin die Münze in der rechten Hand. Mein Mitspieler hat auf die linke getippt. Wahrscheinlich denkt er, dass ich nun das Geldstück in die linke legen werde. Wenn er jedoch annimmt, dass ich vermute, dass er glaubt, er wähle nun die rechte Hand, weil er meine Gedanken erraten hat, ist es besser, wieder die rechte Hand zu verwenden.«

Damit lässt sich ein weiteres Merkmal für die Güte von Rollenübernahmevorgängen aufzeigen: In welcher Differenziertheit wird die – gleichzeitig laufende – Rollenübernahmetätigkeit des Gegenübers berücksichtigt? Natürlich ist es auch hier so, dass ein übermäßiges Nachdenken über die Rollenübernahmevorgänge beim Anderen in vielen Situationen handlungshemmend wirkt und deshalb in normalen Gesprächssituationen wenig angebracht zu sein scheint.

Denkt man jedoch an Gelegenheiten wie etwa eine ernsthafte Schachpartie, wird die Notwendigkeit einer ausgiebigen Auseinandersetzung mit den Rollenübernahmevorgängen beim Gegner offensichtlich.

Reflexive Rollenübernahmeprozesse tauchen erst relativ spät in der kindlichen Entwicklung auf; beständig und sicher wohl erst im Verlaufe der Grundschuljahre, in vorläufiger und unbeständiger Form aber wahrscheinlich schon im Laufe des vierten Lebensjahres.

Verständnis von Werbespots im Fernsehen

Die Vier- bis Sechsjährigen haben nur ein sehr eingeschränktes Verständnis für Werbespots. Wenn es sich um einfachere Sequenzen handelt, gelingt es ihnen zwar ansatzweise schon, die Sichtweise, Wünsche und Absichten der Akteure richtig nachzuvollziehen. Sie scheitern aber regelmäßig dann, wenn sie erklären sollen, wie mit der im Spot dargestellten Handlungssequenz für ein Produkt oder eine Dienstleistung geworben werden soll (nach Silbereisen & Ahnert, a.a.O., S. 601): Kinder sind auch schlichterer Werbung mehr oder weniger hilflos ausgeliefert!

9.4 Bedingungen, die Rollenübernahmevorgänge erschweren oder erleichtern können

Es liegt auf der Hand, dass kleine Kinder es in *ihnen vertrauten Situationen* – und mit ihnen vertrauten Menschen – wesentlich leichter haben, sich in jemandes Lage zu versetzen.

Auch die subjektiv erlebte *Ähnlichkeit* des Gegenübers *mit einem selbst* erleichtert das Zustandekommen von Rollenübernahmevorgängen. So fällt es vierjährigen Kindern schwerer, sich in die Lage

Erwachsener zu versetzen als in die Lage ungefähr gleichaltriger – und gleichgeschlechtlicher! – anderer Kinder. In der Forschung wurde auch belegt, dass einander vertraute Geschwister besonders gut im Rollenübernehmen sind; das gilt in noch stärkerem Ausmaß für die etwas jüngeren Geschwister: In Rollenübernahme-Tests schnitten Kinder mit dieser Geschwisterposition im Hinblick auf ihre Rollenübernahmefähigkeiten schon als Drei- oder Vierjährige regelmäßig besser ab als ihre älteren erstgeborenen Geschwister – oder auch besser als Kinder ohne Geschwister.

Rollenübernahme wird jüngeren Kindern des Weiteren in *unübersichtlichen Situationen* erschwert, in denen sie sich mit zu vielen Reizen gleichzeitig konfrontiert sehen. Es leuchtet ein, dass solche Situationen sie kognitiv oft überfordern, da sie noch nicht über angemessene Informationsverarbeitungsstrategien verfügen.

Natürlich beeinflussen auch *aktuelle Befindlichkeiten* das Rollenübernahmeverhalten gerade von jüngeren Kindern. Positive Gefühle und Stimmungen – natürlich auch füreinander – begünstigen Rollenübernahmeprozesse, negative Emotionen und Empfindungen stehen ihnen eher im Wege. Daneben sind es aber auch motivationale und kognitive Faktoren, Absichten, Bedürfnisse, Einstellungen, Erwartungen, Interessen usw., letztendlich die gesamte innere Verfassung, die sich auf das Gelingen oder Misslingen von Rollenübernahmevorgängen auswirken können.

Die »beständigste« Bedingung, die Rollenübernahme beeinflusst, ist die *Geschlechtszugehörigkeit.* Es gibt mehr Befunde, die eine tendenzielle *Überlegenheit des weiblichen Geschlechts* im Hinblick auf Rollenübernahmekompetenzen untermauern. Dies gilt insbesondere für den Entwicklungsabschnitt des Kindergarten- und Vorschulalters. Der Entwicklungsvorsprung der Mädchen, besonders bei den Vierjährigen, wird zum einen in Verbindung gebracht mit ihrer größeren sozialen Reife auf dieser Stufe, zum anderen als Auswirkung der geschlechtsspezifischen Erziehung gedeutet. Dem entsprechend werden Mädchen zu mehr Einfühlung, Sensibilität für Andere, Nachgiebigkeit und Kompromissbereitschaft erzogen; Jungen dagegen zu mehr Unnachgiebigkeit, Selbstbehauptung und Durchsetzungsvermögen. Nachgewiesen wurde aber auch, dass gerade im Vorschulter Jungen häufiger als Mädchen praktische Vorschläge zur Beseitigung einer Bedrängnissituation, in der sich – meist fiktiv – ein anderes Kind befindet, machten; angenommen werden kann, dass solchen Vorschlägen Formen von kognitiver Rollenübernahme vorangegangen sein dürften.

Heutzutage wird davon ausgegangen, dass zwischen dem Rollenübernahme- und dem kognitiven Bereich zahlreiche Wechselbeziehungen bestehen, die sich dahingehend auswirken, dass sich Veränderungen in einem Bereich auch im anderen Bereich bemerkbar machen. Beispielsweise fanden sich Hinweise darauf, dass durch das Training von Wahrnehmungskompetenzen auch die Fähigkeit zur optischen Perspektivenübernahme bei Kindergartenkindern gefördert wird.

Direkte und mittelbare Förderung von Rollenübernahme

Damit stellt sich gleichsam automatisch die Frage, ob es Sozialisationsbedingungen gibt, welche die Ausbildung von Rollenübernahmefähigkeiten dauerhaft positiv beeinflussen. In erster Linie interessieren uns hier natürlich das Elternhaus und die elterlichen Erziehungspraktiken sowie der Kindergarten. Wir müssen dabei aber im Auge behalten, dass andere Sozialisationseinflüsse, zum Beispiel die durch die Medien oder den Kindergarten vermittelten, bei den Vier- bis Sechsjährigen langsam auch beginnen eine wichtigere Rolle zu spielen.

Sinnvoll scheint es, zwischen Sozialisationsbedingungen, die sich mittelbar auf Rollenübernahmekompetenzen auswirken und Sozialisationsbedingungen, die Rollenübernahme direkt beeinflussen, zu unterscheiden. Beispielsweise kann davon ausgegangen werden, dass eine elterliche Erziehung, welche die Kinder in kognitiver Hinsicht kontinuierlich anregt und fördert, sich indirekt auch günstig auf die kognitiven Rollenübernahmekomponenten auswirkt. Die kognitiven Fähigkeiten der Kinder können etwa dadurch ausgebaut und gestärkt werden, dass Eltern/ErzieherInnen vergleichsweise hohe Leistungs- und Bildungserwartungen an die Kinder stellen und deren Leistungsfortschritte kontinuierlich bekräftigen und unterstützen, ihnen dabei Gelegenheit zum Nachdenken und Diskutieren einräumen, sie beständig ermuntern, ihre Umwelt zu erkunden und ihre Selbständigkeitsbestrebungen belohnen. Auch eine elterliche Erziehung, durch die den Kindern bestimmte Einstellungen und Wertorientierungen, z.B. Selbstbewusstsein und Selbstvertrauen, Interesse am Einzelnen, aktive Zukunftsbezogenheit und weitreichende, längerfristige Zielvorstellungen vermittelt werden, scheint sich indirekt positiv auf die Ausbildung von Rollenübernahmefähigkeiten auszuwirken. Eine Konformität, Unterordnung und Anpassung fordernde Erziehung zeitigt demgegenüber eher negative Effekte. Direkt positiv dürfte sich beispielhaftes Modellverhalten von Seiten der Eltern/ErzieherInnen auswirken.

Abgrenzung des Empathie-Begriffs

Mit diesem Begriff ist das sich spontan gefühlsmäßig in die Lage eines anderen Menschen Hineinversetzen gemeint – das deutsche Wort »Einfühlung« trifft diesen Begriff nicht ganz genau. Von Empathie abgrenzen lassen sich »Mitgefühl« und »Mitleid« als darauf aufbauende – meist auch spontane – innere emotionale Anteilnahme an einer anderen Person, die sich in einer misslichen Lage oder Notsituation befindet, an die sich meist ein konkreter Impuls zu helfen oder zu trösten anschließt.

9.5 Veränderungen im vierten und fünften Lebensjahr

Während Kleinkinder noch spontan, ungebrochen und eindeutig Mitgefühl und – zumindest im Ansatz auch – hilfreiches Verhalten zeigen, wenn sich in ihrem Blickfeld jemand in einer misslichen Lage, einer Bedrängnis- oder Notsituation befindet, ändert sich das im Verlaufe der Kindergartenjahre.

Zwar lernen Kinder durch den regelmäßigen Kindergartenbesuch beträchtlich dazu, was ihre Kompetenzen in vielen sozial-kognitiven Bereichen betrifft, gleichzeitig entstehen aber auch Verwerfungen und verschlungenere Handlungsketten und dahinter stehende Beweggründe, die ihre Spontaneität und Ungebrochenheit bremsen.

Der Verfasser konnte das in mehreren kleinen Studien (z. B. Kasten 1987) belegen:

9.5.1 Mitfühlen, helfen – oder auch nicht

In einer dieser Untersuchungen des Verfassers wurden vier bis sechs Jahre alten Kindergartenkindern nacheinander großformatige bunte Tafeln gezeigt, auf denen jeweils ein Kind, das sich in einer misslichen Lage, in einer Form von Not- oder Bedrängnissituation befindet, abgebildet war. Zu jeder Bildtafel gehörten jeweils vier passende Einlegfiguren, die jeweils ein anderes Kind darstellten, das auf unterschiedliche Weise auf die negative Lage reagierte: entweder mit einer hilfreichen Handlung, oder passiv, aber mit gefühlsmäßiger Anteilnahme und Bestürzung, oder passiv, aber unbeteiligt, desinteressiert und ohne die Lage des anderen Kindes gefühlsmäßig nachzuvollziehen, oder aktiv »negativ«, mit Schadenfreude, auslachen, verspotten, Ablehnung, Abwertung.

Der Versuchsleiter fragte dann nach den Besonderheiten der jeweils dargestellten Notsituation: »Kannst du dir vorstellen, was da passiert ist?«. Anschließend zeigte er dem jeweiligen Kind die vier Einlegfiguren, gab ihm Gelegenheit, sie in die Hand zu nehmen, probeweise in die Bildtafel einzulegen und stellte dabei Fragen »Was tut denn der?«, »Was sagt denn der?« und »Wo passt denn der hin – ins Bild?«

Ausgewertet wurden Alters- und Geschlechtsunterschiede:

- *Altersunterschiede*: Ältere Kinder erkennen die Besonderheiten der jeweiligen Notsituation und die Charakteristika der Einlegfiguren deutlich rascher als jüngere Kinder und entscheiden sich auch schneller für eine bestimmte Figur, die sie bevorzugen. Jüngere Kinder geben deutlich häufiger als ältere Kinder der »passiv Anteil nehmenden« Einlegfigur 2 bzw. der »hilfreich handelnden« Figur 1 den Vorzug; ältere Kinder – insbesondere die Sechsjährigen – wählen demgegenüber deutlich häufiger die »desinteressierte« Figur 3 oder die »schadenfrohe« Figur 4.
- *Geschlechtsunterschiede*: Mädchen erkennen die Notsituation und die Besonderheiten der jeweiligen Einlegfigur tendenziell schneller als Jungen; sie bevorzugen häufiger als Jungen die »passiv Anteil nehmende« Figur 2. Jungen wählen demgegenüber etwas häufiger als Mädchen die Figuren 3 oder 4 aus.

Interessanterweise konnte bei den Kindern, die an der kleinen Studie teilgenommen hatten, auch ein – nicht beabsichtigter – Fördereffekt nachgewiesen werden: Sie waren in den Wochen nach dem Test deutlich häufiger in »prosoziale Interaktionen«, also in Situationen, in denen es um »Helfen« und »Hilfe erhalten« ging, verwickelt als Kinder, welche die Bildtafeln und Einlegfiguren nicht kennen gelernt hatten.

9.5.2 Prosoziales Verhalten nimmt während der Kindergartenzeit zu

In einer weiteren kleinen Untersuchung konnte belegt werden, dass im Verlaufe der Kindergartenjahre die Fähigkeit und Bereitschaft der Kinder – insbesondere der älteren Mädchen – zu prosozialem Handeln zwar tendenziell zunimmt, gleichzeitig aber auch immer häufiger störende Einflussfaktoren eine Rolle spielen, welche die spontane Hilfsbereitschaft manchmal bremsen:

In mehreren Kindergärten wurde mit Hilfe eines vorab entwickelten Kategorierungssystems das spontane prosoziale Verhalten von Kindern in Freispielsituationen registriert. Unter »spontanem prosozialen Verhalten« wurden alle Handlungen subsumiert, die ohne Hilfeersuchen eines potenziellen Empfängers und ohne Aufforderung durch eine dritte Person vollzogen werden, um die missliche Lage des Adressaten zu mildern bzw. zu beseitigen. Solches prosoziale Verhalten scheint das Vorausgehen von Rollenübernahmevorgängen fast zwangsläufig zu erfordern: Um zu realisieren, dass es dem anderen schlecht geht und er hilfsbedürftig ist, muss man sich in seine Lage versetzen, möglicherweise sie auch gefühlsmäßig nachvollziehen, um sodann die aus eigener Sicht angemessene Handlung zur Beseitigung der negativen Befindlichkeit herauszufinden und auszuführen.

Ermittelt wurden sieben Typen oder Formen prosozialen Verhaltens, die im Folgenden in der Reihenfolge der Häufigkeit ihres Auftretens aufgeführt werden:

- Unterstützen, Helfen, Beistehen,
- Einbeziehen, Mitspielen lassen,
- Nachgeben, Sich anpassen,
- Bekräftigen, Bestärken,
- Trösten, Anteil nehmen,
- Verteidigen, in Schutz nehmen,
- Abgeben, Schenken.

Altersunterschiede

- Prosoziale Aktivitäten nehmen zwischen dem dritten und siebten Lebensjahr kontinuierlich zu.
- Ältere Kinder sind häufiger zu beobachten als Akteure, die trösten und in Schutz nehmen; jüngere Kinder sind häufiger anzutreffen in den Kategorien »nachgeben, sich anpassen« und »abgeben, schenken«.
- In altersgemischten Gruppen sind die Älteren häufiger die Akteure, die Jüngeren häufiger die Empfänger von prosozialen Handlungen.

Geschlechtsunterschiede

- Insgesamt betrachtet wurden die beobachteten prosozialen Aktivitäten zu knapp 40 Prozent von Jungen und zu etwas über 60 Prozent von Mädchen vollzogen.
- Mädchen handeln häufiger ihren Geschlechtsgenossinnen gegenüber prosozial als Jungen gegenüber; das gleiche gilt – vice versa – für Jungen. Insbesondere die älteren Jungen weisen auch häufiger als Empfänger eine prosoziale Handlung zurück oder verhalten sich neutral. Mädchen zeigen demgegenüber häufiger Freude, Erleichterung und Dankbarkeit, wenn sie prosozial bedacht werden.

• Mädchen als Akteure sind häufiger in folgenden Kategorien vertreten: unterstützen, beistehen; abgeben, schenken; einbeziehen, mitspielen lassen; trösten, Anteil nehmen. Jungen sind dagegen häufiger anzutreffen in der Kategorie verteidigen, in Schutznehmen.

Interpretation der Ergebnisse

Diese Ergebnisse lassen sich in erster Linie verständlich machen als Resultate der *Geschlechtsrollenerziehung*. Die traditionelle weibliche Geschlechtsrolle besitzt größere Affinität zu prosozialen Qualitäten, die männliche wird demgegenüber typischerweise verknüpft mit Merkmalen wie Durchsetzungsvermögen, Kontrolliertheit und Härte; Attribute, die möglicherweise prosozialen Handlungsimpulsen im Wege stehen. Die Befunde müssen zu einem Teil sicher aber auch zurückgeführt werden auf die Tatsache, dass *Mädchen* im Kindergartenalter Jungen derselben Altersstufe gegenüber in der Regel einen gewissen *Entwicklungsvorsprung* im Hinblick auf soziale Kompetenzen und sozial-kognitive Fähigkeiten, speziell im Rollenübernahme-Bereich, aufweisen.

Es ist ein langer Weg, bis Kinder – im späteren Grundschulalter – es dann wirklich schaffen, sich in ihr Gegenüber angemessen einzufühlen und auch hineinzudenken, und richtig einschätzen können, was im Anderen vor sich geht, welche Gefühle, Wünsche und Empfindungen er hat, was er weiß und was er nicht weiß, was er gegebenenfalls zu tun beabsichtigt und wie er sich ihnen gegenüber verhalten wird. Und ihnen dann damit die ganze Vielfalt unterschiedlicher Rollenübernahmearten und -typen zur Verfügung steht.

9.6 Zustandekommen von hilfreichem Verhalten

Schon im Kindergarten- und Vorschulalter werden hilfreiche Handlungen beispielsweise auch dann unterlassen, wenn die Notlage oder Bedrängnissituation eines anderen Kindes innerlich nachvollzogen wurde, aber ältere Kinder oder die ErzieherInnen sich in der Nähe aufhalten, von denen man erwartet, dass sie die Initiative ergreifen.

Kinder helfen im Allgemeinen auch dann nicht, wenn sie den Hilfsbedürftigen nicht mögen oder er ihnen gänzlich unbekannt ist, wenn sie sich überfordert fühlen bzw. die richtige Hilfsmaßnahme nicht kennen oder wenn die Konstellation ihrer persönlichen Motive, Interessen oder Einstellungen dagegen spricht.

9.7 Entwicklung moralischen Urteilsvermögens

Innerhalb der Forschungsarbeiten zur Entwicklung von Hilfsbereitschaft und anderen prosozialen Verhaltensweisen, die in den 70er und 80er Jahren des vergangenen Jahrhunderts boomten, spielten Untersuchungen, die sich auf die theoretischen Konzepte zur moralischen Entwicklung von Jean Piaget (z. B. 1983) und Lawrence Kohlberg (1974) stützen, eine zentrale Rolle. Für Piaget wie Kohlberg, der Piagets Ansatz weiter ausdifferenzierte, ist die moralische Entwicklung eng an die kognitive Entwicklung gekoppelt: Das moralische Urteilsvermögen entwickelt sich demzufolge über ein Reihe aufeinander aufbauender Entwicklungsstadien, die bestimmten Altersstufen zugeordnet werden können.

Piaget zufolge ist für das Kindergarten- und Vorschulalter das Stadium »moralischer Realismus« – auch »Moral des Zwangs« oder

»heteronome Moral« genannt – charakteristisch. Für Kinder, die sich in diesem Stadium befinden, sind Regeln und Vorschriften, die zum Beispiel im Elternhaus oder Kindergarten gelten, sozusagen heilig und unantastbar. Sie fühlen sich verpflichtet, diese Regeln einzuhalten und bewerten Verhaltensweisen entweder als absolut richtig, wenn sie mit den Regeln harmonieren – oder als absolut falsch, wenn sie nicht mit den Regeln im Einklang stehen. Sie beziehen dabei ein, welche Konsequenzen ein bestimmtes Verhalten nach sich zieht, ob es beispielsweise bestraft wird oder nicht. Kinder auf diesem Entwicklungsniveau glauben an eine »immanente (ausgleichende) Gerechtigkeit«, das heißt, sie gehen davon aus, dass Regelverstöße unweigerlich und unabwendbar sanktioniert werden; zum Beispiel auch durch Gott oder höhere Mächte.

Lawrence Kohlberg, der zahlreiche – auch interkulturell vergleichende – Untersuchungen an Kindern, Jugendlichen und Erwachsenen durchführte, differenzierte Piagets Ansatz weiter aus: Er gliederte Piagets drei Stadien in jeweils zwei Teilstadien oder Stufen. Vier bis sechs Jahre alte Kinder befinden sich auf dem »vor-moralischen Niveau«, die jüngeren von ihnen auf Stufe 1. Das heißt, sie orientieren sich, wenn es um das Einhalten oder Nichteinhalten von Normen und Regeln geht, an den drohenden Konsequenzen und sind normalerweise gehorsam, wenn die Versuchungen nicht gar so groß sind ... Ob eine Handlung »gut« oder »böse« ist, hängt aus ihrer Sicht allein davon ab, welche Auswirkungen sie hat – nicht aber von den Absichten des Handelnden. Vierjährige glauben selbst dann, dass das Gute immer belohnt wird und das Schlechte immer bestraft, wenn sie einmal, was relativ selten vorkommt, selbst gegen eine Regel verstoßen und unbestraft bleiben. Unter Gerechtigkeit und Fairness können sie sich noch nichts Rechtes vorstellen. Das beginnt erst ein, zwei Jahre später, wenn sie die Stufe 2 erreicht haben. Auf dieser Stufe lernen sie allmählich, dass Regeln nicht nur von den Eltern und ErzieherInnen gemacht werden und auch unabhängig von deren Autorität gültig sind. Sie entwickeln langsam eine Vorstellung von Gegenseitigkeit – Redensarten und Sprüche wie: »Ich gebe, wie du mir gibst«, »Wie du mir, so ich dir« oder »Eine Hand wäscht die andere« werden zunehmend häufiger zu Maximen ihres sozialen und moralischen Handelns. Ganz im Vordergrund steht dabei aber eine hedonistische, auf persönliche Bedürfnisbefriedigung und Lustgewinn bezogene Grundorientierung Das heißt, alle Handlungen, die ihnen selbst Nutzen oder Vorteil bringen, werden als »gut« beurteilt. Sie erkennen bereits, dass andere Personen eigene Standpunkte und Sichtweisen haben, die sich von den eigenen unterscheiden können, sind dabei aber der Ansicht, dass jeder zu seinem Recht kommt, wenn er sich nur selbst um seine Angelegenheiten kümmert.

In der von Piaget und Kohlberg angeregten Forschung geht es um die Erfassung des moralischen Urteilsvermögens, also um eine sozial-kognitive Kompetenz, nicht um konkretes soziales, moralisch mehr oder weniger hochwertiges, Verhalten. Es kann aber keineswegs von der Differenziertheit und Ausgewogenheit eines moralischen Urteils, die bei manchen älteren Vorschulkindern tendenziell schon angetroffen werden kann, geschlossen werden auf das konkrete Verhalten. Es ist also nicht gesagt, dass sich ältere Kinder moralisch höherwertiger verhalten als jüngere Kinder, weil sie kompetentere Begründungen abgeben. Wieder einmal kann nicht davon ausgegangen werden, dass zwischen sozialen Kognitionen und praktischem sozialen Verhalten eine 1:1-Beziehung vorliegt.

Manchmal sind Kinder zwischen vier und sechs Jahren nicht bereit, ihrem moralischen Entwicklungsniveau entsprechend zu handeln, weil sie Unlust vermeiden oder – schlichter ausgedrückt – negative Konsequenzen für sich abwenden wollen. An folgendem Beispiel lässt sich das anschaulich demonstrieren:

Der Alok ist Schuld, nicht ich!

Im Leben der kleinen, ohne Geschwister aufwachsenden Lisa tauchte gegen Ende des vierten Lebensjahres erstmals »der Alok« auf, eine imaginäre Figur, die von dem Mädchen besonders dann gerne ins Feld geführt wurde, wenn es darum ging, Verantwortung zu übernehmen. Zunächst handelte es sich dabei vor allem um Situationen, in denen Rechenschaft abgelegt werden sollte über die Resultate von Ereignissen, die von den Eltern negativ bewertet wurden: Chaos auf dem Wohnzimmertisch, Hautcreme verteilt auf dem Badezimmerspiegel ... Mit zunehmender elterlicher Akzeptanz von Alok – die Eltern zollten insgeheim der Kreativität ihrer Tochter Anerkennung –, wurde der Verantwortlichkeitsbereich von Alok dann auch ausgedehnt auf Handlungen, deren Konsequenzen von Seiten der Eltern nicht negativ, sondern sogar positiv bewertet wurden ...

10

Die soziale Entwicklung

Sozial-kognitive Vorgänge wie Rollen- oder Perspektivenübernahme und moralisches Urteilen bilden die Voraussetzung und Grundlage sozialen Verhaltens. Umgangssprachlich wird mit »sozialem« Verhalten oder Handeln ein Verhalten bezeichnet, das generell positiv bewertet wird; etwa weil es anderen hilft oder nützt. Gesellschaftlich negativ bewertetes Verhalten nennt man dagegen asozial oder antisozial.

> In der Wissenschaft fasst man unter sozialem Verhalten oder Sozialverhalten *alle Verhaltensweisen* zusammen, die sich auf Menschen beziehen und sich in Situationen abspielen, in denen es Menschen mit Menschen zu tun haben – die Bewertung positiv oder negativ bleibt also außen vor, der Begriff »Sozialverhalten« wird sozusagen neutral verwendet.

Den weiteren Ausführungen wird diese neutrale, wissenschaftliche Begriffsverwendung zu Grunde gelegt.

10.1 Wurzeln sozialen Verhaltens

Einigkeit besteht in Forscherkreisen darüber, dass Sozialverhalten genetische Wurzeln hat: Das schon in den ersten Lebenswochen spontan auftretende »soziale Lächeln« garantiert dem Neugeborenen positive Zuwendung und Versorgung. Keine Einigkeit besteht darüber, wie die Entwicklung weitergeht. Die bekannte Attachment-Theorie, von der im Buch »0–3 Jahre« ausführlich die Rede ist (vgl. Kasten 2004, S. 147 ff.), die viele Anhänger in der Entwicklungspsychologie gefunden hat, betrachtet die in der frühen Kindheit sich aufbauende Mutter-Kind-Bindung als grundlegende Voraussetzung für die gesamte weitere soziale Entwicklung des

Kindes. Ähnlich ist auch der Standpunkt der klassischen Psychoanalyse, für die der Säugling zunächst a-sozial ist und erst durch die Interaktionen mit der Mutter zu einem sozialen Wesen wird.

Andere Wissenschaftler gehen davon aus, dass für eine gesunde soziale Entwicklung des Kindes zwar auch die Mutter-Kind-Interaktion, aber vor allem und in erster Linie der *regelmäßige Kontakt mit anderen Kindern* Voraussetzung ist. Diese Forscher verweisen auf die Evolution und Stammesgeschichte des Menschen, die untermauert, dass das natürliche soziale Umfeld des Kindes nicht die Erwachsenenwelt ist, sondern die altersmäßig gemischte Gruppe der Kinder, in der es aufwächst – eine Gruppe, deren Mitglieder oft auch untereinander verwandt oder verschwägert sind. Durch diese Gruppe wird es sozialisiert und entwickelt soziale Verhaltensweisen wie kooperieren, wetteifern, sich durchsetzen, nachgeben, Kompromisse schließen usw.

Die neuere Forschung hat Ergebnisse zu Tage gefördert, die einen Brückenschlag zwischen den beiden skizzierten Positionen erlauben: Zwischen beiden sozialen Beziehungssystemen – dem Kind-Erwachsenen-System und dem Gleichaltrigen-Beziehungssystem – bestehen fruchtbare Wechselwirkungen. Fortschritte und Entwicklungssprünge in einem Bereich machen sich positiv im jeweils anderen Bereich bemerkbar.

10.1.1 Phasen der sozialen Anpassung und Eingliederung in die Kindergruppe

Verschiedenen Beobachtungsstudien zufolge (vgl. Schmidt-Denter 1988, S. 98 ff.) vollzieht sich die Eingliederung in die Kindergartengruppe in zwei typischen *Phasen:*

In der *1. Phase* halten sich die Neuen sehr zurück, bleiben auf Distanz, schauen zu, wenn die anderen spielen, beobachten aber aufmerksam alles, was um sie herum passiert. Diese passive, aber durchaus aufnehmende Haltung bringt ihnen aus Sicht der Forscher dreierlei: Zum einen können sie diese Zeit nutzen, um mit ihrem eigenen Gefühlshaushalt zurechtzukommen, zum Beispiel Abschieds- und Trennungsschmerz verarbeiten, Kontaktängste abbauen; zum anderen lernen sie aus der Zuschauerperspektive einiges, was ihnen später zu Gute kommt, und schließlich bringt ihnen die Zurückhaltung eine soziale Schonfrist – sie werden in Ruhe gelassen und brauchen sich selbst auch nicht »kräfteraubend« zu engagieren.

Im Verlaufe der *2. Phase* werden die Neuen zunehmend aktiver; aber auch von Seiten der erfahrenen Kindergartenkinder erfolgen immer häufiger Kontaktaufnahmen – die Schonzeit ist beendet. Durch eine Vielzahl von sozialen Interaktionen, das heißt wechselseitig aufeinander Bezug nehmenden Verhaltensweisen, etabliert sich allmählich eine neue Gruppenordnung, in der jedes neue Kind seinen Platz – weiter unten oder weiter oben in der Hierarchie – findet. Diese Integrationsphase ist für viele Kinder eine anstrengende Sache, so dass sie manchmal am Nachmittag oder am Abend zu Hause Anzeichen körperlicher Erschöpfung zeigen. Gerade in dieser Zeit können Interventionen zugunsten der Neuen von Seiten der ErzieherInnen eine gewisse Entlastung bewirken und deren Hineinfinden in die Gruppe erleichtern.

10.1.2 Ausbildung hierarchischer Verhältnisse innerhalb der Kindergruppe

»Hierarchien«, das heißt Ober-und-Unter-Ordnungsverhältnisse, werden zum einen mit Hilfe des traditionellen sozialpsychologischen *Dominanzkonzeptes* untersucht: Die größte Dominanz besitzt das Kind, das sich am besten – meist mit aggressiven Mitteln – durchsetzen kann. Zum anderen findet auch das anspruchsvollere *Konzept der Aufmerksamkeitsstruktur* Verwendung.

In etlichen Untersuchungen – zumeist Beobachtungsstudien – war zu belegen, dass die ranghöchsten Plätze meist von Kindern eingenommen wurden, die in Konflikten die Oberhand behielten. Relativ häufig handelte es sich dabei um ältere, körperlich schwerere, kindergartenerfahrene Jungen. Regelmäßig beobachtet werden konnte eine Abnahme konflikthafter Auseinandersetzungen, wenn sich erst einmal eine Dominanzhierarchie herausgebildet hatte.

Um die Aufmerksamkeitsstruktur in einer Gruppe zu ermitteln, wird jeweils registriert, wie oft ein Kind – innerhalb eines vorgegebenen Zeitabschnitts – Beachtung findet, das heißt von anderen Kindern *gleichzeitig angesehen* wird. Kinder, welche die – so definierte – meiste Aufmerksamkeit erhalten, nehmen den höchsten Rangplatz ein und zeichnen sich häufig durch ihre hohe Aktivitätsquote aus: Sie schlagen ein neues Spiel vor, verteilen Rollen, organisieren den Ablauf, machen Zugeständnisse oder Einschränkungen, ordnen an, geben die Erlaubnis oder verbieten. Weniger ranghohe Kinder verhalten sich passiver und abwartender: Sie bitten um etwas, lassen sich informieren, ihnen wird etwas erlaubt oder nicht gestattet, aber auch Hilfe und Unterstützung gewährt.

Es konnte gezeigt werden, dass die mit Hilfe des Aufmerksamkeitsstruktur-Konzeptes ermittelten Rangordnungen *stabiler* waren als die auf der Basis des eindimensionalen Dominanz-Konzeptes ermittelten Hierarchien. Soziale Kompetenzen, denen sozial-kognitive Prozesse wie Einfühlung und strategische Rollenübernahme vorausgehen, scheinen *langfristig* also für die Etablierung eines hohen Rangplatzes wichtiger zu sein als aggressives Durchsetzungsvermögen, das zuweilen sogar dazu führt, dass die betreffenden, allzu aggressiven Kinder ausgegrenzt und isoliert werden.

10.1.3 Ermittlung der Struktur sozialer Interaktionen und Kontakte

Mit Hilfe eines von Ulrich Schmidt-Denter (1985 a) entwickelten Beobachtungsverfahrens lassen sich die typischen Interaktionsmuster in Kindergartengruppen erfassen. Gezeigt werden konnte, dass zwischen Drei- und Vierjährigen andere Beziehungssysteme etabliert werden als zwischen Drei- und Fünfjährigen. Zwischen ersteren laufen die meisten Kontakte ab – mehr als innerhalb jeder anderen Altersgruppe. Dagegen dienen Fünfjährige für die Dreijährigen häufiger als Modelle und Vorbilder. Zwar suchen die Kleinen oft von sich aus den Kontakt, werden aber selten Ernst genommen und häufig abgewimmelt. Wenn sich ältere Kindergartenkinder einmal herablassen und sich mit den jüngeren abgeben, bereichern sie deren Spiele gleich deutlich.

Ein Altersabstand von nur einem Jahr bringt dagegen weniger Distanz mit sich: Die Älteren unterweisen die Jüngeren oft direkt und nehmen diese Lehrerrolle bereitwillig ein. Auffällig sind darüber hinaus gewisse Separierungstendenzen, die vor allem von der Gruppe der älteren Jungen praktiziert werden, deren Schulkindkarriere in absehbarer Zeit ansteht.

Von außen betrachtet bildet jede Kindergartengruppe einen kleinen sozialen Kosmos, in dem sich manche Eigendynamik entwickelt und zuweilen auch »schwarze Löcher« entstehen, die ein kreatives pädagogisches Eingreifen von Seiten der ErzieherInnen erforderlich erscheinen lassen. Aggressive Übergriffe oder massive Ausgrenzungen einzelner Kinder, möglicherweise auch allzu starke Abschottungstendenzen einzelner Grüppchen könnten dazu zählen.

10.1.4 Weitere Dimensionen des sozialen Verhaltens

Für eine Reihe weiterer Verhaltensdimensionen, die in der entwicklungspsychologischen Forschung Beachtung fanden, wurden über die drei Kindergartenjahre hinweg Hinweise für eine Zunahme der Häufigkeit des Auftretens erkannt:

Konformes Sozialverhalten

Das gilt in besonderer Weise für *konformes*, angepasstes Sozialverhalten. Mit dem Hineinwachsen in den Kindergarten verinnerlichen die Kinder die in ihm geltenden Normen, Regeln und Verhaltensstandards immer stärker; sie fühlen sich kompetent und anerkannt als regelkundige Kinder und verhalten sich entsprechend konform. Die Neigung, sich regelkonform zu verhalten nimmt im Verlaufe der Grundschuljahre noch weiter zu und erst wieder mit dem Beginn der Pubertät ab.

Leistungsorientiertes Konkurrenzverhalten

Viele Forscher gehen heute davon aus, dass die Tendenz, sich mit anderen zu vergleichen, wahrscheinlich biologische Wurzeln hat und deshalb auch schon sehr früh zu beobachten ist. Aus der Tendenz, sich zu vergleichen, entsteht insbesondere dann, wenn der Vergleich zuungunsten der eigenen Person ausfällt, Konkurrenz- und Wettbewerbsverhalten, das in unserer Leistungsgesellschaft nicht nur toleriert, sondern sogar bekräftigt wird. Das gilt in besonderem Maße für das männliche Geschlecht.

Schon im ersten Kindergartenjahr lassen sich die Auswirkungen dieser geschlechtsspezifischen Rollenvorgaben beobachten. Jungen konkurrieren

Prosoziales Verhalten ist Mädchensache ...

miteinander wesentlich häufiger als Mädchen. Diese geschlechts-
rollentypischen Verhaltensweisen werden in den folgenden beiden
Kindergartenjahren noch weiter ausgebaut – nicht zuletzt aufgrund
der Tatsache, dass in den meisten Elternhäusern und Kindertagesstätten geschlechtsrollenkonformes Verhalten explizit oder implizit bekräftigt – oder zumindest toleriert – wird.

Prosoziales Verhalten ist Mädchensache und nimmt bei ihnen weiter zu

Während drei- und vierjährige Jungen noch annähernd so häufig
wie gleichaltrige Mädchen prosoziale Verhaltensweisen zeigen, das
heißt ein für andere positives Verhalten bzw. ein Verhalten mit der
Absicht anderen zu nützen praktizieren, sinkt diese Verhaltensbe-
reitschaft in den beiden nachfolgenden Jahren deutlich. Zum Verhaltensrepertoire der typischen, in Grüppchen vereinten »Macho«-Jun-
gen, die im letzten Kindergartenjahr gar nicht so selten angetroffen
werden können, passt hilfreiches oder gar Anteil nehmendes, trös-
tendes Verhalten ganz und gar nicht; es sei denn, es gilt einem Kum-
pel und Spielfreund in der Gruppe.

10.1.5 Die Aufgaben der Bezugspersonen

Wichtig ist die moderierende, flankierende, intervenierende, manchmal stützende, gelegentlich auch einschränkende Rolle, die Eltern
und ErzieherInnen, im konkreten Fall auch älteren Geschwistern
oder Spielfreunden zukommen kann. Wesentlich ist, dass alle diese
Personen *reale Interaktionspartner* in einer Vielzahl unterschiedlicher sozialer Situationen sind und dass sich die Kinder auf ganz verschiedene Weise neue soziale Verhaltensweisen aneignen bzw. ihr
vorhandenes Repertoire verändern oder ausdifferenzieren – durch
Bekräftigung, Anerkennung und Lob. Unerwünschtes Verhalten
kann durch direkte Intervention: Kritik, Missbilligung, Bestrafung
unterbunden oder eingeschränkt werden.

Im Verlaufe der Kindergartenjahre erwerben die Kinder immer häufiger neue Verhaltensweisen auf indirektem Wege, das heißt durch Beobachtung des Modellverhaltens eines Vorbilds. Vorbilder sind vor allem andere Kinder – besonders attraktive Vorbilder die deutlich älteren Vorschulkinder. Und auch diese eignen sich neue Verhaltensweisen an, zum Beispiel spezifische soziale Fertigkeiten wie jemanden begrüßen oder verabschieden, Telefonate führen, sich in Warteschlangen einreihen… – durch direkte Anleitung, Instruktion oder Unterweisung, die sie von ihren Bezugspersonen erhalten.

10.1.6 Die Rolle von Freundschaften beim Erwerb sozialen Verhaltens

Feste Freundschaften entwickeln sich in der Regel erst im Laufe der Kindergarten- und Vorschuljahre.

Entwicklungsstufen von Freundschaft

Nach dem Modell von Robert Selman (1981) gibt es fünf Entwicklungsstufen von Freundschaften:
- Dreijährige befinden sich noch auf Stufe 0: Für sie ist Freundschaft an den Augenblick gebunden, existiert sozusagen nur im Hier und Jetzt. Der Partner, mit dem sie gerade gut zusammenspielen, der auf ihre Wünsche eingeht, ist ihr »Freund«.
- Bei Vier- und Fünfjährigen, die sich auf Stufe 1 befinden, ist es noch ganz ähnlich: Sie verwenden zwar den Begriff »Freund« und »bester Freund« von sich aus, doch ist aus ihrer Sicht ein guter Freund vor allem einer, der sich in ihrem Sinne verhält und dessen Vorlieben und Abneigungen sie kennen.
- Bei Sechs- und Siebenjährigen, die Stufe 2 erreicht haben, spielt das »do ut des« (lat. Geben und Nehmen), die Wechselseitigkeit des Aufeinandereingehens eine zunehmend größere Rolle. Ihre

Freundschaften sind aber noch nicht sehr stabil, sie zerbrechen leicht, wenn die Wünsche und Vorlieben der Partner zu stark voneinander abweichen. Selman charakterisiert sie anschaulich als »Schönwetterkooperation«.

• Auf den Stufen 3 und 4, die erst mit ungefähr zehn bis elf bzw. 13 bis 14 Jahren erreicht werden, werden dann gegenseitige Toleranz von Eigenarten und Vorlieben, die nicht den eigenen entsprechen, und wechselseitige Identifikation, Sympathie und Unterstützung immer wichtiger.

Freundschaften: Experimentierfeld für positives Sozialverhalten

Von außen betrachtet lassen sich Freundschaften – und insbesondere auch Geschwisterbeziehungen – als Experimentierfeld, als Spielwiese charakterisieren, auf der eine Fülle unterschiedlicher sozialer Verhaltensweisen ausprobiert werden können. In erster Linie sind das natürlich Verhaltensweisen, welche die positiven Aspekte von Freundschaft abdecken: *Gemeinsamkeit und Zweisamkeit* – wie zusammenspielen, miteinander etwas unternehmen und Neues entdecken, sich auf den anderen verlassen können, mit dem anderen zusammen Schwierigkeiten meistern, Konflikte ertragen und Streitigkeiten überstehen, im Idealfall Kompromisse finden, Verabredungen einhalten, zuverlässig und vertrauenswürdig sein, ein Geheimnis für sich behalten können, gemeinsam Spaß haben, Anteil nehmen an der Freude des an-

Freundschaften – Spielwiese für eine Fülle unterschiedlicher sozialer Verhaltensweisen

deren und Gefühle teilen. Daneben können aber auch *nur von einer Seite* eingesetzte *prosoziale* Verhaltensweisen ausprobiert und dauerhaft erworben werden.

Altruistische Verhaltensweisen

Dazu gehören auch *altruistische* Verhaltensweisen, die ein persönliches Zurückstecken oder sogar einen Verzicht oder ein Opfer notwendig machen – wie dem Freund zuliebe einen Nachteil oder eine Einschränkung in Kauf nehmen, ihm einen Gefallen erweisen, der Anstrengung und Zeit kostet, gemeinsam mit ihm für etwas gerade stehen, für das er allein verantwortlich war.

10.1.7 Emanzipatorische Geschlechtsrollenerziehung

Während ihrer gesamten Kindheit bis in die Pubertätszeit hinein geben Kinder gleichgeschlechtlichen Freunden den Vorzug. Dieses Phänomen gilt nicht nur für unseren Kulturkreis, sondern wurde auch in vielen anderen Gesellschaften beobachtet. Manche Wissenschaftler sprechen deshalb von einem *universellen Merkmal menschlichen Sozialverhaltens*. Fest steht, dass alle an der kindlichen Sozialisation beteiligten Personen und Einrichtungen die Neigung der Kinder gleichgeschlechtliche Spielgefährten zu bevorzugen aufgreifen und unterstützen. Lediglich innerhalb der so genannten *emanzipatorischen Geschlechtsrollenerziehung* sind Bemühungen zu registrieren, Jungen und Mädchen zu ermuntern, auch mit NichtgeschlechtsgenossInnen zu spielen und auf diese Weise allmählich auch Merkmale und Eigenschaften, die traditionellerweise dem jeweils anderen Geschlecht zugeordnet werden, in das eigene Verhaltensrepertoire aufzunehmen.

10.2 Die Bedeutung von Peers für die soziale Entwicklung

Freundschaften und freundschaftliche Beziehungen bilden nur einen Teilbereich innerhalb der Beziehungen zu den »Peers« – engl. = Gleichwertige, Gleichgestellte. Als »Peers« werden in der Fachsprache die ungefähr gleichaltrigen Spielgefährten bezeichnet. Genau betrachtet ist der Übergang vom Freund zum Peer ein fließender: Ältere Vorschulkinder sind bereits in der Lage zu differenzieren zwischen »bestem« Freund, »engem oder gutem« Freund und »gelegentlichem« Freund, der dann auch Spielfreund oder Peer genannt werden kann. Fachleute weisen darauf hin, dass die Unterscheidung zwischen Freund und Peer methodenabhängig ist: Die *Intensität* und *Qualität* einer Sozialbeziehung, um nur zwei wichtige Merkmale herauszugreifen, stellt sich von außen betrachtet – und durch Beobachtungsverfahren ermittelt – ganz anders dar, als wenn die betroffenen Kinder selbst – oder ihre Bezugspersonen – befragt werden. Einige Studien haben etwa Hinweise erbracht, dass Kinder, die sich gegenseitig als Freunde bezeichnen, nicht unbedingt auch die häufigsten und intensivsten Kontakte miteinander haben.

Dass Peers – ebenso wie Freunde und Geschwister – eine außerordentlich große Bedeutung für die kindliche Sozialentwicklung besitzen, ist eine wissenschaftlich gesicherte Erkenntnis:

Die Waisenkinder von Theresienstadt

In Fachkreisen sehr bekannt geworden sind die von Anna Freud und Diana Burlingham (1944) beschriebenen Waisenkinder von Terezin. Diese Kinder wurden gleich nach der Geburt – und der Ermordung ihrer Eltern durch die Nazis – in eine Abteilung für elternlose Kinder des tschechischen Konzentrationslagers Theresienstadt (tschech. Terezin) gebracht. Dort wurde lediglich für das leibliche Wohl der Kinder gesorgt, das Pflegepersonal wechselte ständig, so dass Kontakte zu erwachsenen Bezugspersonen so gut wie gar nicht hergestellt werden konnten. Nachdem das Konzentrationslager durch Truppen der Alliierten befreit und die sechs Kinder in einem Kinderheim in England untergebracht worden waren, bekamen Anna Freud und ihre Kollegin Gelegenheit, sich näher mit ihnen zu befassen. Die Kinder hatten im Laufe der Zeit sehr enge, geschwisterähnliche Beziehungen untereinander aufgebaut, gingen sehr positiv miteinander um, ließen einander zum Beispiel immer zu Ende reden, waren liebevoll und einfühlsam, wenn ein Kind Kummer hatte und nahmen in jeder erdenklichen Weise aufeinander Rücksicht. Nach außen jedoch, besonders Erwachsenen gegenüber, verhielten sie sich auf aggressive Weise ablehnend. Sie spuckten, bissen, kratzten, schlugen um sich und vermieden jeglichen Kontakt, so dass es dem Pflegepersonal lange Zeit überhaupt nicht möglich war, individuell auf die Kinder einzugehen. Das gemeinsame Schicksal, der frühe Elternverlust und vor allem das Aufwachsen in den ersten Lebensjahren ohne erwachsene – elternähnliche – Bezugspersonen führte bei den Kindern dazu, dass sie untereinander sehr starke, von Nähe, Vertrautheit, Einvernehmen und Verständnis geprägte – geschwisterähnliche – Sozialbeziehungen aufbauten, innerhalb derer positives Sozialverhalten dominierte.

10.3 »Peerorientierte« Kinder

Den ErzieherInnen begegnen in ihren Gruppen immer wieder Kinder, die besonders »peerorientiert« sind, das heißt, sich besonders gern und intensiv mit anderen Kindern beschäftigen. In einigen Untersuchungen konnte dokumentiert werden, dass es sich dabei um Jungen *und* Mädchen handelt, die sich durch folgende Eigenschaften auszeichnen: durchsetzungsfähig, sehr aktiv, körperlich kräftig, zuweilen aggressiv – und so das genaue Gegenteil von Ängstlichkeit, Zurückhaltung oder Zurückgezogenheit in sich verkörpern.

ErzieherInnen treffen aber auch immer wieder auf Kinder, die durch die zuletzt genannten drei Merkmale auffallen – also besonders schüchtern und kontaktschwach sind und dadurch in der Gruppe eine randständige, zuweilen sogar isolierte Position einnehmen.

Es liegt auf der Hand, dass die »extravertierten« Jungen und Mädchen, die eher dem ersten Typus angehören, in besonderem Maße vom Gruppenleben profitieren und sich durch das Zusammensein mit den Peers viele gruppenbezogene soziale – im späteren Leben nützliche – Verhaltensweisen aneignen: kooperieren, die Sprecher- oder Führungsrolle übernehmen, die Initiative ergreifen, Vorschläge machen, Ideen austauschen, solidarisches Verhalten zeigen, nachgeben, sich einordnen oder sich durchsetzen, Konflikte bewältigen usw.

Die im Verlaufe des vierten Lebensjahres sich weiter entwickelnde persönliche und soziale Identität des Kindes, das Lernen von seinen Bezugspersonen sowie seine wachsenden sprachlichen Kompetenzen tragen dazu bei, dass seine sozialen Handlungsmuster sehr schnell an Komplexität gewinnen und neben Gegenständen und Spielobjekten auch Personen, insbesondere andere Kinder – soweit verfügbar –, einbezogen werden. Interessanterweise lassen sich an diesen frühen sozialen Interaktionsmustern bereits Merkmale aufzeigen, die darauf hinweisen, dass in individualisierter Form aufeinander eingegangen wird. Nahe liegend ist die Annahme, dass die Kleinen bereits in dieser Zeit beginnen, die Qualitäten ihrer Beziehungen zu verschiedenen Gleichaltrigen zu verinnerlichen und auf der Grundlage der im Gedächtnis abgespeicherten und wieder erinnerten Beziehungsqualitäten die zukünftigen Interaktionen gestalten. Einem Peer mit negativ getönter, verinnerlichter Beziehungsqualität nähern sie sich gegebenenfalls abwartender, reservierter und misstrauischer, während man einem Gleichaltrigen, mit dem in der Vergangenheit positive Gefühle verknüpft wurden, offen und erwartungsvoll begegnet wird.

11

Kinder mit besonderen Bedürfnissen

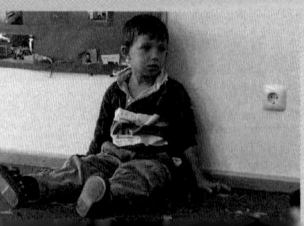

Der Fachbegriff »Kinder mit besonderen Bedürfnissen« hat sich im deutschen Sprachraum erst in den 80er Jahren des vergangenen Jahrhunderts eingebürgert und ist eine gelungene Eindeutschung des englischen Terminus: »special needs children«. Im Unterschied zu traditionellen klinisch-psychologischen Klassifikationssystemen, in denen meist die Beschreibung der *Symptome einer Störungsform* im Vordergrund steht, lenkt dieser Begriff das Augenmerk auf die »besonderen Bedürfnisformen«, vermittels deren Kinder verschiedenen Gruppen zugeordnet werden können, denen jeweils eine spezielle Form der pädagogischen Förderung und/oder psychologischen Therapie zuteil werden sollte. Das Spektrum der »Bedürftigkeit« reicht dabei von der Rund-um-die-Uhr-Versorgungsabhängigkeit mehrfach schwerstbehinderter Kinder über die spezielle Frühförderung, die Kinder mit Teilleistungsstörungen oder mit Verhaltensauffälligkeiten erhalten sollten, bis zu den besonderen Ansprüchen an Anregung und Betreuung, die hochbegabte Kinder stellen.

11.1 Auffällige Kinder – was bedeutet das?

Spätestens wenn sie in den Kindergarten kommen, werden Kinder, die dem mittleren Bereich des Spektrums zugeordnet werden können (s. Kap. 10.2), auf die eine oder andere Weise auffällig: Manche haben Schwierigkeiten bei der feinmotorischen oder grobmotorischen Koordination, schaffen es also zum Beispiel nicht zu hüpfen, zu springen, zu balancieren oder rückwärts zu gehen, oder tun sich schwer beim Ausschneiden, Zeichnen oder Basteln. Andere können nicht ruhig sitzen und zuhören. Einige fallen auf, weil ihr Sozialverhalten oder ihr sprachliches Ausdrucksvermögen eher einem Zweijährigen entsprechen. Wieder andere igeln sich ein, vermeiden jeden Kontakt zu anderen Kindern oder zur/m ErzieherIn, und isolieren sich so allmählich. Weiter gibt es aggressive Kinder, die ständig Händel mit anderen Kindern suchen und dabei auch vor Gewalt und körperlichen Übergriffen nicht zurückschrecken.

In der Regel erkennen die ErzieherInnen relativ schnell, dass sie es in ihrer Gruppe mit einem »auffälligen« Kind zu tun haben und suchen das Gespräch mit den Eltern. Als nicht so einfach erweist es sich aber oft, die Bereitschaft der Eltern zu wecken, Hilfe von außen in Anspruch zu nehmen und zum Beispiel mit dem Kind eine Frühförder- oder Erziehungsberatungsstelle aufzusuchen – den Sachverstand von frei praktizierenden LogopädInnen, SprachheilpädagogInnen, Physio-, Moto- oder ErgotherapeutInnen, KinderpsychotherapeutInnen oder -psychiatern zu konsultieren oder den Allgemeinen Sozialdienst um Unterstützung zu bitten.

Hinter den verschiedenen Formen von Auffälligkeit verbergen sich meist *Entwicklungsstörungen oder -verzögerungen*, die von der klinischen Psychologie bereits differenziert beschrieben worden sind und durch ganze Batterien von bewährten Tests und anderen diagnostischen Verfahren zuverlässig erfasst werden können. Auch die zur Verfügung stehenden Behandlungsmöglichkeiten wurden in der Praxis vielfach erprobt und ermöglichen Hilfe in überschaubarer Zeit.

11.2 Klassifikation der Entwicklungsstörungen und -verzögerungen

Es hat sich bewährt, die Auffälligkeiten im mittleren Bereich des Spektrums in sechs – oder sieben – Gruppen einzuteilen (vgl. z. B. Rollett 2002), die sich relativ klar – aufgrund ihrer Erscheinungsformen – voneinander abgrenzen lassen:

- Störungen der Grob- und Feinmotorik sowie der Visuomotorik: Zusammenspiel von Motorik und Wahrnehmung
- Affektive Störungen: z. B. Ängste, Depressionen
- Störungen der Sprachentwicklung: Unterscheidung zwischen Sprachentwicklungsverzögerung und Intelligenzminderung
- Störungen des Sozialverhaltens: z. B. Aggression, Isolation
- Hyperkinetische Störungen: ADHS
- Sonstige Verhaltens- und emotionale Störungen.

Hier außen vor bleiben können die
- Tiefgreifenden Entwicklungsstörungen – vor allem Autismus –, weil sie sehr selten vorkommen und aufgrund der Massivität der Störung eher dem äußeren Rand dieses Spektrums zuzuordnen sind.

11.2.1 Störungen der Motorik und Visuomotorik

Kinder mit motorischen und visuomotorischen Störungen fallen im Kindergarten oft durch ihre Tollpatschigkeit auf. Ihre »zwei linken Hände« bemerken die ErzieherInnen und anderen Kinder meist sehr schnell. Oft ist ein Teufelskreis vorprogrammiert, wenn solche Kinder unter Druck gesetzt werden mit Ermunterungen wie: »Gib dir doch etwas mehr Mühe!« oder: »Streng dich doch ein bisschen an!« Sie werden dann weiter verunsichert, wenn sie feststellen müssen, dass wesentlich jüngere Kinder viel besser malen, zeichnen, ausschneiden und Brücken bauen, viel weiter werfen und springen, viel schneller rennen und höher hüpfen können. Sie vermeiden es dann immer häufiger, sich mit anderen zusammen feinmotorisch oder grobmotorisch zu betätigen. Ihre zunehmende Frustration kann sich unterschiedlich kanalisieren und sich etwa auch in Rückzug oder aggressiven Übergriffen ausdrücken.

Bei visuomotorisch beeinträchtigten Kindern ist das Zusammenwirken von visueller Wahrnehmung und motorischer Steuerung
gestört. Zwischen fünf und zehn Prozent der Kindergartenkinder fallen durch solche Beeinträchtigungen auf, in deren Folge
auch Aufmerksamkeitsstörungen, Überaktivität und mangelnde
Impulskontrolle zu beobachten sind. Aus solchen Beeinträchtigungen können sich, wenn nicht frühzeitig interveniert wird, die
mittlerweile berühmt-berüchtigt gewordenen Teilleistungsstörungen entwickeln, deren Behandlung sich oft als langwierig und zeit-
intensiv erweist.

Am häufigsten werden motorische und visuomotorische Störungen zurückgeführt auf pränatale – während der Schwangerschaft
eingetretene – Schädigungen des Fötus und perinatale Faktoren:
Komplikationen bei der Geburt, zum Beispiel durch eingeschränkte
Sauerstoffversorgung des ungeborenen Kindes. Aber auch nachge-
burtliche, milieubedingte negative Einflüsse wie Fehl- oder Unterer-
nährung, mangelnde Anregung und Versorgung, fehlende Zuwendung und Nestwärme müssen hier in Rechnung gestellt werden.

11.2.2 Affektive Störungen

Die affektiven Entwicklungsstörungen zählen zu den Störungen im
Bereich der Persönlichkeitsentwicklung. Im Wesentlichen unterschieden wird zwischen depressiven Störungsbildern und Angststörungen. Bei der Entstehung beider Störungsformen spielen gestörte Eltern-Kind-Interaktionen eine wichtige Rolle.

Depressive Störungen

Depressive Kinder haben nicht selten in der frühen Kindheit den
Verlust einer engen Bezugsperson – oder den häufigen Wechsel
von Bezugspersonen – ertragen müssen, oder sie besitzen selbst

eine depressive Mutter, zu der sie keine sichere Bindung aufbauen konnten. Depressive Mütter schaffen es nicht, angemessen auf ihr Kind einzugehen.

Depressiv gestörte Kindergartenkinder leiden unter anderem an Schlafstörungen und psychosomatischen Beschwerden wie Bauchschmerzen oder Kopfweh und zeigen Rückzugstendenzen: Sie haben keine Lust zu spielen, sind antriebsarm und oft weinerlich und negativistisch. Misshandelte oder sexuelle missbrauchte Kinder (s. u.) zeigen oft ganz ähnliche Symptome.

Geholfen werden kann den betroffenen Kindern am besten dadurch, dass eine sichere Bindung zwischen ihnen und ihrer Mutter bzw. Hauptbezugsperson aufgebaut wird. Das ist oft nur auf dem Umweg einer Einzeltherapie der Mutter und meist auch der Kinder zu erreichen. Je tiefer sich die depressive Störung bereits eingenistet hat, umso langwieriger ist zumeist die Behandlung, in die oft auch die MitarbeiterInnen der Kindertagesstätte einbezogen werden müssen.

Angststörungen

Ängste sind im Leben des Kindes etwas ganz Natürliches; sie zeigen sich zum Beispiel im Gefolge von Umstellungsprozessen auf neue Lebenssituationen – Übergänge! – und sind funktional, weil durch sie und mit ihnen eine wichtige Anpassung an die neuen Gegebenheiten geleistet wird. Natürlich verändern sie sich im Laufe der Entwicklung. Trennungsängste spielen bei Drei- und Vierjährigen noch eine gewichtigere Rolle als bei Fünf- und Sechsjährigen, für die andere Ängste, die in Verbindung zu bringen sind mit ihrer wachsenden Phantasietätigkeit und ihrem zunehmendem Vorstellungsvermögen, in den Vordergrund rücken: Dazu zählen etwa die Angst vor Gespenstern und Ungeheuern, vor Verbrechern und anderen bösen Menschen, aber auch vor Dunkelheit oder konkreten Objekten und Tieren wie Spinnen und Schlangen. Unfunktional und neurotisch können Ängste werden, wenn sie keine Anpassungsfunktion mehr erfüllen und – im Gegenteil – das Kind daran hindern, sich auf neue Lebensbedingungen und Umstände einzustellen und in ihrer Intensität – man spricht nicht umsonst von »Angstattacke« – in keinem Verhältnis zum Anlass stehen (vgl. Kasten 2004 a).

Man kann davon ausgehen, dass das Erziehungsverhalten der Eltern und die sich daraus entwickelnde Bindungsqualität eine bedeutende Rolle bei der Entstehung von Ängsten im Kleinkindalter spielen. Ein paar Jahre später können solche Ängste ein neurotisches Ausmaß annehmen und behandlungsbedürftig werden. Oft ist ein konkreter Auslöser daran beteiligt, z. B. eine plötzliche und unerwartete Trennung von der Mutter/dem Vater oder einer wichtigen Bezugsperson.

Kindergartenkinder mit diffusen Angststörungen zeigen häufig ein ausgeprägtes Anklammerungsverhalten; sie können sich morgens beim Bringen nicht von der Mutter/dem Vater trennen und weigern sich schließlich ganz, weiter in den Kindergarten zu gehen. Sie schlafen nachts schlecht und sind ständig besorgt, dass ihrer Bezugsperson – wenn sie abwesend ist – etwas Schlimmes widerfahren könnte.

Von dieser »generalisierten Angst und Trennungsangst« abgegrenzt werden können »phobische Störungen« und Störungen mit »sozialer Ängstlichkeit«. Bei phobischen Ängsten handelt es sich um eng umrissene Ängste, die nur durch spezifische Anlässe – meist sind es konkrete Objekte, auch Tiere, Geräusche, oder bestimmte Situationen – ausgelöst werden. Kinder mit sozialer Angststörung geraten dagegen in Panik, wenn sie Kontakt mit fremden Personen – Kindern und Erwachsenen gleichermaßen, manchmal auch nur bei einer Gruppe – aufnehmen und unterhalten sollen. Diese Kontaktstörung erstreckt sich aber nicht auf Personen, die den Kindern vertraut sind.

Bei der Behandlung aller Angststörungen sollten die Eltern einbezogen werden. Verhaltenstherapie und Spieltherapie, in deren Verlaufe die Kinder allmählich lernen, mit angstauslösenden Situationen umzugehen, haben sich als wirksame Maßnahmen erwiesen (vgl. dazu insbesondere die ausführlichen Darstellungen in Kasten 2004 a).

Störungen der Sprachentwicklung

Gegen Ende des dritten Lebensjahres haben die Kinder im Durchschnitt einen aktiven Wortschatz von ungefähr achthundert bis tausend Wörtern. Sie können alle Laute ihrer Muttersprache richtig erkennen und selbst korrekt artikulieren. Ihr Satzbau ist schlicht: Subjekt, Prädikat, Objekt – und grammatikalisch auch hin und wieder nicht ganz fehlerfrei. Mädchen haben einen signifikanten Vorsprung in der sprachlichen Entwicklung, den sie auch während der folgenden drei Jahre aufrechterhalten. In dieser Zeit verläuft die weitere Entwicklung unspektakulär aber stetig: Im vierten Lebensjahr verdoppelt sich nicht nur der Wortschatz, sondern auch die Sätze, die die Kinder verwenden; die Sätze werden länger und grammatikalisch anspruchsvoller. Ab und zu werden auch Haupt- und Nebensatzkonstruktionen verwendet.

Während des vierten – teilweise auch schon während des dritten Lebensjahres – kann es zu *entwicklungsbedingtem Stottern* kommen. Hierbei handelt es sich meist um ein vorübergehendes Phänomen, das vor allem dadurch entsteht, dass die Kinder es nicht schaffen, alles, was sie sich gerade vorstellen und womit sie sich innerlich beschäftigen – und das kann eine Menge sein in diesem Alter! –, angemessen sprachlich auf die Reihe zu bringen. Es passiert besonders dann, wenn die Kinder aufgeregt sind oder sich von außen unter Druck gesetzt fühlen und verschwindet meist nach einiger Zeit von selbst wieder. Die Eltern können dazu beitragen, dass diese Störung schnell wieder abklingt, wenn sie sich selbst bemühen, ihr eigenes Sprechtempo etwas zu vermindern und es vermeiden, das Kind in irgendeiner Weise zu bedrängen oder zu kritisieren, wenn es wieder einmal anfängt sich zu verhaspeln.

Kommunikative und selbst regulierende Funktionen der Sprache gewinnen an Bedeutung

Im Laufe des fünften Lebensjahres wächst nicht nur der Wortschatz kontinuierlich weiter; auch die *kommunikativen und selbst regulierenden Funktionen der Sprache* gewinnen zunehmend an Bedeutung: Die Kinder bemerken, wie ihnen aufmerksam zugehört wird, wenn sie sich im Kindergarten-Stuhlkreis klar und verständlich ausdrücken. Sie stellen fest, dass das Rollenspiel immer besser klappt, wenn sie sich mit dem Spielpartner vorher absprechen und genau verständigen. Ihre Bezugspersonen können ihnen jetzt vermitteln, dass Sprache auch als Instrument zur Selbstkontrolle und Differenzierung von Gedanken und Gefühlen verwendet werden kann. Dazu ist es – im Elternhaus wie im Kindergarten – erforderlich, eine gewisse Gesprächskultur zu pflegen, innerhalb derer sich die Erwachsenen Zeit nehmen für Begründungen ihres eigenen Verhaltens – vor allem, wenn dieses den Kindern gegen den Strich geht; es braucht auch Zeit, um Missverständnisse aufzuklären, zum Beispiel dadurch, dass die Erwachsenen ihre eigenen Gefühle und die der Kinder in Worte zu fassen versuchen. Die Kinder werden so angeregt, sich innerlich etwas näher mit ihren Gefühlen zu befassen und diese nötigenfalls auch sprachlich auszudrücken. Dadurch wird in ihnen allmählich etwas aufgebaut, was im Fachjargon »emotionale Intelligenz« und »meta-emotionale Kompetenz« genannt wird.

Grundlagen des Emotionstrainings – nach Gottman & DeClaire, 1998

In ihrem Buch »Kinder brauchen emotionale Intelligenz« stellen die beiden Autoren das Emotionstraining vor, durch das sowohl Eltern wie ErzieherInnen die emotionale Intelligenz »ihrer« Kinder fördern können:

- Sich die Gefühle des Kindes selbst bewusst zu machen versuchen.
- Die Gefühlsäußerung des Kindes als Gelegenheit auffassen und nutzen, um ihm seelisch nahe zu sein.
- Dem Kind einfühlsam und mitfühlend zuhören.
- Ihm helfen, seine Gefühle selbst zu spüren und in Worte zu fassen.
- In emotionalen Konfliktsituationen mit dem Kind gemeinsam nach Strategien suchen, die zu einem Abbau der Spannungen und einer Lösung des Problems beitragen.

Dabei kommt es darauf an, dass dem Kind vermittelt wird, dass es trotz seiner meist negativen Emotionen – Wut, Ärger, Angst – gemocht und angenommen wird; dass ihm Gelegenheit gegeben wird, seine Gefühle wahrzunehmen: »Du bist jetzt stinksauer auf mich, weil ich Dir das verboten habe. Das darfst Du auch sein. Das ist schon okay. Aber nicht okay ist, dass Du jetzt Deinen kleinen Bruder störst und ihn zum Weinen bringst...«; dass seine daraus resultierenden Handlungen aber in Frage gestellt werden und nach Alternativen Ausschau gehalten wird, etwa dadurch, dass ihm erläutert und begründet wird, warum das Verbot ausgesprochen wurde.

Die kontinuierliche Zunahme des Wortschatzes geht auch im sechsten Lebensjahr weiter: In diesem Alter verwenden die Kinder dann aktiv im Durchschnitt 5.000 verschiedene Wörter; ihr passives Wortverständnis liegt bei ungefähr 10.000 Wörtern. Ausgestattet mit dieser Basis können sie sich mühelos über fast alles, was sie bewegt – sowohl Gleichaltrigen wie auch Erwachsenen gegenüber – verständigen. Ihr Wissen über Sprache und die Möglichkeiten, die Sprache als Kommunikationsmittel und als Instrument zur Differenzierung und Regulierung des eigenen Denkens und Fühlens in sich birgt, ist jedoch noch implizit und ihnen selbst nicht bewusst. Ein explizites Wissen über Sprache baut sich erst allmählich im Laufe der nächsten Lebensjahre auf.

Die Fundamente für eine normale Sprachentwicklung werden in erster Linie durch das sprachliche Milieu, in dem das Kind aufwächst, zur Verfügung gestellt. Besonders die sprachlichen Vorbilder, die den Kindern zur Seite stehen, die Anleitungen und Rückmeldungen, die sie erhalten, und die Anregungen und Förderungen, die sie in ihrem Umfeld bekommen, spielen dabei eine gewichtige Rolle.

Störungen des Sozialverhaltens

Unter den Störungen des Sozialverhaltens werden verschiedenartige Symptome zusammengefasst, die auf unterschiedliche Entstehungsbedingungen zurückgeführt werden. Teilweise sind diese nicht leicht eindeutig voneinander zu unterscheiden, müssen jedoch oftmals ganz unterschiedlich behandelt werden.

Grob voneinander abgrenzen lassen sich Störungen des Sozialverhaltens,
• die schon im frühen Kleinkindalter auftreten,
• die das betroffene Kind nur im familialen Rahmen zeigt,
• die auch außerhalb der Familie bestehen,
• bei denen soziale Bindungen fehlen bzw.
• bei denen solche Bindungen vorhanden sind,
• die auf eine Bindungsstörung zurückzuführen sind und bei denen das Kind zusätzlich enthemmtes Verhalten zeigt,

- die sich in aufsässigem, oppositionellem Verhalten manifestieren,
- die sich in der Hauptsache in Aggressionen dem/den Geschwister(n) gegenüber, also in extremer Geschwisterrivalität äußern,
- die in ungewöhnlich starkem Rückzugsverhalten und extremer Schüchternheit ihren Ausdruck finden – und schließlich
- die einhergehen mit emotionalen Störungen wie z. B. Trennungsangst.

Da eine genaue Diagnose der im konkreten Fall vorliegenden Störung des Sozialverhaltens oft nicht einfach ist und eine Datenerhebung nicht nur beim Kind, sondern auch in seinem familialen und sozialen Umfeld erfordert, gestaltet sich die Behandlung nicht selten schwierig und arbeitsaufwändig. Von Fachleuten empfohlen werden langfristig angesetzte spiel- und verhaltenstherapeutische Interventionen, in die zumeist und mindestens phasenweise alle wichtigen Bezugspersonen des Kindes einbezogen werden müssen. Seit etlichen Jahren in der therapeutischen Praxis bewährt hat sich das von Franz und Ulrike Petermann (8. Auflage, 1997) herausgegebene Programm »Training mit aggressiven Kindern«.

Sonstige Verhaltens- und emotionale Störungen

Unter diesen Störungen werden in der klinischen Psychologie im Wesentlichen drei Störungsformen zusammengefasst:
- Enuresis: willkürliches oder unwillkürliches Einnässen nach Erreichen des fünften Lebensjahres – zu einem Zeitpunkt, an dem die physiologisch-körperliche und geistige Entwicklung soweit fortgeschritten ist, dass eine Kontrolle der Harnblase möglich wäre.
- Enkopresis: absichtliches oder unabsichtliches Einkoten nach Erreichen des vierten Lebensjahres.
- Fütter- und Ernährungsstörungen.

Zwischen dem vierten und sechsten Lebensjahr entwickeln nicht wenige Kinder dann und wann sehr einseitige Bevorzugungen – und auch Ablehnungen – bestimmter Lebensmittel. Die Gründe dafür sind vielfältig: Vorbilder, Medieneinflüsse, Gruppendruck … – und können im Einzelfall oft nicht eindeutig ermittelt werden. Solche kleinen Störungen haben meist vorübergehenden Charakter, können allerdings eskalieren und sich verfestigen, wenn von Seiten der Erziehungsberechtigten allzu harsch und fordernd interveniert wird: »Bevor du den Salat nicht gegessen hast, erlaube ich dir nicht aufzustehen!« Selbst ein wohlgemeinter sanfter Zwang oder zu intensives Zureden erweisen sich zuweilen als nicht geeignete Mittel und tragen eher noch zu einer Bekräftigung der ungewöhnlichen Vorliebe oder Abneigung bei.

12

Der Übergang vom Kindergarten in die Grundschule

Nun schließt sich der Kreis dieses Buches über die entwicklungs-psychologische Betrachtung von Kindern im Alter vom vierten bis zum sechsten Lebensjahr: Ähnlich wie der erstmalige Eintritt in einen Kindergarten, wird der Wechsel vom Kindergarten in die Grundschule in der Psychologie als »normatives kritisches Lebens-ereignis« für das Kind und seine Eltern betrachtet.

12.1 Theoretische Ansätze, die sich mit diesem Übergang befassen

Mit dem Schuleintritt als Übergang beschäftigen sich unter ande-rem die ökopsychologische Systemtheorie (Bronfenbrenner 1979), das kontextuelle System-Modell (z. B. Pianta & Walsh 1996), der Stressansatz (Lazarus 1995), die entwicklungspsychologische Theorie der Lebensspanne (z. B. Baltes 1990) und die Transitions-theorie (z. B. Griebel & Niesel 2004).

Diese Ansätze ergänzen und überlappen sich teilweise und setzen unterschiedliche Schwerpunkte: Sie rücken zum Beispiel Wechsel-wirkungen zwischen Familie, Schule und gesetzlichen Regelungen in den Vordergrund, heben besonders ab auf individuelle und fa-miliäre Bewältigungsressourcen oder betonen Prozesse der Verän-derung und des Wandels.

Hier wird der Transitionstheorie – *Theorie der Übergänge* – beson-dere Beachtung geschenkt, weil sie meiner Einschätzung nach das Konzept mit dem integrativsten Anspruch darstellt; das heißt, sie bemüht sich, die wesentlichen Aspekte der anderen Theorien zu berücksichtigen und in einem »neuen« Modell zu vereinheitlichen. Das besonders praxisnahe transitionstheoretische Modell, das im Rahmen des Projektes »Neukonzeption von Bildungsqualität unter besonderer Berücksichtigung des Übergangs vom Kindergarten in die Grundschule« am Staatsinstitut für Frühpädagogik in München entwickelt wurde, soll an dieser Stelle kurz skizziert werden:

Das Modell »Transition als ko-konstruktiver Prozess« beschreibt den Übergang vom Kindergarten in die Grundschule als Prozess, den Kind und Eltern in ihrem sozialen Netzwerk – mit Verwandten, Freunden, Bekannten – zusammen gestalten, an dem ErzieherInnen, LehrerInnen, professionelle Berater und Dienste beteiligt sind und in dessen Verlaufe Kompetenzen aufgebaut werden, die für eine erfolgreiche Bewältigung des Übergangs gebraucht werden.

Das Modell berücksichtigt das Zusammenwirken aller direkt am Übergang beteiligten Personen und Institutionen in einem prozesshaften Geschehen und ist dabei produkt- oder zielorientiert; das bedeutet, es richtet sein Augenmerk auch auf das Resultat des Prozesses, der im Einzelfall mehr oder weniger erfolgreich aufgebauten Kompetenz zur Bewältigung des Übergangs beim Kind und seinen Angehörigen.

Leitlinie bei dieser Beschreibung ist hier die Frage, was – von allen Beteiligten – getan werden kann, damit der Übergang erfolgreich verläuft (vgl. Griebel & Niesel 2002, 2004).

12.2 Anforderungen an die Kinder

Die Kinder stellen sich schon im Laufe ihres letzten Jahres in der Kindertageseinrichtung langsam darauf ein, bald kein Kindergartenkind mehr zu sein, sondern ein richtiges Schulkind zu werden. Die meisten sehen dem bevorstehenden Wechsel mit positiven Gefühlen, aufgeschlossen und neugierig, entgegen. Nur eine kleine Minderheit empfindet – bezogen auf den Übergang – keine Vorfreude, sondern hat eher zwiespältige, teilweise sogar negative Gefühle.

12.2.1 Die Sicht der Kinder von der Schule

Im Allgemeinen haben Kinder auch kurz vor der Einschulung nur recht vage Vorstellungen von der Schule und dem, was sie dort erwartet – ausgenommen sind natürlich Kinder, die ältere, bereits schulpflichtige Geschwister haben oder ein Elternteil, das LehrerIn ist (vgl. Griebel/Niesel a. a. O., S. 79 ff.).

12.2.2 Aufhebung der Trennung von Spielen und Lernen

Aus pädagogischer Sicht und wenn der – mittlerweile gesetzlich untermauerte – Bildungsauftrag des Kindergartens ernst genommen wird, empfiehlt es sich, in einer konzertierten Aktion, an der sich Eltern, ErzieherInnen, LehrerInnen und Bildungspolitiker beteiligen, an der Aufhebung der Trennung zwischen Spielen und Lernen als zwei verschiedenen Lebensbereichen und Welten zu arbeiten: Zum einen wird auch im Kindergarten sehr viel gelernt – wenn auch zumeist in kindgemäßer, spielerischer Weise –, zum anderen sollte Schule – und insbesondere die ersten Grundschuljahre – nicht nur als Ort leistungsorientierten, »bierernsten« Lernens betrachtet werden, sondern mehr Gewicht auf kreative Freiräume, vorhandene kindliche Interessenbereiche und Freude und Spaß am Unterrichtsgeschehen gelegt werden.

In der heutigen, dreigliedrigen Regelschule ist das leider nur höchst selten der Fall und es dauert meist nur ein, zwei Jahre, bis aus wissbegierigen, allseits aufgeschlossenen, lerneifrigen Kindergartenkindern brave, angepasste, leistungsbewusste GrundschülerInnen gemacht worden sind, die keine Freude mehr am Lernen haben und nur noch ihre Pflichten erfüllen …

12.2.3 Gehemmte und sozial isolierte Kinder

Solche Kinder bedürfen besonderer Beachtung und Unterstützung. Sie sollten ermutigt werden – wann immer und wo immer es geht – aus sich herauszukommen und mit anderen Kontakt aufzunehmen. Alle Formen von Eigeninitiativen sollten bekräftigt und ausgebaut werden. Natürlich ist dabei immer im Auge zu behalten, in welcher besonderen Lebenslage sich das betroffene Kind befindet: Möglicherweise ist es körperlich nicht fit oder belastet durch seine persönliche oder familiäre Situation. Möglicherweise hat seine spezielle Gehemmtheit aber ganz andere Ursachen, die es behutsam zu ergründen gilt. Kindern, die sozusagen von Natur etwas zurückhaltender sind, tut besondere Zuwendung während der Übergangszeit gut und sie profitieren in besonderem Maße von kleinen Unterstützungen, die ihnen die Herstellung von Beziehungen zu anderen Kindern und den Aufbau von Freundschaften erleichtern.

12.2.4 Anforderungen, die sich allen Kindern stellen

Im Prinzip müssen die Kinder während der Zeit des Übergangs einen Identitätswandel auf der individuellen Ebene und einen Rollenwandel auf der interindividuellen, zwischenmenschlichen Beziehungsebene vollziehen. Der Identitätswandel wird unterstützt durch äußere Veränderungen, mit denen das Kind Schritt für Schritt konfrontiert wird. Im Kindergarten wird den angehenden Schulkindern besondere Beachtung geschenkt – nicht nur dadurch, dass sie als

Neugierig, ein »richtiges Schulkind« zu werden

solche behandelt und damit gegenüber den jüngeren, noch nicht schulreifen Kindern hervorgehoben werden – sondern auch, dass ihnen Angebote unterbreitet werden, mit deren Hilfe sie für die Schule wichtige Voraussetzungen erwerben können.

In den meisten Kindertagesstätten finden darüber hinaus in den letzten Monaten vor dem Schuleintritt mehrere Besuche in der Schule statt; die potenziellen LehrerInnen stellen sich vor und kommen auch ihrerseits einmal in den Kindergarten. Während der Schulbesuche können die zukünftigen Klassenzimmer besichtigt und die anderen Einrichtungen wie Turnhalle, Pausenhof, Hort usw. in Augenschein genommen werden. Im Elternhaus ist oft schon Monate vorher die Rede von der bevorstehenden Einschulung und viele Vorbereitungen werden getroffen: Eine Schultasche wird gekauft und mit allem für Erstklässler notwendigen Zubehör gepackt; der Weg zur Schule oder zum Schulbus wird gemeinsam abgegangen und einige Tage vor dem ersten Schultag wird die Schultüte ausgesucht und mit Überraschungen gefüllt. Beim Spiel und in den Gesprächen mit den Gleichaltrigen spielt das Thema Schule eine zunehmend gewichtige Rolle.

Der Übergang als Initiationsritual

Manche Forscher betrachten diese sich innerhalb bestimmter vorgegebener Bahnen regelmäßig und in festgelegter Weise vollziehenden Abläufe als von der Gesellschaft vor geformte »Initiationsrituale«, mit deren Hilfe den Kindern der Übergang erleichtert wird. Rituale vermitteln Sicherheit von außen. Sicherheit »von innen« erhalten die Kinder dadurch, dass der Wandel vom Kindergartenkind zum Schulkind mit einem Statuszuwachs verbunden ist, der die Kinder mit Stolz erfüllt und ihrem Selbstwertgefühl und Selbstvertrauen zu Gute kommt. Allmählich wachsen die Kinder so in ihre neue Identität hinein.

Ein besonders markantes Ritual, das in diesem Zusammenhang Hervorhebung verdient, ist der erste Schultag, der sich dann als gelungenes Ereignis in die Übergangszeit einfügt, wenn er von den Kindern positiv erlebt wird. Das ist in der Regel schon deshalb der Fall, weil sich alle Beteiligten – von den Familienangehörigen bis zu den Lehrkräften – Mühe geben, zum Gelingen dieses Tages beizutragen.

12.3 Vom Kindergartenkind zum Schulkind – Aspekte des Rollenwandels

Der Rollenwandel vollzieht sich vor allem im Umgang und Austausch mit anderen Kindern und auf dem Hintergrund von Lernprozessen, welche die Kinder durchlaufen, wenn sie Tag für Tag neue Eindrücke sammeln und neue Erfahrungen machen. Ein gelungener Rollenwandel wird dadurch angezeigt, dass sich die Kinder zunehmend besser in ihrer neuen Umgebung zurechtfinden und ist verbunden mit wachsender Sicherheit und Souveränität im Umgang mit den wechselnden Anforderungen des Alltags.

In der Regel lernt das Kind recht schnell, sich von seiner Rolle als Kindergartenkind zu verabschieden und mit der neuen Rolle als Schulkind in Einklang zu bringen: Was es zu Hause darf, durfte es vielleicht noch im Kindergarten, darf es aber nicht mehr in der Schule. In der Schule existieren wesentlich mehr Regelungen, Pflichten und ungeschriebene Gesetze: still sitzen und nicht ungefragt reden im Unterricht, nicht Herumtoben im Klassenzimmer, Essen und Austreten nur in den Pausen usw. Das Kind muss lernen, in zwei Welten, die sich teilweise beträchtlich voneinander unterscheiden, zu leben und von einer Rolle in die andere übergangs- und problemlos zu wechseln.

Auch innerhalb der Familie wandelt sich die Rolle: Das gilt in besonderem Maße, wenn ein jüngeres Geschwister da ist, dem gegenüber der neue Status als Schulkind etabliert werden muss; aber auch gegenüber den Eltern, von denen – zumindest während der Übergangszeit – mehr Rücksichtnahme und Toleranz und mittelfristig die Zubilligung von mehr Freiräumen und Selbstständigkeit erwartet wird.

12.3.1 Intensive Gefühle und Stress

Intensiv erlebte Freude, Enttäuschung und Angst – besonders unmittelbar vor und nach dem Schuleintritt – sind etwas völlig Normales. Diese Gefühle gehören zu jedem Übergang und jeder Art von Neuanfang. Überwiegen die negativen Gefühle, erlebt das Kind die neue Situation weniger als positive Herausforderung, sondern mehr als Belastung und Bedrohung. Es resultiert unzweckmäßiger Stress, der sich auch in körperlichen Symptomen wie Bauchweh, Kopfschmerzen, Ess- und Schlafstörungen, teilweise sogar in regressiven Verhaltensweisen wie Daumenlutschen oder Bettnässen manifestieren kann und bei deren Bewältigung das Kind unter Umständen auf Hilfe angewiesen ist. Meist sind es spezifische Gründe oder Anlässe, welche in der Hauptsache die Stressgefühle auslösen: Dazu können unangenehme Erlebnisse mit anderen Kindern in der Klasse, mit der Lehrerin oder auf dem Schulweg gehören. Manches Kind wird auch durch die Trennung von seinen Bezugspersonen oder die Tatsache belastet, dass es jetzt den ganzen Nachmittag allein zu Haus verbringen muss, weil die Mutter wieder ganztägig ihre Berufstätigkeit aufgenommen hat. Auch das Gefühl, im Unterricht nicht folgen zu können und die behandelten Inhalte nicht richtig zu verstehen, kann zu Verunsicherungen führen. Häufig schaffen es die Kinder aus sich heraus, mit den belastenden Faktoren fertig zu werden; nicht zuletzt aufgrund der Tatsache, dass bei vielen die positiven Gefühle letztendlich überwiegen.

Damit es dazu kommt, ist vor allem eines erforderlich: Das Kind muss den zahlreichen Veränderungen und dem vielen Neuen aufgeschlossen begegnen. Mit dieser Grundhaltung, die tief wurzelt und mit biologisch verankerter Zuwendungsreaktion und Neugiermotiven in Verbindung gebracht werden kann (vgl. Kasten 2004, S. 84–85) und über die Kinder in unterschiedlichem Ausmaß verfügen, werden sie bald wieder optimistischer in die Welt schauen, gerne in die Schule gehen und ihren Spaß am Lernen haben.

12.3.2 Veränderungen in sozial-zwischenmenschlicher Hinsicht

Während der Übergangszeit werden die teilweise beträchtlichen Veränderungen im sozial-zwischenmenschlichen Bereich deutlich, mit denen das Kind im Verlauf des Übergangs zurechtkommen muss. Abschiede müssen bewältigt und Neuanfänge gestaltet werden. Manchen Kindern, die ein besonders inniges Verhältnis zu einer/m ErzieherIn oder einem jüngeren Kind in ihrer Kindergartengruppe hatten, fällt der Abschied besonders schwer und sie versuchen es so einzurichten, dass sie wenigstens hin und wieder noch einmal die vertraute alte Einrichtung besuchen können. Anderen Kindern fällt der Übergang in zwischenmenschlicher Hinsicht leichter, weil sie das Glück haben, mit einem Kind – oder sogar mehreren Kindern – aus dem Kindergarten, mit dem/denen sie befreundet sind, in dieselbe Grundschulklasse eingeschult zu werden.

Von zentraler Bedeutung ist die Lehrerin, die das Kind in der ersten Klasse bekommt und die in den nächsten ein bis zwei Jahren eine wichtige Rolle in ihrem Leben einnehmen wird.

Es dauert natürlich fast immer eine gewisse Zeit – bei einer Klassengröße von mittlerweile 30 und mehr Kindern kein Wunder! –, bis sich die Kinder in der Klasse orientiert haben und beginnen, erste freundschaftliche Bande zu anderen Kindern zu knüpfen. Gleichzeitig finden auch Gruppenbildungen statt, die manchmal Konfliktstoff in sich bergen, weil von Gruppen Druck ausgeübt werden kann, sich angemessen zu verhalten – etwa am Morgen besonders pünktlich zu kommen oder auf dem Nachhauseweg einen Umweg zu machen.

Kinder, die die Mittagsbetreuung in ihrer Schule nutzen oder auch nachmittags in der Schule, im Hort bleiben, finden sich meist schneller zu Recht und gliedern sich auch schneller in die Klassengemeinschaft ein.

12.4 Anforderungen an die Eltern

Die Einschulung als Übergang betrifft die ganze Familie. Die Anforderungen an die Eltern gleichen denen ihrer Kinder: Auch Eltern stehen vor der Aufgabe eines tief greifenden Identitäts- und Rollenwandels. Beim Aufbau ihrer »neuen« Identität als Eltern eines Schulkindes profitieren sie natürlich von den Erfahrungen, die sie ein paar Jahre zuvor gemacht hatten, als sie Eltern eines Kindergartenkindes wurden. Sie wissen, dass es wichtig ist, ihrem Kind den Übergang zu erleichtern und es in dieser Hinsicht zu unterstützen. Dazu sind gute Beziehungen zu den LehrerInnen unverzichtbar – und auch Kontakte zu anderen Eltern wünschenswert und nützlich. Möglicherweise werden sie in ihrem Verhalten während dieser Zeit beeinflusst von Erfahrungen, die sie selbst als frisch eingeschulte ABC-Schützen vor vielen Jahren mit ihren eigenen Eltern und den damaligen LehrerInnen und MitschülerInnen gemacht haben.

Die elterliche Unterstützung der Kinder beginnt natürlich nicht erst mit dem Schuleintritt, sondern bereits schon lange vorher: Indem Schule und Unterricht generell als etwas Positives und Erstrebenswertes dargestellt werden, dabei aber auch behutsam auf mögliche Befürchtungen und negative Erwartungen des Kindes eingegangen wird. Das Selbstbewusstsein und Selbstwertgefühl des Kindes kann dadurch gestärkt werden, dass ihm die eigene zuversichtliche Haltung und das eigene Vertrauen vermittelt werden. Feinfühlige Eltern spüren, wenn das Kind noch zögerlich ist und sich nicht recht auf die Schule freuen kann. Die Gründe zu eruieren, erweist sich oft als schwierig: Vielleicht sind es die bevorstehenden Trennungen von SpielfreundInnen und Ängste vor der Umstellung; vielleicht fühlt sich das Kind aber einfach noch nicht bereit für die Schule.

Die Beantwortung der Frage, ob ein Kindergartenkind schon »schulreif« oder »schulfähig« ist, wird zwar formal durch Festlegung eines Mindestalters von 6,0 Jahren bei Schuleintritt geregelt, praktisch jedoch häufiger durch Rücksprache mit den ErzieherInnen und dem Einbezug der Ergebnisse der schulärztlichen Untersuchungen. Aus entwicklungspsychologischer Sicht kann sich die Zurückstellung eines Kindes von der Einschulung in manchen Fällen als durchaus segensreich erweisen.

Heutzutage werden Kinder in Deutschland mit einem Durchschnittalter von sechs Jahren und neun Monaten eingeschult.

Wenn eine Möglichkeit der Einflussnahme darauf besteht, welche Kinder in dieselbe Grundschulklasse kommen, sollten die betroffenen Eltern gemeinsam mit den ErzieherInnen dies nutzen und ihren Kindern dadurch den Abschied vom Kindergarten und Neubeginn in der Schule erleichtern. Positiv könnte hier möglicherweise auch von Seiten des Gesetzgebers eingegriffen werden, wenn die Verpflichtung zur Kooperation von Kindergarten und Grundschule inhaltlich und formal noch weiter spezifiziert würde.

12.4.1 Gezielte Förderung der Kinder

Nicht erst, seitdem der »Bildungsauftrag der Kindertagesstätten« gesetzlich verankert worden ist, fühlen sich viele Eltern mitverantwortlich, wenn es um die gezielte kognitive Vorbereitung ihrer Kinder auf die Schule geht. Wolfgang Griebel und Renate Niesel (2002, a. a. O., S. 52) konnten in ihrer Untersuchung belegen, dass schulvorbereitende Aktivitäten – Umgang mit Zahlen üben, Buchstaben schreiben, einzelne Wörter lesen, Vorschulblätter und -mappen bearbeiten – im Elternhaus sogar in größerem Umfang als im Kindergarten geleistet werden. In anderen Studien wurde der Zusammenhang zwischen einer gelungenen, auf schulische Inhalte bezogenen Förderung der Kinder im Elternhaus und ihrem späteren Schulerfolg untermauert. Zu wünschen wäre, dass der Austausch und die Zusammenarbeit zwischen Einrichtungen und Eltern bei der Auswahl und Abstimmung von schulvorbereitenden Maßnahmen weiter ausgebaut werden. Da mittlerweile auch die Bildungspolitik das Thema »Bildungsressourcen des Elementarbereiches« ganz oben auf ihre Tagesordnung gesetzt hat, besteht durchaus gewisse Hoffnung, dass in den nächsten Jahren die Kooperation zwischen Familien und Einrichtungen für Kinder im Vorschulalter noch intensiviert und verbessert wird.

12.4.2 Schulreife oder Schulfähigkeit?

Natürlich sind diese Voraussetzungen nicht vollständig objektivierbar, sondern müssen unter Einbezug der Einschätzungen insbesondere der Eltern und ErzieherInnen und natürlich der Selbstwahrnehmung und Einstellung der Kinder bestimmt werden. Wenn diese drei in ihrem Urteil übereinstimmen, kann in der Regel auf die Konsultation von weiterem Sachverstand verzichtet werden. Darauf hingewiesen werden sollte aber auch, dass sich Schulen voneinander unterscheiden was ihre »Beschulungsfähigkeit« (vgl. Nickel 1990) betrifft: Manche Schulen akzeptieren eine breite Altersmischung auch bei den Schulanfängern, sind also bereit auch Fünf- und Siebenjährige in ihren ersten Klassen zu akzeptieren, andere legen Wert darauf, dass ihre Erstklässler möglich altershomogen sind – was die Arbeit der LehrerInnen in diesen Klassen möglicherweise ein Stückchen einfacher macht.

In den letzten Jahren, nicht zuletzt als Reaktion auf den »PISA-Schock« zu begreifen, wird übrigens eine (Regel-)Einschulung Fünfjähriger wieder ernsthafter in Erwägung gezogen; in einigen Bundesländern laufen auch Modellversuche, die sich mit flexibleren Einschulungsmöglichkeiten – gerade für jüngere Kinder – befassen.

Einigkeit besteht darüber, dass es nicht nur kognitive, also geistig-verstandesmäßige Voraussetzungen sind – z. B. logisches Denken, differenziertes visuelles und auditives Wahrnehmungsvermögen, grundlegende Vorstellungen von Begriffen, wie Menge, Zahl, Zeit, Raum, sprachliches Vokabular usw. –, sondern vor allem (!) auch grundlegende soziale, emotionale, motivationale und körperliche Kompetenzen sind, über die Kinder bei Schuleintritt verfügen sollten. In motivationaler Hinsicht sollten die Kinder insbesondere Aufgeschlossenheit, Freude, Interesse und Lernbereitschaft mitbringen. Sie sollten imstande sein, sich zu konzentrieren und ihre Aufmerksamkeit zu steuern und sich Mühe geben und nötigenfalls auch anstrengen können. In sozialer Hinsicht sollten sie gruppenfähig sein, das heißt in der Lage, zuzuhören, auf andere einzugehen und sich in eine Gemeinschaft einzufügen. Und sie sollten das Selbstbewusstsein besitzen, sich frank und frei und ohne Ängste vor der Klasse zu äußern. In emotionaler Hinsicht sollten sie es schaffen, spontane Impulse da abzubremsen und gegebenenfalls auch zu unterdrücken, wo es den Unterricht behindert. Und in körperlicher Hinsicht sollten sie gesund und ihrem Alter entsprechend belastbar sein. Eine lange Liste – die aber noch wesentlich weiter ausdifferenziert werden könnte.

Die meisten Kinder genügen sicher nicht von Anfang an und in Gänze den aufgelisteten Ansprüchen. Sie sind nicht mit dem ersten Schultag perfekte Schulkinder, sondern werden es im Laufe der Zeit – und manche brauchen dazu etwas länger, andere schaffen es in sehr kurzer Zeit!

12.4.3 Zwischenmenschliche Aufgaben für die Eltern

In zwischenmenschlicher Hinsicht stehen für die Eltern während der Übergangszeit eine ganze Reihe von Aufgaben an: Vorhandene soziale Netzwerke, zum Beispiel mit Eltern anderer Kindergartenkinder, müssen umgebaut und neue Netzwerke aufgebaut werden. Im Mittelpunkt steht aber die Eltern-Kind-Beziehung, deren positive Qualität gerade während der kritischen Wochen des Übergangs unbedingt aufrechterhalten werden sollte. Beispielsweise bedürfen enttäuschte Kinder einer Ermunterung; anderen, die auf ihre neuen Freiräume pochen, muss mehr Selbständigkeit zugestanden werden ... Insgesamt stellt sich auch für die Eltern die Schule als neuer sozialer Mikrokosmos dar, den es zu erkunden und erschließen gilt.

In ihrer Rolle als Eltern einer/s ErstklässlersIn sehen sich die Eltern vor eine Reihe neuer Herausforderungen gestellt: Gegenüber den Beziehungen, die sie im Rahmen des Kindergartenbesuches ihres

Kindes aufgebaut hatten, haben die Kontakte, die es während der Übergangszeit innerhalb der Schule und im Umfeld derselben herzustellen gilt, eine andere Qualität. Sie finden auf einer formaleren Ebene – schriftliche Mitteilungen, Informationsblätter – und insgesamt seltener statt. Inwieweit von Anfang ein Engagement der Eltern – meist der Mütter – als »Hilfslehrerinnen« (z. B. bei der Betreuung der Hausaufgaben) sinnvoll ist, wird kontrovers diskutiert und kann wohl nur von Fall zu Fall entschieden werden. Wassilios E. Fthenakis und Beate Minsel (2002) berichten, dass viele Eltern in dieser Zeit beginnen, sich etwas traditioneller zu orientieren, was ihre Einstellungen zur Elternschaft und Übernahme elterlicher Verantwortung betrifft.

Weitere Herausforderungen ergeben sich für viele Eltern dadurch, dass mit dem Schuleintritt ihres Kindes der gesamte Alltag der Familie oft neu gestaltet werden muss. Das trifft insbesondere auf Mütter zu, die nach der mehrjährigen »Kinderpause« wieder eine Teilzeit- oder Vollzeit-Berufstätigkeit aufnehmen. Es gilt, Bring- und Abholzeiten festzulegen und gegebenenfalls den nachmittäglichen Aufenthalt des Kindes im Schulhort oder bei einer befreundeten Familie zu organisieren. Ferienzeiten und Urlaubszeiten müssen aufeinander abgestimmt werden. Besonders prekäre Situationen ergeben sich vielfach dann, wenn Unterrichtsstunden unerwartet ausfallen und niemand da ist, der sich um das Kind kümmern kann. Manche Eltern tun sich auch schwer, ihre Wünsche, das Kind weiter und zusätzlich zu fördern – indem sie es z. B. am Nachmittag zum Ballett, in die Musikschule oder in einen Judokurs schicken – in die Tat umzusetzen, weil sie das Transportproblem nicht allein und ohne fremde Hilfe lösen können.

Vergleichbar dem Stress und anderen negativen Gefühlen, die nicht wenige Kinder besonders ausgeprägt während der Zeit des Übergangs erleben, plagen sich auch manche Eltern in dieser Zeit mit Ängsten, bangen Erwartungen und zuweilen auch Schuldgefühlen: Wird ihr Kind den Ansprüchen, die jetzt an es herangetragen werden, überhaupt genügen? Findet es Anschluss in der Klasse und wird es mit dem/r LehrerIn zu Recht kommen? Wie wird es ihm ergehen, wenn es den ganzen Nachmittag allein verbringen muss? »Geteiltes Leid, ist halbes Leid«: Wenn Eltern über ihre unguten Gefühle reden können, ist oft schon ein wesentlicher Schritt in Richtung Stressbewältigung getan. Gar nicht so selten ist auch richtige Trauerarbeit zu leisten, wenn Abschied genommen werden muss vom Kindergarten und der vertrauten Erzieherin, die einem ans Herz gewachsen war.

Eine gelungene Bewältigung des Übergangs zeichnet sich oft dann ab, wenn die negativen Gefühle seltener werden und abzuklingen beginnen und positive Gefühle zunehmen; zum Beispiel Stolz darüber, schon ein so großes Schulkind zu haben, das sich problemlos im Schulalltag zurecht findet oder Freude, wenn ihr Kind atemlos vor Begeisterung berichtet, was es am Vormittag im Unterricht Tolles erlebt hat.

12.5 Anforderungen an die ErzieherInnen bzw. die Kindergartenleitung

Aus Gründen der besseren Übersichtlichkeit werden im Folgenden die – faktisch miteinander verzahnten und aufeinander bezogenen – Aktivitäten der ErzieherInnen und der Kindergartenleitung, jeweils separat für die betreffende Adressatengruppe, dargestellt.

12.5.1 Aktivitäten mit den Kindern in ihren Gruppen

Herausgefunden wurde (vgl. Griebel & Niesel, a. a. O., S. 65), dass ErzieherInnen Kinder im Allgemeinen objektiver beurteilen können als deren Eltern, bei denen sich oft Wünsche und Ängste mit sozial erwünschtem Verhalten verquicken und die Korrektheit ihrer Einschätzung beeinträchtigen. ErzieherInnen können von daher auch besser einschätzen, was die jeweiligen Kinder in ihren Gruppen in ihren letzten Kindergartenmonaten besonders brauchen. Dazu gehört zum Beispiel das Sich-Bemühen um Kinder, die in der Gruppe etwas isoliert sind, das Eingehen auf Kinder, die im Hinblick auf den bevorstehenden Schuleintritt negative Gefühle – Ängste und Befürchtungen! – signalisieren und gegebenenfalls mit diesen unter vier Augen darüber zu sprechen. Auch das Zugehen auf Kinder, die sich durch andere Arten von auffälligem – z. B. aggressivem oder überaktivem – Verhalten in den Mittelpunkt drängen und das Abklären von deren besonderer Bedürfnis- und Erwartungsstruktur gehört zur *Einzelfallarbeit*.

Im Rahmen der Aktivitäten, die sich mit den Übergangskindern in der kleinen Gruppe durchführen lassen, verdienen vor allem die themenzentrierten Gespräche, Rollenspiele und die direkten, schulvorbereitenden Aktivitäten Hervorhebung. Im Rahmen themenzentrierter Gespräche geht es vor allem darum, die im Zusammenhang mit dem Thema Einschulung in den Köpfen der Kinder herumgeisternden Vorstellungen, Erwartungen und Gefühle behutsam zu erkunden, den Kinder wiederzuspiegeln und durch Präsentation von Fakten und Informationen zu korrigieren bzw. so umzuformen, dass sie mit der Realität besser im Einklang stehen. Auch Gruppenzwänge – nach dem Motto: ein angehendes Schulkind spielt nicht mehr mit den kleinen Kindern und zieht keine Babykleidung mehr an –, die sich möglicherweise unter den Kindern im Laufe der letzten Monate im Kindergarten etabliert haben, verdienen es, behandelt zu werden. Die Kinder werden dadurch in gewisser Weise gewappnet und können später, wenn sie es als Erstklässler – oft ungleich härter und rigider – mit Gruppenzwängen zu tun bekommen, ein Stückchen souveräner mit diesen umgehen. Durch themenzentrierte Gespräche in der Kleingruppe zum

Themenkreis Einschulung wird auch die Gesprächskultur der angehenden Schulkinder gefördert, mit anderen Worten, ihre Fähigkeit, sich in Gruppen auszudrücken und sprachlich-inhaltlich aufeinander einzugehen.

Besonders in der Zeit nach der Schuleinschreibung empfiehlt sich die Initiierung von konkreten Rollenspielen zum Thema Schule. Mit etwas mehr zeitlichem Aufwand verbunden ist die Realisierung eines »Projektes zur Schulvorbereitung«, wie es Ilona Ritter (1999) vorschlägt:

Ein solches Projekt baut auf den Erfahrungen und Beobachtungen der ErzieherInnen auf, die diese im Umgang mit den Übergangskindern in den vorhergehenden Wochen gemacht hatten und bemüht sich, das Geschehen im Klassenzimmer und Unterricht möglichst detailgetreu in Szene zu setzen. Vorbereitend wird ein geeigneter Raum entsprechend ausgestattet und vorhandenes Inventar nötigenfalls umfunktioniert. Gemeinsam werden passende Utensilien gebastelt, fehlende Dinge beschafft oder von Zuhause mitgebracht – z. B. ein Wecker, der den Beginn und das Ende der Schulstunde einläutet, und Vorschulblätter, an denen während der Unterrichtszeit gearbeitet werden kann. Es können auch Schulkinder als Informanten einbezogen werden.

Nach Einschätzung von Ilona Ritter bietet ein Schulprojekt die Möglichkeit, einzelne Kinder genauer zu beobachten und ihnen gegebenenfalls angemessene Hilfestellung und Unterstützung zu geben.

Zu den direkten schulvorbereitenden Aktivitäten zählt, neben der Bearbeitung von Vorschulmappen und -blättern, vor allem die gezielte Förderung der Kinder in kleinen Gruppen in bestimmten, ausgewählten Bereichen. Neben schulisch relevanten kognitiven Kompetenzen, wie Buchstaben, Wörter und Zahlen kennen lernen, mit schulrelevanten Problemen umgehen lernen usw., geht es hier vor allem um den Aufbau und die Stärkung von persönlichkeitsbezogenen und sozialen Kompetenzen. Zu ersteren gehören vor allem Selbstvertrauen und Selbstverantwortung, zu letzteren insbesondere kommunikative, kooperative, sozial-kognitive und gruppenbezogene Fähigkeiten.

Schließlich profitieren die angehenden Schulkinder auch davon, wenn sie Gelegenheit bekommen – anlässlich eines oder mehrerer Besuche, den die ErzieherInnen mit ihnen unternehmen – ihre zukünftige Schule persönlich in Augenschein zu nehmen und etwas näher kennen zu lernen.

12.5.2 Aktivitäten – bezogen auf die Eltern

Eine summarische Zusammenstellung der wichtigsten, sich anbietenden Aktivitäten wird im Folgenden genügen:
- Veranstaltung von Elternabenden seitens der Einrichtung zum Thema Einschulung, innerhalb derer den Eltern in möglichst differenzierter und umfassender Form Informationen und eventuell auch Materialien über die Schule/n zur Verfügung gestellt werden. Die Einladung von Schulkind-Eltern, die über ihre Erfahrungen im ersten Schuljahr ihres Kindes berichten, ist oft eine Bereicherung.
- Den Eltern separat – oder auch innerhalb einer eigenen Veranstaltung – darstellen, welche schulvorbereitenden Förderungen im Kindergarten vorgesehen sind und gegebenenfalls die Wünsche der Eltern aufgreifen und berücksichtigen. Unterschiedliche Erwartungen und Einschätzungen – zum Beispiel, ob Vorschulmappen eingesetzt werden sollen oder nicht, ob mehr oder weniger leistungs- und ergebnisorientiert mit den Kindern gearbeitet werden soll und mit welchen Voraussetzungen für die Schule die Kinder im Kindergarten eigentlich ausgerüstet wer-

den sollen – lassen sich im Rahmen solcher Veranstaltungen ansprechen und nötigenfalls auch aufeinander abstimmen.

- Mit betroffenen Eltern Kontakt aufnehmen und im Einzelgespräch das spezielle Problemthema ihres Kindes, das den Übergang beeinträchtigen könnte, ansprechen und gemeinsam versuchen, den Ursachen auf den Grund zu kommen. Solchen Eltern kann unter Umständen auch weitergeholfen werden, indem ihnen der Kontakt zu anderen betroffenen Eltern vermittelt oder auch die Konsultation einer professionellen Beratungsinstitution, nahe gelegt wird. In Einzelgesprächen kann betroffenen Eltern auch detailliert vermittelt werden, was die Schule und LehrerInnen von den Anfängern erwarten, und dann gemeinsam abgeklärt werden, ob das Kind schon eingeschult oder besser noch ein Jahr zurückgestellt werden sollte.
- Mit den Eltern der Übergangskinder ein Abschiedsfest zum Ende des Kindergartenjahres zu organisieren und durchzuführen, kann sich oft als echtes Highlight von bleibendem Erinnerungswert für alle Beteiligten erweisen.

12.5.3 Aktivitäten mit der Schule/den LehrerInnen

Schon vor Jahrzehnten hat es Modellversuche gegeben, die das Ziel hatten, die unzulängliche Kooperation zwischen Kindergarten und Grundschule zu verbessern. Summarisch und im historischen Rückblick betrachtet waren diese Bemühungen im Großen und Ganzen nicht von Erfolg gekrönt. Praktische Kontaktaufnahmen und das Herstellen von Beziehungen verlaufen sehr unterschiedlich, sind immer gekoppelt an Einzelbemühungen von Personen oder Gruppen und – in der Hauptsache, vom Kindergarten aus gesehen – von der Kooperationsbereitschaft der jeweiligen Schule und ihres Personals abhängig.

12.6 Anforderungen an die LehrerInnen bzw. die Schulleitung

Eine summarische Zusammenstellung der wichtigsten, sich anbietenden Aktivitäten soll auch hier im Folgenden genügen:

- Veranstaltung von Elternabenden für die Eltern der zukünftigen Schulkinder, bei denen den Eltern wichtige Fakten über die Schule und den Erstklässler-Unterricht vermittelt und eventuell auch dazu passendes Informationsmaterial zur Verfügung gestellt werden. Auf alle von Seiten der Eltern gestellte Fragen sollte ausführlich und sachlich eingegangen werden.
- Die Kinder aus den in Frage kommenden Kindergärten sollten mindestens ein Mal einige Monate vor der Einschulung offiziell eingeladen und ihnen dabei Gelegenheit gegeben werden, alle Einrichtungen der Schule und möglichst auch verschiedene Unterrichtssituationen kennen zu lernen.
- Die angehenden Schulkinder sollten auch an ausgewählten Veranstaltungen der Schule teilnehmen dürfen, zum Beispiel an Sommerfesten oder Aufführungen von Schülergruppen.
- Ein Besuch von Schulkindern, insbesondere Erstklässlern, im Kindergarten sollte arrangiert werden, um den vor Schuleintritt stehenden Kindern zu ermöglichen, an für sie wichtige Informationen »aus erster Hand« zu kommen.
- Nach der Einschulung sollten, wann immer sich die Gelegenheit bietet und nach Möglichkeit während des ganzen ersten Schuljahres, Spiel- und Arbeitsformen des Kindergartens beibehalten bzw. in abgewandelter Weise in den Unterricht eingebaut werden.
- Die Eingewöhnung kann den Kindern auch dadurch erleichtert werden, dass bei der äußeren Gestaltung des Klassenzimmers auf Elemente und Gegenstände zurückgegriffen wird, welche die Kinder an ihren Kindergartenraum erinnern.
- Eltern sollten stärker einbezogen werden, etwa auch bei der Vorbereitung und Gestaltung der ersten Elternabende, zu de-

nen auch die ErzieherInnen aus den Kindergruppen eingeladen werden können.

• Auch ein gelegentlicher Besuch der ErzieherInnen in der Schule und ein Wiedersehen mit »ihren« Kindern im Klassenzimmer ist nicht nur eine Auflockerung für die Kinder, sondern eine kleine Hilfe bei der Bewältigung des Übergangs.

Die Anforderungen, die an *alle anderen* – mehr oder weniger mittelbar – am Übergang der Kinder vom Kindergarten in die Grundschule beteiligte Personen zu stellen sind, lassen sich auf einen zentralen Punkt reduzieren:

Wesentlich ist, dass *alle Aktivitäten*, die von diesen Einrichtungen und Personen im Hinblick auf die Erleichterung der Einschulung für die Kinder unternommen werden, *im Einklang stehen* mit den Bemühungen, die von Seiten der Eltern, ErzieherInnen und LehrerInnen vollzogen werden – so wie sich diese auch untereinander abstimmen sollten!

Literatur

Backscheider, A. G. (1994): Preschoolers' understanding of living kinds. Doctoral dissertation. University of Michigan. Ann Arbor

Baddeley, A. D. (1986): Working memory. Oxford: Oxford University Press

Baddeley, A. D. & Hitch, G. J. (1974): Working memory. In: Bower, G. (Hrsg.): The psychology of learning and motivation: Advances in research and theory (Vol. 8). New York: Academic Press

Baltes, P. B. (1990): Entwicklungspsychologie der Lebensspanne: Theoretische Leitsätze. Psychologische Rundschau, 41, 1–24

Bauer, P. J. & Mandler, J. M. (1989 a): Taxonomies and triads: Conceptual organization in 1- to 2-year-olds. Cognitive Psychology, 21, 156–184

Bauer, P. J. & Mandler, J. M. (1989 b): One thing follows another: Effects of temporal structure on 1- to 2-year-olds' recall of events. Development Psychology, 25, 197–206

Beelmann, W. (2000): Normative Übergänge im Kindesalter: Eine differentielle Analyse des Anpassungsprozesses beim Eintritt in den Kindergarten, die Grundschule und die weiterführende Schule. Habilitationsschrift der Philosophischen Fakultät der Universität zu Köln

Berger, M. (1997^2): Der Übergang von der Familie zum Kindergarten. München: Ernst Reinhardt

Blue, N. (1995): What causes causality? The development of causal reasoning in young children. Poster presented at the British Psychology Society Developmental Section Conference. Glasgow

Bronfenbrenner, U. (1979): The ecology of human development. Cambridge, MA: Harvard University Press

Bühler, C. (1928): Kindheit und Jugend. Leipzig: Hirzel

Bullock, M. (1984): Preschool children's understanding of causal connections. British Journal of Developmental Psychology, 2, 139–148

Bullock, M. & Gelman, R. (1979): Preschool children's assumptions about cause and effect: Temporal ordering. Child Development, 50, 89–96

Cutting, A. L. (1996): Young children's understanding of representation: A problem solving approach to the appearance-reality distinction. Unpublished PhD dissertation, University of Cambridge

Cutting, A. L., Charlesworth, G. M. & Goswami, U. (1991): Three-year-olds can distinguish appearance from reality: Evidence from a problem-solving task. Poster presented at the British Psychology Society Developmental Section Meeting, Cambridge

Das Gupta, P. & Bryant, P.E. (1989): Young children's causal inferences. Child Development, 60, 1138–1146

DeLoache, J.S. (1995): Early understanding and use of symbols: The model model. Current Directions in Psychological Science, 4, 109–113

DeLoache, J.S., Miller, K.F. & Pierroutsakos, S.L. (2002): Reasoning and problem solving. In: Damon, W. (Hrsg. der Reihe) und Kuhn, D. und Siegler, R.R. (Hrsg.): Handbook of child psychology. Vol. 2: Cognition, perception & language. New York: Wiley

DeMarie-Dreblow, D. & Miller, P.H. (1988): The development of childrens' strategies for selective attention: Evidence for a transitional period. Child Development, 59, 1504–1513

Diamond, A. (1988): Differences between adult and infant cognition: Is the crucial variable presence or absence of language? In: L. Weiskrantz (Hrsg.): Thought without language. Oxford: Clarendon Press, 337–370

Dias, M.G. & Harris, P.L. (1988): The effect of make-believe play on deductive reasoning. British Journal of Developmental Psychology, 6, 207–221

Dias, M.G. & Harris, P.L. (1990): The influence of the imagination on reasoning by young children. British Journal of Development Psychology, 8, 305–318

Diekmeyer, U. (2000): Das Elternbuch. Unser Kind im sechsten Lebensjahr. Reinbek: Rowohlt

Diekmeyer, U. (2002): Das Elternbuch. Unser Kind im vierten Lebensjahr. Reinbek: Rowohlt

Diekmeyer, U. (2004): Das Elternbuch. Unser Kind im fünften Lebensjahr. Reinbek: Rowohlt

Ding, S. (1995): Developing structural representations: Their role in analogical reasoning. Unpublished PhD dissertation, University of Nottingham

Elkind, D. & Schoenfeld, E. (1972): Identity and equivalence conservation at two age levels. Developmental Psychology, 6, 3–19

Fay, A.L. & Klahr, D. (1996): Knowing about guessing and guessing about knowing: Preschooler's understanding of indeterminacy. Child Development, 67, 689–716

Flavell, J.H. et al. (1968): The development of role-taking and communication skills in children. New York: Wiley

Freeman, K.E. (1996): Analogical reasoning in 2-year-olds: A comparison of formal and problem-solving paradigms. Unpublished PhD thesis, University of Minnesota

Freud, A. & Burlingham, D. (1944): Infants without families: The case for and against residential nurseries. New York: International University Press

Fthenakis, W. E. & Minsel, B. (2002): Die Rolle des Vaters in der Familie. Schriftenreihe des Bundesministeriums für Familie, Senioren, Frauen und Jugend, Band 213. Kohlhammer, Stuttgart

Fuson, K. C. et al. (1988): Effects of collection terms on class inclusion and on number task. Cognitive Psychology, 20, 96–120

Galotti, K. M., Komatsu, L. K. & Voelz, S. (1997): Children's differential performance on deductive and inductive syllogisms. Developmental Psychology, 33, 70–78

Gardner, W. & Rogoff, B. (1990): Children's deliberateness of planning according to task circumstances. Developmental Psychology, 26, 480–487

Gelman, R. & Gallister, C. R. (1978): The child's understanding of number. Cambridge, MA: Harvard University Press

Gordon, B., Ornstein, P. A., Clubb, P. & Nida, R. E. (1991): Visiting the pediatrician: Long term retention and forgetting. Paper presented at the annual meeting of the Psychonomic Society, San Francisco, California

Goswami, U. (2001): So denken Kinder. Bern: Huber

Goswami, U. (1995): Transitive relational mappings in 3- and 4-year-olds: The analogy of Goldilocks and the Three Bears. Child Development, 66, 877–892

Goswami, U. & Brown, A. L. (1990): Higher-order structure and relational reasoning: Contrasting analogical and thematic relations. Cognition, 36, 207–226

Goswami, U., Pauen, S. & Wilkening, F. (1996): The effects of a »family« analogy in class inclusion tasks. Manuscript in preparation, Department of Experimental Psychology, University of Cambridge

Gottman, J. M., Katz, L. F. & Hooven, C. (1997): Meta-Emotion. How families communicate emotionally. Mahwah, New Jersey: Lawrence Erlbaum

Griebel, W. & Niesel, R. (2002): Abschied vom Kindergarten – Start in die Schule. München: Don Bosco

Griebel, W. & Niesel, R. (2004): Transitionen. Fähigkeit von Kindern in Tageseinrichtungen fördern, Veränderung erfolgreich zu bewältigen. Weinheim: Beltz

Grimm, H. (2003): Störungen der Sprachentwicklung. Göttingen: Hogrefe

Hala, S., Chandler, M. & Fritz, A. S. (1991): Fledgling theories of mind: Deception as a marker of three-year-old's understanding of false belief. Child Development, 62, 83–97

Halford, G. S. (1993): Children's understanding: The development of mental models. Hillsdale, New Jersey: Erlbaum

Harner, L. (1982): Talking about the past and future. In: Friedman, W. J. (Hrsg.). The developmental psychology of time. New York: Academic Press, 113–137

Hasselhorn, M. & Mähler, C. (1999): Wissen, das auf Wissen baut: Entwicklungspsychologische Erkenntnisse zum Wissenserwerb und zum Erschließen von Wirklichkeit im Grundschulalter. In: Kahlert, J. (Hrsg.): Wissenserwerb in der Grundschule. Klinkhardt: Bad Heilbrunn, 73–90

Hermer, L. & Spelke, E. S. (1994): A geometric process for spatial reorientation in young children. Nature, 370, 57–59

Hoffman, M. L. (1977): Die Entwicklung des Motivs einem anderen, der sich in einer Notlage befindet, zu helfen (Altruismus-Motiv). In: Fthenakis, W. E. & Kasten, H. (Hrsg.): Neuere Studien zur sozialen und kognitiven Entwicklung. Auer: Donauwörth, 32–61

Holyoak, K. J., Junn, E. N. & Billman, D. O. (1984): Development of analogical problem-solving skill. Child Development, 55, 2042–2055

Holyoak, K. J. & Thagard, P. (1995): Mental leaps. Cambridge, Massachusetts: Massachusetts Institute of Technology Press

Hudson, J. A. (1990): The emergency of autobiographical memory in mother-child conversation. In: Fivush, R. und Hudson, J. A. (Hrsg.): Knowing and remembering in young children. Cambridge: Cambridge University Press

Inhelder, B. & Piaget, J. (1964): The early growth of logic in the child: Classification and seriation. London: Routledge

Kaspar, J. (2003): Lächeln in Täuschungssituationen: Ein Vergleich zwischen 3- und 4-jährigen Kindern. Dissertation. Universität Innsbruck

Kasten, H. (1986): Soziale Kognitionen von Kindern: Rollenübernahme in experimentellen und natürlichen Situationen. Psychologie in Erziehung und Unterricht. München, Basel: Reinhardt, 33, 250–258

Kasten, H. (1987): Geschwister. München: Ernst Reinhardt

Kasten, H. (1991): Beiträge zu einer Theorie der Interessenentwicklung. Frankfurt, Bern: Peter Lang

Kasten, H. (2001): Wie die Zeit vergeht. Unser Zeitbewusstsein in Alltag und Lebenslauf. Darmstadt: Primus-Verlag und Wissenschaftliche Buchgesellschaft

Kasten, H. (2004): 0 bis 3 Jahre – Entwicklungspsychologische Grundlagen. Weinheim: Beltz

Kasten, H. (2004a): Keine Angst vor der Angst. Ängste im Lauf unseres Lebens. Darmstadt: Primus-Verlag und Wissenschaftliche Buchgesellschaft

Kasten, H., Prenzel, M. & Tusch-Kleiner, L. (1980): Sich selbst und die anderen besser verstehen lernen: Entwicklung und Förderung von sozialem Verständnis bei Kindern im Vorschulalter. Auer: Donauwörth

Kearins, J. M. (1981): Visual spatial memory in Australian aboriginal children of desert regions. Cognitive Psychology, 13, 434–460

Keil, F. C. (1989): Concept, kinds, and cognitive development. Cambridge, Massachusetts: Massachusetts Institute of Technoloy Press

Kiphard, E. J. (1994): Mototherapie. Dortmund: Verlag Modernes Lernen

Klahr, D. (1985): Solving problems with ambiguous subgoal ordering: Preschooler's performance. Child Development, 56, 960–952

Köhler, W. (1921): Intelligenzprüfungen an Menschenaffen. Berlin: Springer

Kohlberg, L. (1974): Zur kognitiven Entwicklung des Kindes. Frankfurt: Suhrkamp

Koslowski, B. & Bruner, J. S. (1972): Learning to use a lever. Child Development, 43, 790–799

Krapp, A. (2001): Interesse. In: Rost, D. (Hrsg.): Handwörterbuch Pädagogische Psychologie. Weinheim: Psychologie Verlagsunion, 286–294

Krist, H., Fieberg, E. L. & Wilkening, F. (1993): Intuitive physics in action and judgement: The development of knowledge about projectile motion. Journal of Experimental Psychology: Learning, memory & cognition, 19, 952–966

Krombholz, H. (1985): Motorik im Vorschulalter. Ein Überblick. Motorik, 3, 83–96

Kuhn, D., Amsel, E. & O'Loughlin, M. (1988): The development of scientific thinking skills. Orlando, Florida: Academic Press

Kuhn, D. (1989): Children and adults as intuitive scientists. Psychological Review, 96, 674–689

Lazarus, R. S. (1995): Stress und Stressbewältigung – ein Paradigma. In: Filipp, H.-S. (Hrsg.): Kritische Lebensereignisse. Weinheim: Beltz (3. Aufl.), 198–232

Lazarus, R. S. (1999): Stress and emotion. A new synthesis. New York: Springer

Leevers, H. J. & Harris, P. L. (1999): Persisting effects of instruction on young children's syllogistic reasoning with incongruent and abstract premises. Thinking and Reasoning, 2, 145–173

Mähler, C. (1999): Naive Theorien im kindlichen Denken. Zeitschrift für Entwicklungspsychologie und Pädagogische Psychologie, 31, 53–66

Mähler, C. & Ahrens, S. (2003): Naive Biologie im kindlichen Denken: Unterscheiden Vorschulkinder zwischen biologischen und sozialen Beziehungen? Zeitschrift für Entwicklungspsychologie und Pädagogische Psychologie, 35, 153–162

Markman, E. M. & Seibert, K. J. (1976): Classes and collections: Internal organization and resulting holistic properties. Cognitive Psychology, 8, 561–577

Massey, C. M. & Gelman R. (1988): Preschooler's ability to decide whether a photographed object can move itself. Development Psychology, 24, 307–317

Mendelson, R. & Shultz, T. R. (1976): Covariation and temporal contiguity as principles of causal inference in young children. Journal of Experimental Child Psychology, 13, 89–111

Miller, P. H. & Aloise, P. A. (1989): Young children's understanding of the psychological causes of behaviour: A review. Child Development, 60, 257–285

Minas, M. (2001): Die Türme von Hanoi – Lösung unter 13.2, http://www2.informatik.uni-erlangen.de/Lehre/WS2001/AIWProg/PDF/vorl13.pdf

Nickel, H. (1990): Das Problem der Einschulung aus ökologisch-systemischer Perspektive. Psychologie in Erziehung und Unterricht 37, 217–227

Niesel, R. & Griebel, W. (2000): Start in den Kindergarten. München: Don Bosco

Oerter, R. & Dreher, M. (2002): Jugendalter. In: Oerter, R. & Montada, L. (Hrsg.). Weinheim: Beltz, 258–318

Perner, J. (1991): Understanding the representational mind. Cambridge, Massachusetts: Massachusetts Institute of Technology Press

Piaget, J. (1926): La représentation du monde chez l'enfant. Paris: Alcan

Piaget, J. (1974): Der Aufbau der Wirklichkeit beim Kinde. Stuttgart: Klett

Piaget, J. (1983): Das moralische Urteil beim Kind. Stuttgart: Klett

Pianta, R. C. & Walsh, D. J. (1996): High-risk children in schools: Constructing sustaining relationships. New York: Routledge, Kegan-Paul

Pöppel, E. (1998): Vortrag zum Thema »Zeit und Zeiterleben« am 20.3.1998 in der Universität München. Unveröffentlichtes Manuskript

Pouthas, V. (1985): Timing behavior in young children: A developmental approach to conditioned space responding. In: Michon, J. A. & Jackson, J. L. (Hrsg.): Time, mind and behaviour. New York: Springer, 137–158

Rieser, J. J., Garing, A. E. & Young, M. F. (1994): Imagery, action, and young children's spatial orientation: It's not being there that counts, it's what one has in mind. Child Development, 65, 1262–1278

Ritter, I. (1999): Lust auf Schule. Ein Projekt zur Schulvorbereitung. Kindergarten heute 1, 18–23

Rosch, E. & Mervis, C. B. (1975): Family resemblances: Studies in the internal structure of categories. Cognitive Psychology, 7, 573–605

Ruffman, T., Perner, J., Olson, D. & Doherty, M. (1993): Reflecting on scientific thinking: Children's understanding of the hypothesis-evidence relation. Child Development, 64, 1617–1636

Schneider, W. (2003): Entwicklung von Moral und Emotion, http://www.psychologie.uni-wuerzburg.de/i4pages/Download/Schneider_Lehramt/Psycho3-Entwicklung/01-21-03.pdf

Schmidt-Denter, U. (1985 a): Kontaktinitiativen von Vorschulkindern und ihre soziale Bedeutung. In: Nickel, H. (Hrsg.): Sozialisation im Vorschulalter. Weinheim: VCH Edition Psychologie, 47–68

Schmidt-Denter, U. (1985 b): Kurz- und langfristige Anpassungsprozesse in vorschulischen Einrichtungen und ihre Konsequenzen für die erzieherische Praxis. In: Nickel, H. (Hrsg.): Sozialisation im Vorschulalter. Weinheim: VCH Edition Psychologie, 151–162

Schmidt-Denter, U. (1988): Soziale Entwicklung. München-Weinheim: Psychologie Verlags Union

Selman, R. L. (1981): The child as a friendship philospher. In: Asher, S. R. & Gottman, J. M. (Hrsg.): The development of children's friendships. New York: Cambridge University Press, 242–272

Siegler, R. S. (1978): Children's thinking: What develops? Hillsdale, New Jersey: Lawrence Erlbaum

Siegler, R. S. (1995): How does change occur: A microgenetic study of number conservation. Cognitive Psychology, 28, 225–273

Siegler, R. S. (2001[3]): Das Denken von Kindern. München, Wien: Oldenbourg

Siegler, R. S. & Liebert, R. M. (1974): Effects of contiguity, regularity and age on children's causal inferences. Developmental Psychology, 10, 574–579

Silbereisen, R. K. & Ahnert, L. (2002[5]): Soziale Kognition. In: Oerter, R. & Montada, L. (Hrsg.): Entwicklungspsychologie. Weinheim: Beltz, 590–618

Singer, J. L. (1973): The Child's World of Make-Believe. New York, San Francisco, London: Academic Press

Sodian, B., Taylor, C., Harris, P. L. & Perner, J. (1991): Early Deception and the child's theory of mind: False trails and genuine markers. Child Development, 62, 468–483

Sodian, B. (2002): Entwicklung des Denkens und der Theory of Mind. In: Herpertz-Dahlmann, F., Resch, F., Schulte-Markwort, S. & Warnke, A. (Hrsg.): Entwicklungspsychiatrie. Stuttgart: Schattauer Verlag

Solomon, G. E. A., Johnson, S. C., Zaitchik, D. & Carey, S. (1996): Like father, like son: Young children's understanding of how and why offspring resemble their parent. Child Development, 67, 151–171

Spelke, E. S., Katz, G., Purcell, S. E., Ehrlich, S. M. & Breinlinger, K. (1994): Early knowledge of object motion: Continuity and inertia. Cognition, 51, 131–176

Staatsinstitut für Frühpädagogik (2003): Der Bayerische Bildungs- und Erziehungsplan für Kinder in Tageseinrichtungen bis zur Einschulung. Entwurf für die Erprobung. Weinheim: Beltz

Stern, C. & Stern, W. (1909): Erinnerung, Aussage und Lüge in der ersten Kindheit. Leipzig: Barth

Tversky, B. & Hemenway, D. (1984): Objects, parts, and categories. Journal of Experimental Child Psychology, 113, 169–193

Vosniadou, Stella & Brewer, W. (1992): Mental models of the earth: A study of conceptual change in childhood. Cognitive Psychology, 24, 535–285

Vygotsky, L. S. (1978): Mind in society: The development of higher mental processes. Cambridge, Massachusetts: Harvard University Press (Original works published in 1930, 1933 and 1935)

Waters, H. S. (1989): Problemsolving at two: A year-long naturalistic study of two children. Paper presented at the Society for Research in Child Development Conference, Kansas City, Missouri

Weinert, F. E. & Schneider, W. (Hrsg.) (1999): Individual development from 3 to 12: Findings from the Munich Longitudinal Study. New York: Cambridge University Press

Wellman, H. M. & Gelman, S. A. (1992): Cognitive development: Foundation theories in core domains. Annual Review of Psychology, 43, 337–375

Wellman, H. M. & Gelman S. A. (1997): Knowledge acquisition in foundational domains. In: Kuhn, D. & Siegler, R. S. (Hrsg.): Cognition, perception and language. Handbook of child psychology, Volume 2. New York: Wiley, 523–573

Wellman, H. M. & Hickling, A. K. (1994): The mind's »I«: Children's conception of the mind as an active agent. Child Development, 65, 1564–1580

Wellman, H. M., Somerville, S. C. & Haake, R. J. (1979): Development of search procedures in real-life spatial environments. Developmental Psychology, 15, 530–542

Wellman, H. M. & Wooley, J. D. (1990): From simple desires to ordinary beliefs: The early development of everyday psychology. Cognition, 35, 245–275

Wilkening, F. (1982): Children's knowledge about time, distance and velocity interrelations. In: Friedman, W. J. (Hrsg.): The development psychology of time. New York: Academic Press, 87–112

Wilkening, F. & Anderson, N. H. (1991): Representation and diagnosis of knowledge structures in developmental psychology. In: Anderson, N. H. (Hrsg.): Contributions to information integration theory. Hillsdale, New Jersey: Lawrence Erlbaum, 43–80

Willatts, P. (1989): How two-year-olds use forward-search strategy to solve problems. Paper presented at the Biennial Meeting of the Society for Research in Child Development, Kansas City, Missouri

Wimmer, H. & Perner, J. (1983): Beliefs about beliefs: Representation and constraining function of wrong beliefs in young children's understanding of deception. Cognition, 13, 103–128

Wolfram, W.-W. (1997): Dreijährige im Kindergarten. KiTa aktuell 7/8, 157–160

Woodward, A., Phillips, A. T. & Spelke, E. S. (1993): Infant's expectations about the motion of animate vs. inanimate objects. Paper presented at the 1993 Cognitive Science Society Meeting in Boulder, Colorado

Wynn, K. (1995): Infants possess a system of numerical knowledge. Current Directions in Psychological Science, 4, 172–177

Register